PHILIPPE JOUBIN

Préface de

MICHEL DESJOYEAUX

LA LÉGENDE DU VENDÉE GLOBE

vendéeglobe
Les Sables d'Olonne

ALBIN MICHEL

PRÉFACE

Quand sur les pontons des Sables-d'Olonne, en novembre 1989, la foule se massait déjà pour regarder ces gens pas tout à fait comme les autres, qui allaient s'élancer pour un tour du monde en solitaire, sans escale et sans assistance, on savait déjà que c'était possible. Quelques années auparavant, le Golden Globe, l'ancêtre anglais, l'avait démontré, avec la victoire du désormais Sir, Robin Knox-Johnston.

Cependant, il régnait alors une ambiance particulière. Le niveau de la compétition était tout autre. Les bateaux étaient préparés depuis des mois, certains construits pour l'occasion. Les marins étaient pour la plupart de redoutables compétiteurs rompus à l'exercice du grand large, vainqueurs de tours du monde avec escales (le BOC Challenge) ou de Transats et autres Solitaire du Figaro.

Pourtant, dans les discussions de comptoir, on ne parlait pas compétition. On s'interrogeait pour savoir si les organismes allaient résister pendant quatre mois d'affilée, combien d'entre eux rentreraient entier et, surtout, si tout cela était bien raisonnable. Une ambiance digne des Jeux du cirque, les lions en moins, la mer en plus.

Les équipes techniques, ou souvent les copains du skipper, se demandaient combien de gasoil il fallait embarquer pour avoir de l'électricité jusqu'au bout, quelles voiles et combien de rechange, s'il était nécessaire de renforcer ce bout de coque ou cette pièce d'accastillage...

Personne n'avait de certitude. Le doute était omniprésent. Et personne ne s'y trompait : ils ne savaient pas où ils allaient.

Puis ils sont partis en mer. Et là, eux n'avaient plus le temps de douter.

Mais nous, modestes terriens, devions attendre leur bon vouloir pour recevoir quelques informations, et pas seulement savoir si le coucher de soleil était joli aujourd'hui. Comment vont-ils ? La mer n'est-elle pas trop démontée ? La météo sera-t-elle clémente ? Arrivent-ils à manger régulièrement ? Ont-ils des hallucinations ? Pensent-ils que leur bateau tiendra dans la tempête ?

Ou que sais-je encore ? Loin des considérations terrestres, c'est évident !

Vingt-sept ans et huit éditions plus tard, la compétition bat son plein, les bateaux usent les pilotes, c'est toujours aussi difficile mais différent, et la magie continue d'opérer. Malgré les demandes croissantes pour que les marins nous racontent leur quotidien, en texte, en photo ou en vidéo, il se passe tant de choses que rien ne permettra jamais de ramener des océans.

À travers cet abécédaire volontairement décousu, on peut s'imprégner de cette course toujours aussi mythique qu'est le Vendée Globe. À la fin de cette lecture, vous en saurez un peu plus ; vous ne saurez jamais tout !

Michel Desjoyeaux

Flashez pour retrouver ici des extraits vidéos historiques du Vendée Globe !
Mot de passe : vendeeglobe

SOMMAIRE

« Au sud, il y a la vie... »
Vito Dumas

INTRODUCTION

Lorsque, le 26 novembre 1989, vint l'heure de débarquer, nous étions tous un peu gauches. Les mots manquaient, les gestes étaient maladroits. Le froid perçait les cirés comme les fourrures polaires, mais la chaleur humaine nous enveloppait. Pourtant, aucun de nous ne parvenait à exprimer le vide que la mer allait glisser sous nos bottes. Le nom de baptême du bateau me trottait dans la tête. *Panic Major*. Qu'est-ce qui avait bien pu pousser son propriétaire britannique – *gentleman farmer* de son état qui en était aussi curieusement le créateur – à affubler ainsi ce voilier peu élégant, étroit et au franc-bord élevé, de ce patronyme d'autant plus inattendu qu'en anglais le mot bateau se décline au féminin ?
Mais le temps était compté. Alors Patrice, marin d'ordinaire débonnaire, accéléra les au-revoir. Nous voilà, nous, les trois équipiers qui l'avaient accompagné jusqu'à la ligne de départ du premier Vendée Globe, à sauter prestement dans un canot pneumatique de manière à le laisser seul.
Enfin seul.
Et, alors qu'il appareille pour un tour du monde en solitaire, sans escale et sans assistance, exploit qu'en ces années deux fois moins d'hommes avaient réalisé que d'astronautes avaient marché sur la lune, il nous glisse : « Surtout faites bien attention à vous ! »
Voilà comment se déroulèrent les adieux les plus inattendus qu'il puisse s'imaginer en un tel instant.
L'instant, justement, c'est celui que Patrice Carpentier et ses douze adversaires coreligionnaires attendaient depuis des mois, voire des années pour certains.
Ce moment de grâce où, enfin, ils se libéraient de toute contrainte terrestre pour se glisser dans la peau du circumnavigateur, mettant le cap vers leur absolu.
Le jour pas si lointain où s'élança le premier Vendée Globe, tout un chacun, marins, compagnes de marins, spectateurs, organisateurs, préparateurs, journalistes... avaient en tête une seule et unique histoire, celle du Golden Globe Challenge. Vingt ans auparavant, la première compétition de ce type s'était achevée dans le drame et la tourmente. Des neuf navigateurs qui en prirent le départ en 1968, un seul revint à destination au terme de ce tour du monde, un décida de rallier Tahiti au lieu de l'arrivée, cinq abandonnèrent, victimes de la mer, et deux se suicidèrent : le premier pris dans les tourments de sa mythomanie et le deuxième n'ayant pas supporté la conséquence de ses propres actes, guidés par les mensonges de l'affabulateur.
En ce dimanche gelé de novembre 1989, l'ambiance était pesante de cette évocation, poissante de cette saga.

Et je ne pouvais éviter l'étonnant parallèle avec les mots de Maurice Trintignant, flamboyant pilote automobile de l'après-guerre qui, un jour d'entretien, me lâcha : « Avant chaque départ de chaque Grand Prix, je regardais un à un les visages de mes concurrents. L'un d'eux ne serait sans doute pas à l'arrivée... »

Quelques mois plus tard, tous retrouvèrent sains et saufs le port des Sables-d'Olonne. La légende du Vendée Globe était née. Elle pouvait désormais se déployer, s'amplifier, se nourrir de ses exploits comme de ses drames – car il en survint avant même que le deuxième départ soit donné –, générer ses héros, glorifier les protagonistes, la bravoure de certains, les faiblesses des autres, tous unis par un même panache.

Peu à peu, la plus parfaite entreprise maritime est devenue compétition absolue. La ferveur y est continuelle, attisée par la magnifique proximité de ses acteurs avec le public ; offrant aussi au régatier le plus cartésien la possibilité que sa navigation se métamorphose en aventure et qu'il bascule en baroudeur des sept mers.

L'homme est bouleversé lorsqu'il n'est pas programmé à devenir aventurier et endosse fortuitement, face à l'adversité, ces habits-là.

Le Vendée Globe, la longueur qu'il inflige, la solitude qu'il impose et l'éloignement qu'il implique, est une usine à rêves.

Et ne laisse personne indemne.

Lorsque, tous les quatre ans, les concurrents prennent le large, s'entremêlent les souvenirs de l'observateur privilégié que je suis depuis les débuts avec le fil de la destinée de ces marins comme de la mienne.

Je ne remplis à travers ce livre ni l'œuvre d'un historien ni celle d'un technicien de la voile ni celle d'un hagiographe de l'épreuve ; j'emprunte juste des sillages divers qui m'emmènent subjectivement au détour de mes souvenirs, taillant un bord en compagnie d'un admirable bateau, un contre-bord d'une anecdote. Une navigation sélective, en forme d'abécédaire, où défilent des marins, des femmes, des lieux, des drames et des joies, des faits importants comme dérisoires.

Et j'aspire à camper le portrait d'une course, qui en moins de trois décennies, a pris le rang de mythe, admirablement égal aux légendes sportives plus que centenaires mais toujours vivantes. Voilà bien la grande œuvre des coureurs hauturiers, la chanson de geste des marins solitaires.

Les bateaux au départ : « Cap vers l'absolu... »

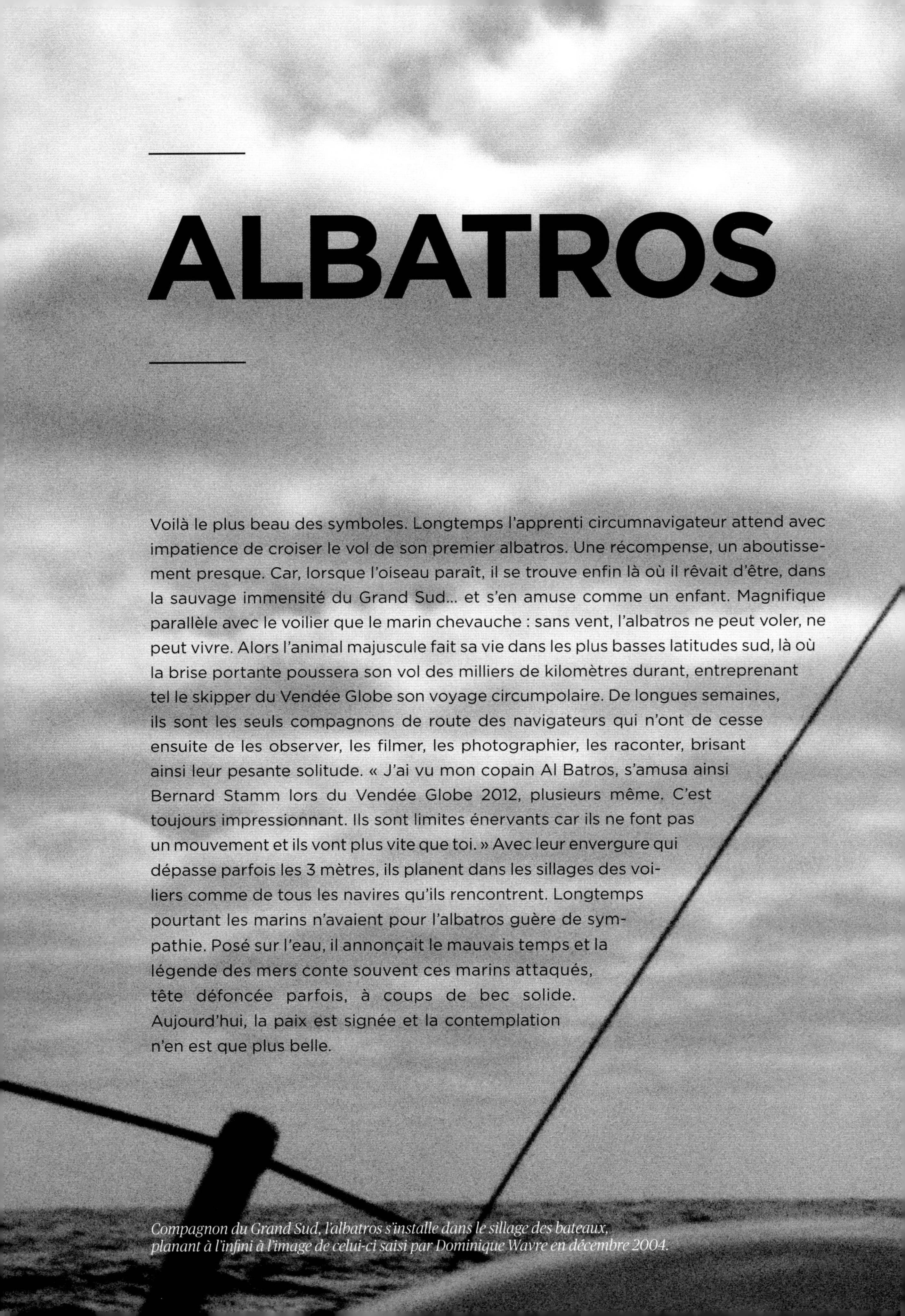

ALBATROS

Voilà le plus beau des symboles. Longtemps l'apprenti circumnavigateur attend avec impatience de croiser le vol de son premier albatros. Une récompense, un aboutissement presque. Car, lorsque l'oiseau paraît, il se trouve enfin là où il rêvait d'être, dans la sauvage immensité du Grand Sud... et s'en amuse comme un enfant. Magnifique parallèle avec le voilier que le marin chevauche : sans vent, l'albatros ne peut voler, ne peut vivre. Alors l'animal majuscule fait sa vie dans les plus basses latitudes sud, là où la brise portante poussera son vol des milliers de kilomètres durant, entreprenant tel le skipper du Vendée Globe son voyage circumpolaire. De longues semaines, ils sont les seuls compagnons de route des navigateurs qui n'ont de cesse ensuite de les observer, les filmer, les photographier, les raconter, brisant ainsi leur pesante solitude. « J'ai vu mon copain Al Batros, s'amusa ainsi Bernard Stamm lors du Vendée Globe 2012, plusieurs même. C'est toujours impressionnant. Ils sont limites énervants car ils ne font pas un mouvement et ils vont plus vite que toi. » Avec leur envergure qui dépasse parfois les 3 mètres, ils planent dans les sillages des voiliers comme de tous les navires qu'ils rencontrent. Longtemps pourtant les marins n'avaient pour l'albatros guère de sympathie. Posé sur l'eau, il annonçait le mauvais temps et la légende des mers conte souvent ces marins attaqués, tête défoncée parfois, à coups de bec solide. Aujourd'hui, la paix est signée et la contemplation n'en est que plus belle.

Compagnon du Grand Sud, l'albatros s'installe dans le sillage des bateaux, planant à l'infini à l'image de celui-ci saisi par Dominique Wavre en décembre 2004.

S'il est un phénomène que les marins se doivent d'éviter, c'est bien un anticyclone ! Pour les météorologues, il s'agit d'une zone de haute pression atmosphérique, soit au-dessus de 1 013 hectopascals selon la convention en vigueur. Principalement synonyme de beau temps sur les cartes météo – même s'il existe de nombreux types d'anticyclones –, le vent y est faible et même de plus en plus faible à mesure que la pression y est élevée. Autre caractéristique importante pour les marins : le sens de rotation de ce même vent y est horaire dans l'hémisphère Nord et antihoraire dans

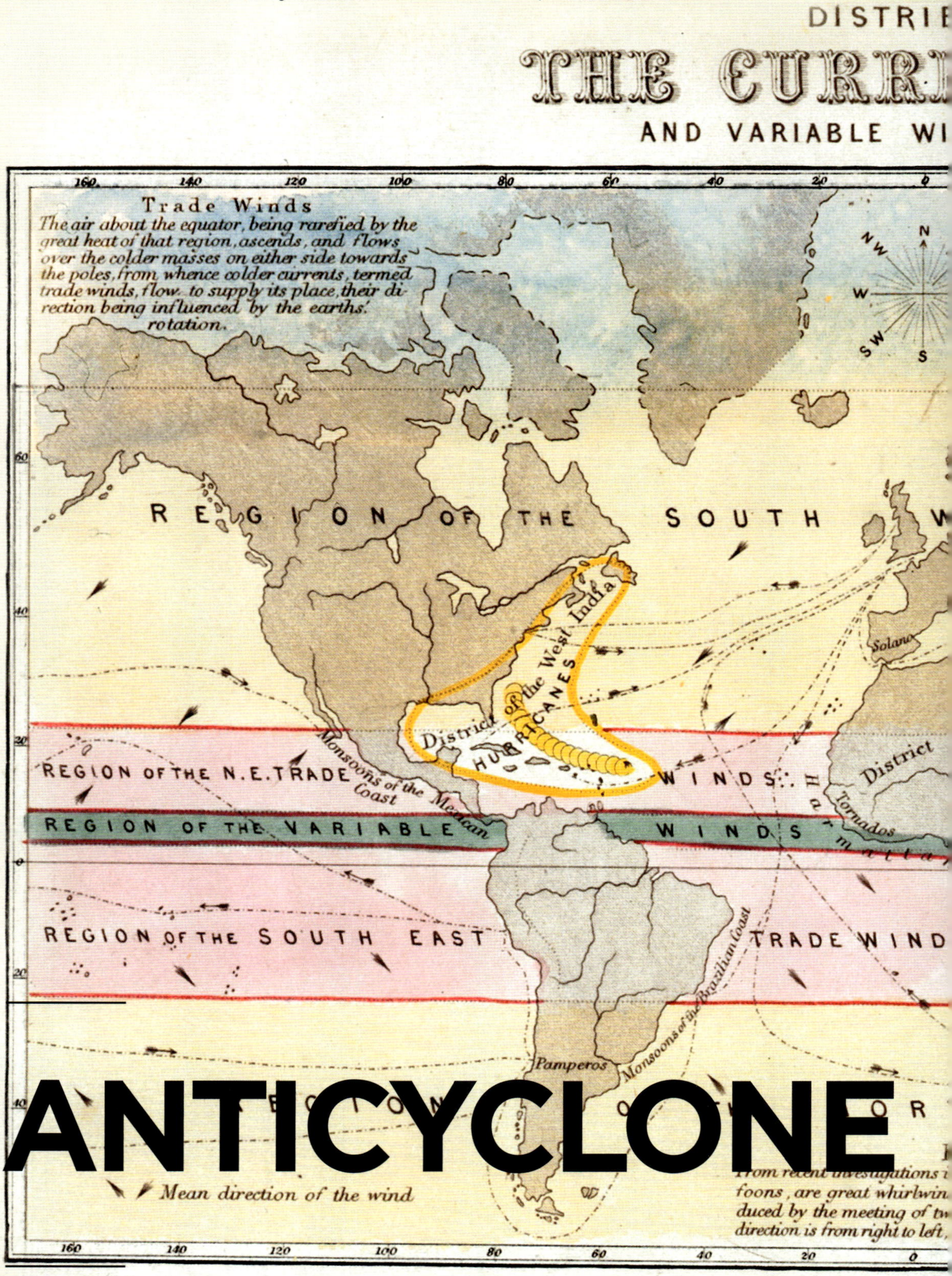

ANTICYCLONE

l'hémisphère Sud. Les navigateurs du Vendée Globe se doivent d'en négocier quelques-uns au cours de leur circumnavigation, à commencer par le célèbre anticyclone des Açores qui garantit chez nous de beaux étés mais qui, l'hiver, lorsque la course est en route, se positionne plus au sud. Ou encore celui de Sainte-Hélène, son cousin de l'Atlantique Sud. L'inverse d'un anticyclone se nomme dépression mais pour les marins se faire engluer par un anticyclone peut tourner à la dépression…

Cette superbe carte britannique, publiée au milieu du XIXe siècle, synthétise les grandes zones météorologiques connues alors.

APPENDICES

Cette image de Safran montre parfaitement les trois types d'appendices dont sont équipés les plus récents bateaux : foils (en forme de moustache à la Dalí), quille et safrans.

Avant d'aborder le Golden Globe, ancêtre du Vendée Globe dont le départ fut donné en 1968, Bernard Moitessier se fit par précaution retirer l'appendice. Mais plus que l'excroissance du caecum que les navigateurs en partance pour un tour du monde ne se font plus enlever avant d'appareiller, les appendices qui les intéressent désormais sont ceux de leur bateau. Il s'agit en l'occurrence de tous les éléments qui se trouvent sous la coque. Le premier est la quille qui, sur un bateau du Vendée Globe, est composée d'une longue pale, appelée voile, puis d'un bulbe en plomb fixé en son extrémité et pesant 3,1 tonnes. Cet ensemble, qui plonge à 4,50 mètres environ dans la mer (ce que l'on appelle le tirant d'eau), garantit la stabilité d'un voilier monocoque, l'empêchant de se retourner ou lui permettant de revenir à l'endroit en cas de chavirage. Les voiliers actuels sont dotés depuis une quinzaine d'années d'une quille basculante, à savoir que cet appendice, monté sur vérins, bascule d'un côté à l'autre du voilier de manière à en augmenter le couple de redressement. Ce qui permet au bateau de moins gîter et, *de facto*, de gagner en performance.

Autres appendices : les dérives, ces grandes pales amovibles installées de chaque côté de la coque. Celles-ci ont pour objet de contrer la dérive, effet du vent sur le bateau qui le fait dévier latéralement de sa trajectoire dans la direction vers laquelle souffle la brise, sorte de glissement sur l'eau. Les bateaux des premiers Vendée Globe en étaient souvent dépourvus, les larges voiles de quille d'alors générant l'antidérive. Les safrans font aussi partie de la famille des appendices. Ces pales installées tout à l'arrière des bateaux, au nombre de deux de nos jours, servent à diriger les voiliers.

Enfin, s'il n'y a pas de canard pas plus que de *trimmer* sur ces bateaux – autres types d'appendices existants –, certains monocoques qui appareilleront en novembre prochain des Sables-d'Olonne sont désormais dotés de foils, installés en lieu et place des dérives droites traditionnelles. Ceux-ci ont pour effet, à certaines vitesses et lorsque le bateau navigue à un certain angle par rapport au vent, de soulager l'avant de la coque et de la dresser au-dessus de l'eau – à l'image d'une moto qui se cabre –, phénomène de déjaugeage qui permet ainsi de diminuer la surface mouillée de la coque,

c'est-à-dire la partie de celle-ci en contact avec la mer. Cette diminution entraîne l'accroissement de la vitesse du bateau. Ces foils, dont la forme n'est pas sans rappeler les guidons d'une moustache, peuvent être à certains moments de véritables turbos.
Les appendices ont causé bien des soucis aux marins du Vendée Globe. Sans quille, un bateau se retourne presque inexorablement. Menacé par sa perte, Bertrand de Broc fut contraint à l'abandon en 1997, naviguant la moitié du Pacifique Sud obsédé par une éventuelle et dramatique avarie. Le bulbe du voilier de Jean Le Cam se désolidarisa du voile lors de l'édition 2008, alors qu'il passait le cap Horn, le skipper fut sauvé par Vincent Riou. Au cours de ce même Vendée Globe, Marc Guillemot parvint à réaliser l'exploit de naviguer plus de 1 000 milles sans quille mais à vitesse réduite, assurant la stabilité de son voilier grâce aux seuls ballasts d'eau de mer, de manière à rallier l'arrivée. Quatre ans plus tard, le même Guillemot abandonnera quelques heures seulement après le départ, voile de quille cassé. Dick, Golding, Beyou… la liste des marins ayant été confrontés à des soucis de quille est longue.
Longtemps les safrans handicapèrent les navigateurs, lorsqu'ils étaient fixés sous la coque, inaccessibles et installés en un seul exemplaire. Depuis, ils se redressent au moindre choc et sont interchangeables d'un bord à l'autre. Reed, Autissier, Parlier, Dubois, Dumont, Laurent… là encore le nombre de marins victimes de problèmes est important. Si la casse d'une dérive est un handicap certain pour la performance, une avarie sur ces appendices-là n'est pas forcément synonyme d'abandon.
Depuis le dramatique Vendée Globe 1996-1997, les appendices sont obligatoirement peints de couleur fluo de manière à être parfaitement visibles au-dessus de la surface de la mer pour les sauveteurs en cas de chavirage.

Page de gauche : Les safrans (ici, en orange, la pâle tribord de PRB) sont des organes fragiles et très exposés aux collisions avec des OFNI (objets flottants non identifiés).
Ci-dessus : En 2012, Jean-Pierre Dick réalisa l'exploit que l'on pensait impensable de rallier le terme de la course sans quille sous son voilier, soit 2 200 milles (quelque 4 000 kilomètres) à vitesse réduite et sous la menace permanente de voir son bateau chavirer.

ARCHITECTE

Sans eux pas de bateau. Mais, en la matière, le plus surprenant dans le Vendée Globe reste les effets de mode. À chaque édition, un architecte ou un cabinet se retrouve à dessiner et à concevoir les coursiers les plus courus. Aux origines de la course, peu de domination outrageante, même si les deux premiers bateaux classés – *Écureuil d'Aquitaine II* et *Lada Poch* – ont été malgré tout dessinés par les mêmes Bouvet-Petit. Mais tous les regards se tournent alors vers le *Generali Concorde* d'Alain Gautier, imaginé par le cabinet Finot-Conq. Adaptant aux monocoques de 60 pieds Open (ceux du Vendée Globe, longs de 18,28 mètres) les idées imaginées pour la Mini Transat, véritable laboratoire technologique de la course au large, Jean-Marie Finot et Pascal Conq deviennent les architectes les plus courus des années 1990. En 1993, le bateau vainqueur (*Bagages Superior*) sera l'une de leurs créations ; il en sera de même quatre ans plus tard (avec *Geodis*, mais, cette année-là, cinq bateaux au total portent leur signature), comme en 2001 (*PRB*) puis en 2004 (*PRB* encore). De nombreux autres architectes (Briand, Harlé, Humphreys, Lombard, Morrison, Noble & Smith...) conçoivent des voiliers spécifiquement pour cette épreuve, sollicités par certains marins prompts à explorer d'autres pistes de manière à ne pas avoir le bateau du voisin dont ce dernier connaît peu ou prou les performances. Toute la planète de l'architecture navale se donne rendez-vous au Vendée Globe, mais souvent de manière cyclique. Car c'est l'un des intérêts de cette course : le règlement est suffisamment ouvert pour permettre la créativité. Ces dernières années, la vedette néo-zélandaise Bruce Farr signa nombre de coursiers, gagnant en 2009 grâce au *Foncia* mené par Michel Desjoyeaux. Dans la foulée, Farr dessina de nombreux autres bateaux. En 2007, Marc Guillemot, excellent marin doublé d'un technicien avisé, confie la création de son bateau au cabinet VPLP et à Guillaume Verdier. *Safran* est né et impressionne d'entrée ; en vue du Vendée Globe suivant, trois des quatre premiers classés sont le fruit des travaux de cet attelage dont le vainqueur *Macif* de François Gabart. Et les six bateaux neufs lancés en 2015 en vue de l'édition 2016-2017 portent leur signature !

Forts de quatre victoires, Pascal Conq et Jean-Marie Finot (en haut) sont les architectes dont les bateaux ont le plus gagné le Vendée Globe. Star de l'architecture mondiale, le Néo-Zélandais Bruce Farr (en bas) brisa la domination des dessins Finot-Conq en 2009 grâce au succès de Michel Desjoyeaux sur Foncia.

ARRIVÉE

C'est pour en arriver là : se présenter devant le chenal des Sables (ici Armel Le Cléac'h en 2013) que les navigateurs prennent le départ de la plus rude des courses au large.

C'est une gigantesque émotion collective. Des jours avant, le vainqueur est attendu, scruté ; son ETA comme disent les marins (*Estimated Time of Arrival*) est disséquée, analysée, calculée puis recalculée. La pression croît aux Sables-d'Olonne comme monte la marée. Des cohortes de camping-cars rampent de nouveau vers le port vendéen comme ils le firent trois mois plus tôt pour le départ. Des petites ruelles, la foule peu à peu converge vers le chenal, prenant place sur les quais des heures avant l'événement. Ne pas en manquer une miette. Car de trois mois de mer va surgir le héros, le vainqueur ; rares sont ceux qui savent ce qu'il vient de vivre. Mais pour lui c'est une renaissance ; un retour parmi les hommes.
Au large, un premier bateau le rejoint, puis un deuxième, puis des dizaines. Déjà un hélicoptère de la télévision tente de saisir les derniers moments de solitude, les ultimes milles vers le but. Le déferlement médiatique bat son plein ; les chaînes de télévision reprennent les images sans limite, sans réflexion non plus parfois, enfilant du coup les commentaires les plus creux jusqu'à la libération du coup de canon final où, cette fois, famille et équipe technique s'empressent de monter sur le voilier pour les premières étreintes que les objectifs happent goulûment. Il faut des larmes, des rires maladroits, des embrassades chaleureuses ; il faut que celui qui arrive et qui vient de passer quelque cent jours seul en mer renoue avec les siens, avec les hommes.
Mais la rentrée au port n'est pas aisée. Si la marée est trop basse, le bateau ne pourra y pénétrer, alors il reste au marin la possibilité de tempérer au large si son avance sur son poursuivant immédiat est suffisante ou de laisser son bateau en mer, une fois la ligne franchie, de débarquer à terre grâce à une plus petite embarcation, avant de revenir chercher son fidèle compagnon plus tard.

En 1997, Christophe Auguin s'enroula de nuit à petite vitesse autour de l'île d'Yeu pour mieux arriver de jour, offrant à des marins-pêcheurs îlais croisés alors l'honneur d'être les premiers à le féliciter. Car la foule l'attend. Comme quelques mois auparavant, le bateau vainqueur pénètre dans l'infini chenal des Sables avec son skipper à sa proue. Et, de nouveau, il boit les flots de vivats qui déferlent et l'accompagnent. Une fois pied à terre, il est sollicité sans décompression, sans ménagement presque. Champagne, allocution face à la foule, conférence de presse, obligations médiatiques, pression des sponsors et des communicants. Rien ne lui est épargné. Certains le vivent bien, effectuant de véritables shows à l'image d'un Jean Le Cam déchaîné lorsqu'il décrocha la deuxième place en 2005, faisant hurler de rire l'assistance. D'autres plus mal. Le choc est inimaginable. Alors, il y a le vainqueur bien sûr, mais tous ceux qui reviennent du bout de la planète mer sont honorés par les spectateurs. Certes, ceux-ci sont plus nombreux par un beau dimanche d'hiver ensoleillé mais ils se pressent quand même en milieu de nuit, qu'il vente ou qu'il pleuve... C'est la grandeur de cette course ; vivre, revivre, partager encore, toujours plus fort ces émotions à nulle autre pareilles et rendre hommage au marin qui revient.

À chaque bateau, à chaque retour (en haut à gauche, Arnaud Boissières sur Akena Vérandas *et, à droite, Tanguy de Lamotte à bord d'*Initiatives-Cœur, *tous deux en 2013), l'accueil réservé aux navigateurs se révèle aussi grandiose que chaleureux, des dizaines d'embarcations les accompagnant jusqu'à la ligne d'arrivée.*

CHRISTOPHE AUGUIN

C'est à bord de son voilier Geodis *que Christophe Auguin gagna la troisième édition du Vendée Globe.*

Christophe Auguin, c'est l'histoire d'une disparition volontaire ; un roman à lui seul inspiré, modelé, façonné par le Vendée Globe. Au départ, Christophe Auguin, c'est un talent fou, un régatier de Granville avec vue sur les splendeurs de Chausey. Un fêtard invétéré aussi, formé à la rude école des courses britanniques du RORC (*Royal Ocean Racing Club*) qui sillonnent la Manche, « sa » Manche tant il en connaît les secrets. Son parcours est pourtant presque classique. Un temps professeur de technologie au début des années 1980, il quitte l'enseignement pour la course au large.

Cinq Solitaires du Figaro, une victoire, des exploits à répétition, un détour par les multicoques de Formule 40 et le voilà sur orbite pour partir autour du monde. Fort d'un budget raisonnable grâce à un partenaire fidèle, Auguin fait construire un 60-pieds Open sur plans Finot-Conq puis part à l'assaut du BOC Challenge 1990, tour du monde en solitaire mais avec quatre étapes, particulièrement renommé à cette époque. La lutte tourne vite au duel avec Alain Gautier, alors plus expérimenté qu'Auguin en ce genre d'exercice. Mais à l'issue d'une quatrième manche totalement indécise, il coiffe Gautier sur le fil en arrivant à Newport, terme de cette épreuve.
La marche suivante devrait logiquement s'appeler Vendée Globe, mais le skipper n'est guère attiré. Car l'homme n'est pas – pas encore – un solitaire ; c'est un chef de bande entouré de marins amis à l'ancienne qui s'entredéchirent en mer et ripaillent à terre, tirant bordée sur bordée des océans du monde aux bars de la planète. Il décide de se lancer à l'assaut de la Whitbread Round the World Race (devenue Volvo Ocean Race), course autour du monde en équipages et par escales alors sommet de la compétition hauturière, acquiert un bateau taillé pour cette épreuve, réunit 60 % du budget mais ne parvient pas à en boucler l'intégralité.
Déçu, il retourne avec son partenaire sur les courses en solitaire, les financements nécessaires étant plus raisonnables. Il parvient à lancer un nouveau plan Finot-Conq et retourne ferrailler sur le BOC Challenge 1994. Insuffisamment préparé, il perd la première étape au profit d'Isabelle Autissier mais gagne les trois suivantes en dépit d'incroyables souffrances, nombre d'avaries et deux chavirages, s'imposant pour la deuxième fois à l'issue de cette épreuve.
Malgré son aversion pour le Vendée Globe induisant de passer quelque cent jours seul en mer, il se présente au départ de la troisième édition, en favori bien sûr, à bord de *Sceta Calberson* rebaptisé *Geodis*. Prudent au départ, il attaque à bon escient, fait le dos rond dans les conditions particulièrement rudes de cette édition marquée par la disparition

de Gerry Roufs, un de ses proches, mais aussi beaucoup de naufrages comme une litanie d'avaries chez ses adversaires. Peu avant une arrivée victorieuse, le seul homme ayant gagné trois tours du monde en solitaire envoie un billet à *Libération* : « Je ne changerai pas d'avis, ce sport est trop risqué et je pense avoir suffisamment tenté le diable. Mes dents se sont usées à force de les serrer et mes cheveux blancs se multiplient à chaque tour du monde. Alors je préfère arrêter avant de devenir chauve et édenté. »

Sa victoire triomphale devient pourtant fêlure. Usé, toujours professionnel mais devenu un rien dilettante, il prend part à la course New York-San Francisco qu'il gagne avec ses équipiers. Il fait encore quelques apparitions, tente de nouveau en vain de monter un équipage pour le tour du monde en équipage mais son avenir n'est plus dans la course.

Fasciné par l'entreprenariat, il crée une société de fabrication de mâts en carbone. Mais l'entreprise ne tient pas trois ans. Touché aussi dans sa chair par le décès accidentel de l'un de ses fils, Auguin vire alors totalement de bord. Sur son propre bateau de croisière, il se lance dans le charter en Patagonie. Mais se lasse vite. Emmener des touristes dans ces contrées aussi sublimes que dangereuses ne se révèle finalement pas à son goût. Peu à peu, Auguin se ferme, fuit. Le chef de bande d'hier, à l'humour ravageur et aux virées mémorables, se retire. Il s'installe en Uruguay, acquiert une ferme aux confins du Brésil sur 300 hectares de terre. Fasciné par une agriculture raisonnée, il se lance dans l'élevage et se bat avec ses voisins pour la sauvegarde de l'endroit, repoussant les multinationales de l'agroalimentaire comme les prospections minières tout en menant des recherches avec les antennes gouvernementales des pays environnants sur le pâturage organique. L'endroit est rudimentaire et isolé. Peu importe. « C'est lorsque l'on est loin des autres que les liens sont les plus forts. » Trois à quatre mois par an, il retourne sur son bateau et bourlingue avec des proches dans les coins les plus reculés de Terre de Feu, là où tout n'a pas encore été cartographié, où les GPS décrochent et les profondeurs de la mer n'ont pas été relevées. À l'ancienne. Ses apparitions publiques, comme en 2013 aux Sables-d'Olonne pour laisser ses empreintes de vainqueur, se font excessivement rares. Aujourd'hui, Christophe Auguin est ailleurs. En lutte pour les autres, en paix avec lui-même. Enfin.

Page de gauche : Christophe Auguin prit le départ de trois tours du monde en solitaire - deux BOC Challenge et un Vendée Globe - et remporta ces trois épreuves.
Ci-dessus : Le Granvillais vit désormais seul en Uruguay, dans une ferme où il pratique un élevage raisonné et contribue à la sauvegarde de l'environnement.

ISABELLE AUTISSIER

Aujourd'hui présidente du WWF France et romancière talentueuse, Isabelle Autissier (ici en expédition aux îles Kerguelen) ne prit part qu'à un seul Vendée Globe mais son empreinte sur la course demeure déterminante.

En 1990, Florence Arthaud gagnait la Route du Rhum. Dans son sillage, d'autres femmes embarquent à commencer par Isabelle Autissier. Professeur à l'école maritime de La Rochelle, elle aborde la course au large à la fin des années 1980, terminant troisième de la Mini Transat 1987 – derrière un certain Laurent Bourgnon –, puis fait ses gammes en passant par la Solitaire du Figaro les deux années suivantes. À l'inverse d'Arthaud, elle privilégie les courses en monocoque et se lance à l'assaut de sa première circumnavigation en 1991, année où elle participe au BOC Challenge qu'elle termine à la septième place, devenant *de facto* la première femme à effectuer un tour du monde en solitaire et en compétition. Quatre ans plus tard, elle récidive lors de cette course par étapes, avec de réelles chances de gagner cette fois, disposant d'un excellent bateau (*Écureuil Poitou Charente 2*) avec lequel elle a battu le mythique record de la route de la ruée vers l'or, entre New York et San Francisco. Las, après avoir gagné la première manche, elle démâte dans la deuxième, établit un gréement de fortune avec ce qui lui reste de mât et de voiles, rallie les Kerguelen, répare, appareille de nouveau avant de chavirer au large de la Tasmanie ! Le roof est arraché, le mât de nouveau brisé, les safrans cassés, le bateau noyé... La mort dans l'âme, Autissier abandonne son beau coursier qui ne sera jamais retrouvé.
La « marine » n'est pas abattue pour autant ! De retour en France, elle se voit offrir les moyens de construire un nouveau voilier grâce à PRB. Ce sera un plan Finot-Conq avec lequel elle s'aligne au départ du Vendée Globe 1996 parmi les grands favoris. Mais les tourments de la plus impitoyable édition de l'épreuve lui font aussi affronter de terribles heures, elle participe ainsi aux recherches pour retrouver Gerry Roufs disparu dans un Pacifique Sud en furie. À plusieurs reprises, elle chavire dans des vents atteignant alors les 80 nœuds, donnant son maximum sur les traces de son ami. En vain. Autissier termine ce Vendée Globe non classée suite à une panne de safran qui l'a contrainte à une escale pour réparer.
Il lui faut sa victoire autour du monde ; elle n'en est pas loin. Alors elle embarque de nouveau sur le BOC Challenge devenu Around Alone. Mais la mer ne la laisse toujours pas passer. Le 15 février 1999, *PRB* chavire et ne se redresse pas, demeurant posé sur l'eau à l'envers. Le bateau est alors au beau milieu du Pacifique Sud, entre Nouvelle-Zélande et cap Horn, et seul un autre marin peut la secourir. Ce que réalise avec brio l'Italien Giovanni Soldini après des heures d'angoisse. Cette nouvelle fortune de mer précipite la décision de la navigatrice d'en terminer avec les courses en solitaire. Elle qui, en tant qu'ingénieur halieute, aura marqué la transition entre les marins et les diplômés de grandes écoles à la mode François Gabart, se retire peu à peu de la compétition. Mais la mer demeure sa grande passion. Elle voyage à bord de son bateau de croisière, entre Argentine et Antarctique ; encadre des expéditions ; témoigne des changements de la planète ; produit des émissions de radio ; endosse la responsabilité de présidente du WWF France ; croule sous les honneurs à commencer par ceux de la République, mais surtout, écrit avec talent. En 2015, son roman *Soudain, seuls* (Stock, 2015) lui vaut d'être sélectionnée pour le prix Goncourt.

AVITAILLEMENT

Embarquement des effets personnels de Marc Guillemot à bord de Safran en 2012.

25 novembre 1989, fin de soirée. Il fait un froid à ne pas sortir un marin dehors ; d'ailleurs ils sont tous au lit. Peu avant a eu lieu l'ultime repas avec la famille et les amis, le dernier de celui qui part et personne ne sait s'il reviendra. Pendant qu'ils profitent pour la dernière fois d'une nuit au sec et d'une couchette qui ne bouge pas, les équipes de chacun arpentent le ponton du Vendée Globe, rendu glissant par le gel. Les caisses de nourriture sont lourdes ; plusieurs centaines de kilos à charger, en particulier les bouteilles d'eau… Aujourd'hui, tout cela n'est plus concevable : adieu boîtes de conserve et petits plats mijotés ; adieu sacs de pomme de terre et kilos de pâtes, désormais tout est pesé, mesuré, calibré. Et rien n'est laissé au hasard. En mer, la nourriture est importante, même si les solitaires font souvent passer le moment de se sustenter au dernier rang de leurs préoccupations quotidiennes. Mais il amène confort et réconfort, petite bulle d'évasion qui relie à la terre par l'entremise des saveurs, des goûts. Plus de 90 % de ce qu'ils emmènent est lyophilisé, des œufs au bœuf bourguignon ; du petit-déjeuner au dîner, plats préparés à l'avance, variés, parfois élaborés en compagnie d'un diététicien. Car les goûts et les appétits de chacun sont différents, les organismes aussi. Lorsqu'un sédentaire a besoin de 2 200 à 2 700 calories par jour, eux en nécessitent quelque 5 000, en particulier lorsqu'ils naviguent dans le froid des mers du Sud. Car les menus sont aussi composés en fonction de la météo dans les zones traversées. On ne mange pas la même chose sous la touffeur de l'équateur que dans une tempête de neige.

En règle générale, chaque ration journalière, composée de cinq plats lyophilisés (petit-déjeuner, déjeuner et dîner inclus), se trouve dans des sachets datés, installés eux-mêmes dans de vastes sacs ou poches rangés soigneusement et installés de

manière qu'ils puissent aisément être déplacés dans le bateau pour que le poids qu'ils représentent participe à la correction de son équilibre et tenter de le maintenir à plat. La masse de cet avitaillement est soigneusement mesurée et pèse entre 110 et 150 kilos sachant que les navigateurs embarquent quelque quatre-vingt-dix jours de nourriture. Pour les premiers temps, un peu de frais est tout de même toléré (fruits, légumes, salades préparées, pains, fromages...) et, dans certaines occasions, anniversaire, Noël ou passage du cap Horn, il y a parfois sur certains bords une demi-bouteille de champagne, une bonne bouteille de vin ou une canette de soda...

L'eau indispensable est pompée dans la mer puis dessalinisée. La « cuisine » sur les voiliers modernes consiste en un petit réchaud servant à faire bouillir cette eau qui servira dans les lyophilisés. Alors, bien sûr, il y a ceux qui traînent et dont les provisions fondent, à l'image d'Yves Parlier en 2001. Ayant été obligé de s'arrêter longuement en Nouvelle-Zélande pour réparer son mât cassé – mais sans recevoir la moindre aide extérieure et donc nourriture – le skipper se trouva rapidement à court lors de ses derniers jours, mangeant algues et poissons pêchés en traînant un sac à voile derrière son bateau en guise de filet. « J'évite simplement de manger de l'algue au dessert », racontait-il depuis la mer, lassé des journées passées à ne plus ingurgiter que cela...

Page de gauche : Marc Guillemot prend la pose devant toute la nourriture qu'il emporte pour un Vendée Globe.
Ci-dessus : En 2001, Yves Parlier termina son Vendée Globe sans nourriture. Son épopée marqua comme rarement les passionnés de la course.

BAGAGES SUPERIOR

Vainqueur de la deuxième édition du Vendée Globe ce bateau reste – pour l'instant – le seul gréé en ketch ayant gagné cette épreuve. À l'époque, la division de la surface de voile sur deux mâts (le plus grand à l'avant ; le petit derrière) rendait plus facilement manœuvrables les voiliers au moment où le marin seul à bord devait réduire la toile. Cela permettait aussi de bénéficier d'une surface de voile – et donc d'une puissance – considérable. Alain Gautier, son skipper, avait suivi en cela Philippe Poupon, alors marin référence de la course en solitaire. Réalisé selon les plans du cabinet Finot-Conq par le chantier CDK, ce bateau très dépouillé est lancé fin juillet 1992, quelques mois avant la deuxième édition du Vendée Globe, au départ duquel il se présente parfaitement mis au point et mené par un marin qui prend le départ de son troisième tour du monde en trois ans. En 110 jours, Gautier gagne sans coup férir. Après quelques courses à son bord (deuxième de la Route du Café 1993 puis de la Route du Rhum 1994), il le cède à Éric Dumont qui le rebaptise (*Café Legal-Le Goût*) et se classe quatrième du Vendée Globe 1996-1997. Dumont le conserve encore cinq ans, en change le nom au gré des sponsors qui se succèdent, le modifie radicalement en adoptant un gréement classique. Il prend de nouveau le départ des Sables en 2000 mais est contraint à l'abandon sur avarie de safran. Le voilier se nommait alors *Euroka-Un Univers de Service*. C'est une femme qui l'arme ensuite : Miranda Merron. La navigatrice anglaise conserve le dernier partenaire de Dumont mais le bateau accuse le poids des ans face aux nouveaux prototypes. Il ne peut plus prétendre à autre chose que de permettre à des apprentis coureurs au large de se faire la main à l'image de Zbigniew Gutkowski qui, à son bord, se classe en 2010 deuxième de la Velux 5 Oceans (anciennement BOC Challenge). Un temps, le Polonais, son dernier propriétaire en date, envisage de participer avec lui au Vendée Globe 2012 mais il lui préfère *in fine* un voilier plus récent.

C'est à bord de ce plan Finot-Conq gréé en ketch qu'Alain Gautier gagna le deuxième Vendée Globe en 1993.

Bien évidemment, les bateaux engagés dans le Vendée Globe sont des voiliers ! Actuellement ils répondent à une seule catégorie dite Open 60' comme 60 pieds (la longueur de coque maximale de 18,28 mètres).
Obligatoirement monocoques, souvent appelés 60-pieds Open, ils furent créés en vue de la deuxième édition du BOC Challenge (1986-1987), course autour du monde en solitaire mais avec escales. Ce type de bateau représentait alors le vecteur idéal : rapide, impressionnant, laissant libre cours à l'imagination des architectes et des marins tout en étant contenu dans une taille de bateau qu'un skipper seul peut dominer. Mais le Vendée Globe n'a pas été réservé à ces seuls 60 pieds. Lors des quatre premières éditions, les voiliers de 50 pieds étaient autorisés, cette classe devant permettre à des marins moins aguerris de se forger une expérience à bord d'unités plus petites (15,24 mètres) et moins onéreuses. En 1997 et 2001, c'est d'ailleurs le même bateau qui termine premier de cette classe, baptisé *Aqua Quorum* avec Pete Goss puis *VM Matériaux* avec Patrice Carpentier. Actuellement, le Vendée Globe est réservé uniquement aux 60 pieds. Ceux-ci sont régis par un strict règlement technique édicté par l'IMOCA, association créée en 1991 par Isabelle Autissier, Christophe Auguin, Alain Gautier et Jean-Luc Van Den Heede. Une fois construits, les bateaux doivent être jaugés, c'est-à-dire vérifiés précisément. Le test le plus spectaculaire est celui du retournement qui permet de constater que ces unités se remettent effectivement seules à l'endroit après un chavirage. S'ils répondent à la règle, ils reçoivent alors un certificat de jauge établi par les mesureurs de l'IMOCA, document établissant leur conformité et sans lequel ils ne peuvent être acceptés aux départs des courses. Cette règle donne naissance à des voiliers prototypes et non monotypes. Néanmoins, dans le but de réduire les coûts de conception et de fabrication mais aussi d'augmenter la sécurité en imposant des éléments fiabilisés, quelques pièces doivent être désormais identiques sur tous les bateaux lancés depuis 2014 à savoir les mâts, les quilles et les vérins assurant le basculement de ces dernières.
Voici les principales caractéristiques techniques des actuels Open 60'. Longueur maximale de coque : 18,28 mètres ; longueur hors-tout maximale (soit la coque prolongée par un bout-dehors à l'avant) : 20,12 mètres ; largeur maximale : 5,85 mètres ; tirant d'eau (distance entre ligne de flottaison et bas de la quille) maximal : 4,50 mètres ; tirant d'air (hauteur maximale au-dessus de la ligne de flottaison jusqu'en haut du mât) maximal : 29 mètres ; cinq cloisons étanches doivent être installées de manière à sécuriser le bateau en cas de voie d'eau ; cinq appendices (une quille, deux safrans et deux dérives) au maximum sont autorisés ; le nombre de voiles embarquées ne doit pas excéder neuf.

BATEAUX

Les bateaux du Vendée Globe répondent à une règle stricte (ici, Safran, premier du nom, en 2008). Incontestablement, les monocoques de 60 pieds (18,28 mètres) sont les plus puissants et les plus innovants jamais créés.

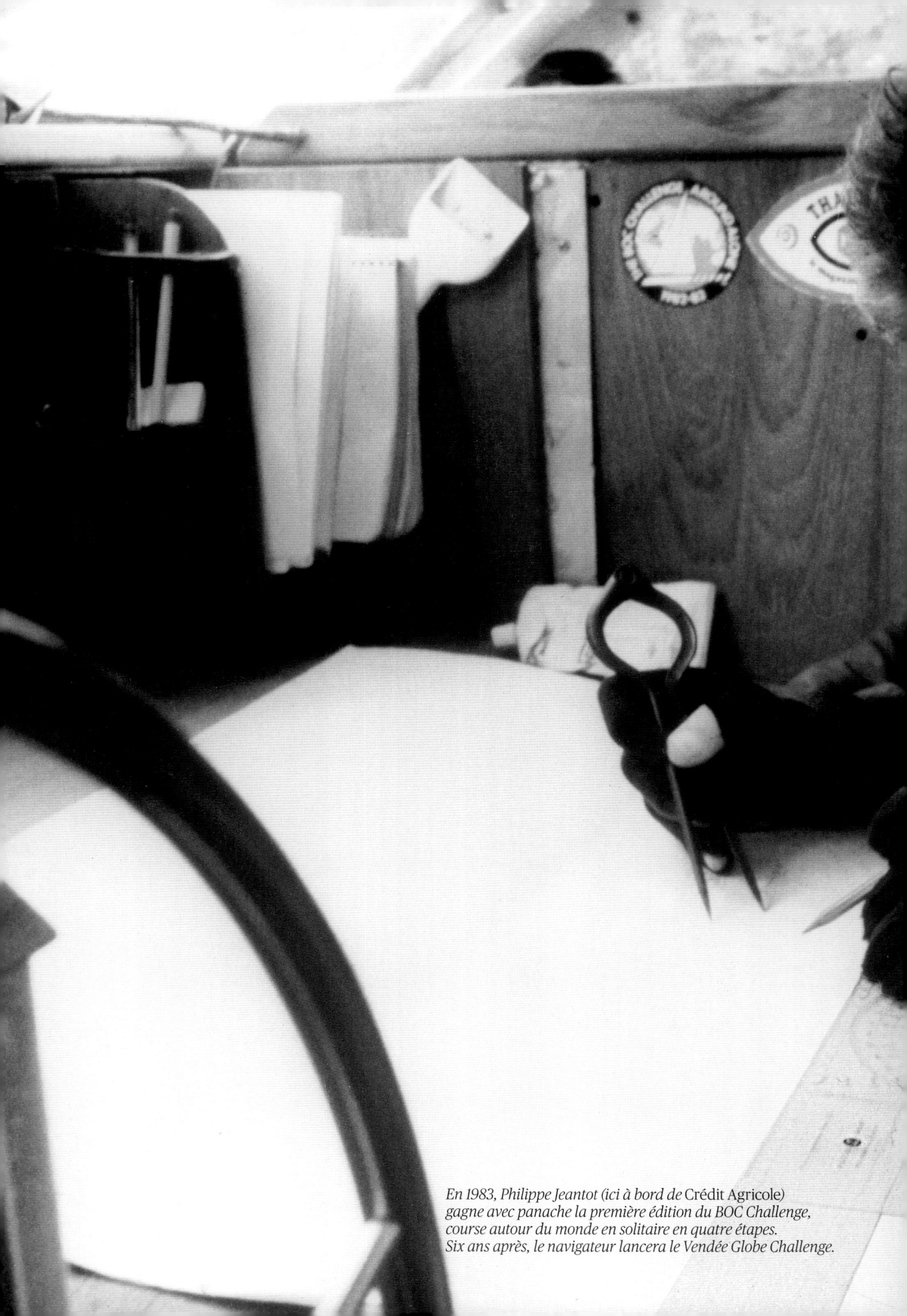

En 1983, Philippe Jeantot (ici à bord de Crédit Agricole*) gagne avec panache la première édition du BOC Challenge, course autour du monde en solitaire en quatre étapes. Six ans après, le navigateur lancera le Vendée Globe Challenge.*

BOC CHALLENGE

En 1982, Robin Knox-Johnston, vainqueur du Golden Globe treize ans auparavant, donne naissance à une course autour du monde en solitaire mais en quatre étapes. Imposer des escales permet en effet de ne pas renouer avec une circumnavigation ininterrompue pour ne pas provoquer les fantômes du Golden Globe omniprésents depuis cette dramatique épreuve. Le marin, devenu organisateur, la baptise du nom de son partenaire financier, la British Oxygen Company. Le 28 août 1982, vingt-sept navigateurs prennent le départ de la première édition depuis Newport dans l'État de Rhode Island. Ils feront ensuite escale au Cap, à Sydney, à Rio de Janeiro avant de retrouver la côte est des États-Unis. Le Français Philippe Jeantot, alors marin voyageur qui vient de rompre avec sa profession de plongeur sous-marin, écrase littéralement l'épreuve à bord d'un bateau de course (*Crédit Agricole*) construit spécialement alors que la majorité de ses adversaires s'aligne avec des unités moins optimisées. Il récidive quatre ans plus tard. Par la suite, deux autres skippers gagneront deux fois dans la catégorie reine comme Jeantot : Christophe Auguin puis le Suisse Bernard Stamm. Contrairement au Vendée Globe, plusieurs classes de bateau sont autorisées : deux jusqu'en 1998, les 60 pieds (long de 18,28 mètres) et les 50 pieds (15,24 mètres), une troisième – 40 pieds (12,19 mètres) – étant incluse en 2002 seulement. Mais l'histoire de cette épreuve est aussi celle d'une longue agonie. Nul ne conteste qu'elle est à l'origine du Vendée Globe, les participants de celle-ci voulant plus dur, plus loin, plus longtemps en créant cette circumnavigation sans escale. Mais l'aura de cette dernière et son caractère extrême ont éclipsé peu à peu le BOC Challenge. Les partenaires furent de plus en plus difficiles à trouver ; les ports de départ et d'escale aussi. Elle devint ainsi Around Alone lors des cinquième et sixième éditions puis Velux 5 Oceans en 2006 et 2010, ces deux dernières s'étant déroulées dans l'anonymat généré par des plateaux de plus en plus maigres. Cinq concurrents prirent le départ depuis La Rochelle en 2010 – course gagnée par l'Américain Brad Van Liew –, quatre seulement la terminant. Pour l'heure, Knox-Johnston n'a pas réussi à relancer de neuvième édition.

Toutefois, cette épreuve aura marqué la course au large et mis son empreinte sur le Vendée Globe, permettant à des marins aussi extraordinaires que Jeantot, Lamazou, Auguin, Autissier, Van Den Heede, Soldini, Stamm... de se révéler ou de confirmer leurs talents. Au total, cent vingt-huit navigateurs y participèrent en vingt-neuf ans d'existence, soixante-dix-sept seulement parvenant à la terminer et, dramatique corollaire des courses autour du monde, deux n'en revinrent jamais...

Lorsqu'il créa le BOC Challenge, Sir Robin Knox-Johnston n'osa pas néanmoins lancer un tour du monde sans escale comme celui qu'il remporta en 1969. L'empreinte des drames de ce Golden Globe était encore trop prégnante...

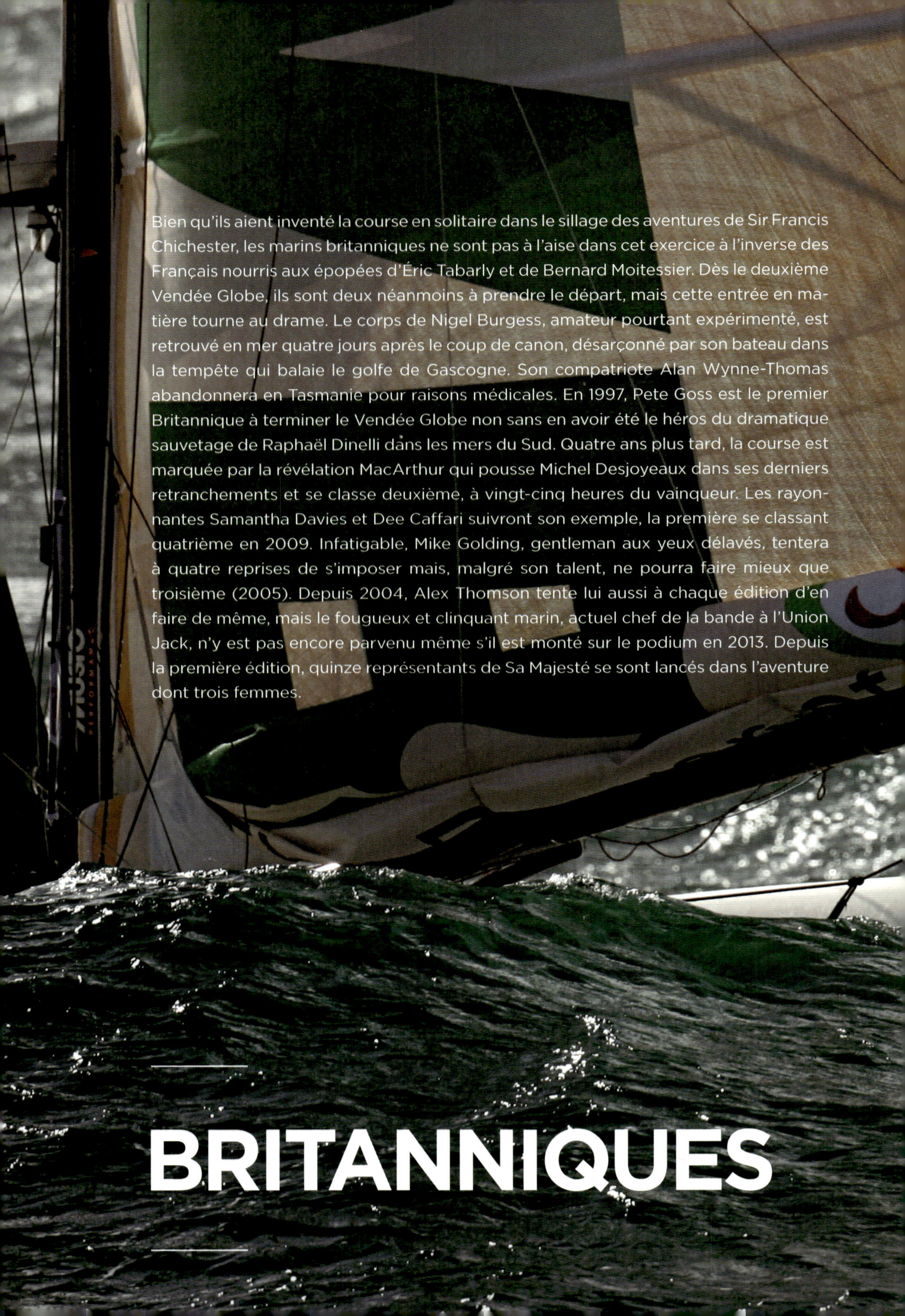

Bien qu'ils aient inventé la course en solitaire dans le sillage des aventures de Sir Francis Chichester, les marins britanniques ne sont pas à l'aise dans cet exercice à l'inverse des Français nourris aux épopées d'Éric Tabarly et de Bernard Moitessier. Dès le deuxième Vendée Globe, ils sont deux néanmoins à prendre le départ, mais cette entrée en matière tourne au drame. Le corps de Nigel Burgess, amateur pourtant expérimenté, est retrouvé en mer quatre jours après le coup de canon, désarçonné par son bateau dans la tempête qui balaie le golfe de Gascogne. Son compatriote Alan Wynne-Thomas abandonnera en Tasmanie pour raisons médicales. En 1997, Pete Goss est le premier Britannique à terminer le Vendée Globe non sans en avoir été le héros du dramatique sauvetage de Raphaël Dinelli dans les mers du Sud. Quatre ans plus tard, la course est marquée par la révélation MacArthur qui pousse Michel Desjoyeaux dans ses derniers retranchements et se classe deuxième, à vingt-cinq heures du vainqueur. Les rayonnantes Samantha Davies et Dee Caffari suivront son exemple, la première se classant quatrième en 2009. Infatigable, Mike Golding, gentleman aux yeux délavés, tentera à quatre reprises de s'imposer mais, malgré son talent, ne pourra faire mieux que troisième (2005). Depuis 2004, Alex Thomson tente lui aussi à chaque édition d'en faire de même, mais le fougueux et clinquant marin, actuel chef de la bande à l'Union Jack, n'y est pas encore parvenu même s'il est monté sur le podium en 2013. Depuis la première édition, quinze représentants de Sa Majesté se sont lancés dans l'aventure dont trois femmes.

BRITANNIQUES

Des quinze Britanniques qui prirent le départ du Vendée Globe jusqu'en 2012, Mike Golding - ici à bord d'Ecover en 2004 - fut l'un des plus assidus et des plus brillants.

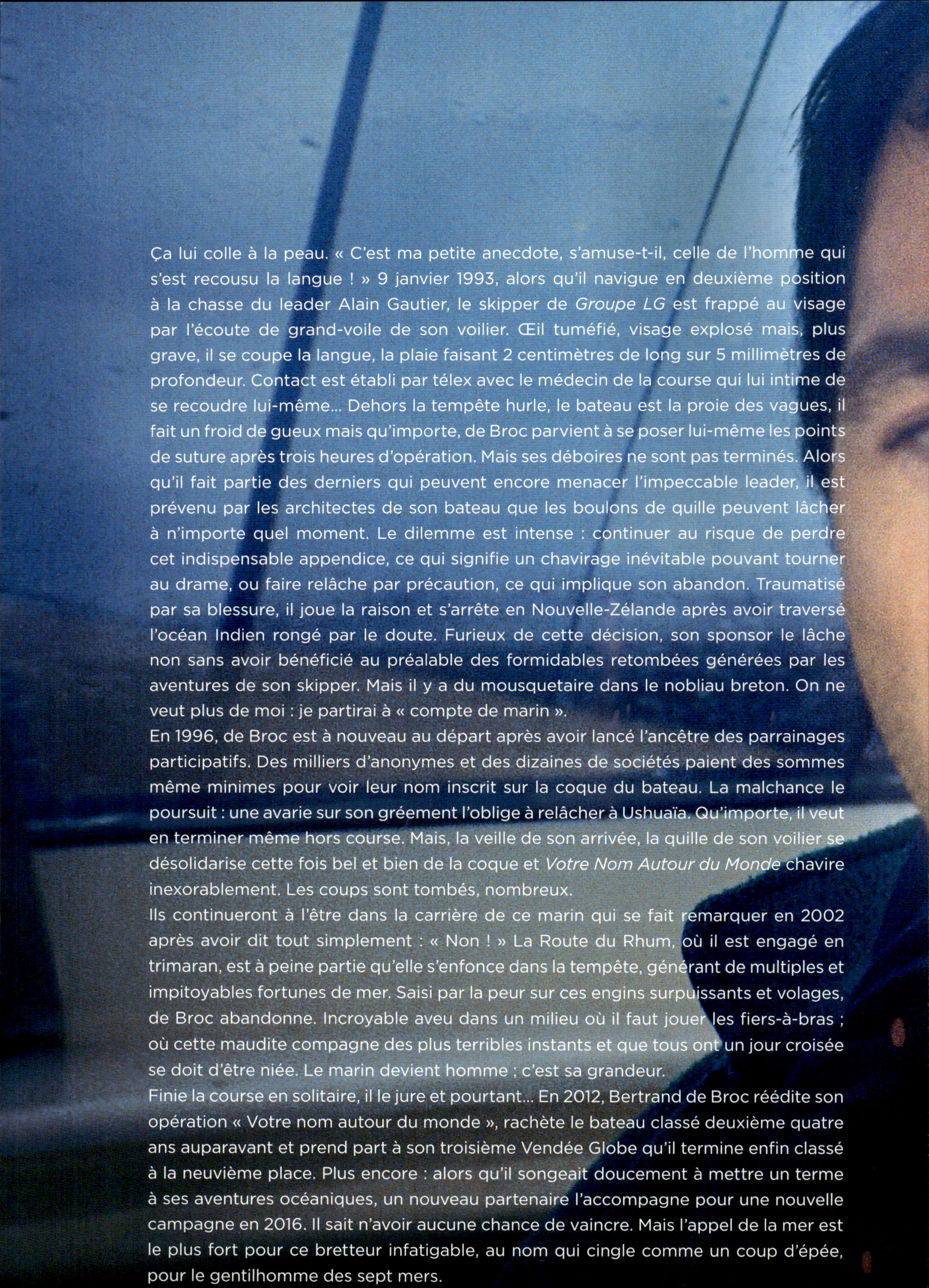

Ça lui colle à la peau. « C'est ma petite anecdote, s'amuse-t-il, celle de l'homme qui s'est recousu la langue ! » 9 janvier 1993, alors qu'il navigue en deuxième position à la chasse du leader Alain Gautier, le skipper de *Groupe LG* est frappé au visage par l'écoute de grand-voile de son voilier. Œil tuméfié, visage explosé mais, plus grave, il se coupe la langue, la plaie faisant 2 centimètres de long sur 5 millimètres de profondeur. Contact est établi par télex avec le médecin de la course qui lui intime de se recoudre lui-même... Dehors la tempête hurle, le bateau est la proie des vagues, il fait un froid de gueux mais qu'importe, de Broc parvient à se poser lui-même les points de suture après trois heures d'opération. Mais ses déboires ne sont pas terminés. Alors qu'il fait partie des derniers qui peuvent encore menacer l'impeccable leader, il est prévenu par les architectes de son bateau que les boulons de quille peuvent lâcher à n'importe quel moment. Le dilemme est intense : continuer au risque de perdre cet indispensable appendice, ce qui signifie un chavirage inévitable pouvant tourner au drame, ou faire relâche par précaution, ce qui implique son abandon. Traumatisé par sa blessure, il joue la raison et s'arrête en Nouvelle-Zélande après avoir traversé l'océan Indien rongé par le doute. Furieux de cette décision, son sponsor le lâche non sans avoir bénéficié au préalable des formidables retombées générées par les aventures de son skipper. Mais il y a du mousquetaire dans le nobliau breton. On ne veut plus de moi : je partirai à « compte de marin ».

En 1996, de Broc est à nouveau au départ après avoir lancé l'ancêtre des parrainages participatifs. Des milliers d'anonymes et des dizaines de sociétés paient des sommes même minimes pour voir leur nom inscrit sur la coque du bateau. La malchance le poursuit : une avarie sur son gréement l'oblige à relâcher à Ushuaïa. Qu'importe, il veut en terminer même hors course. Mais, la veille de son arrivée, la quille de son voilier se désolidarise cette fois bel et bien de la coque et *Votre Nom Autour du Monde* chavire inexorablement. Les coups sont tombés, nombreux.

Ils continueront à l'être dans la carrière de ce marin qui se fait remarquer en 2002 après avoir dit tout simplement : « Non ! » La Route du Rhum, où il est engagé en trimaran, est à peine partie qu'elle s'enfonce dans la tempête, générant de multiples et impitoyables fortunes de mer. Saisi par la peur sur ces engins surpuissants et volages, de Broc abandonne. Incroyable aveu dans un milieu où il faut jouer les fiers-à-bras ; où cette maudite compagne des plus terribles instants et que tous ont un jour croisée se doit d'être niée. Le marin devient homme ; c'est sa grandeur.

Finie la course en solitaire, il le jure et pourtant... En 2012, Bertrand de Broc réédite son opération « Votre nom autour du monde », rachète le bateau classé deuxième quatre ans auparavant et prend part à son troisième Vendée Globe qu'il termine enfin classé à la neuvième place. Plus encore : alors qu'il songeait doucement à mettre un terme à ses aventures océaniques, un nouveau partenaire l'accompagne pour une nouvelle campagne en 2016. Il sait n'avoir aucune chance de vaincre. Mais l'appel de la mer est le plus fort pour ce bretteur infatigable, au nom qui cingle comme un coup d'épée, pour le gentilhomme des sept mers.

BERTRAND DE BROC

Cela lui restera à jamais collé à la peau : Bertrand de Broc demeure comme l'homme qui s'est recousu la langue dans l'enfer du Grand Sud. C'était en 1993. Et il n'est pas encore fatigué de cette épreuve !

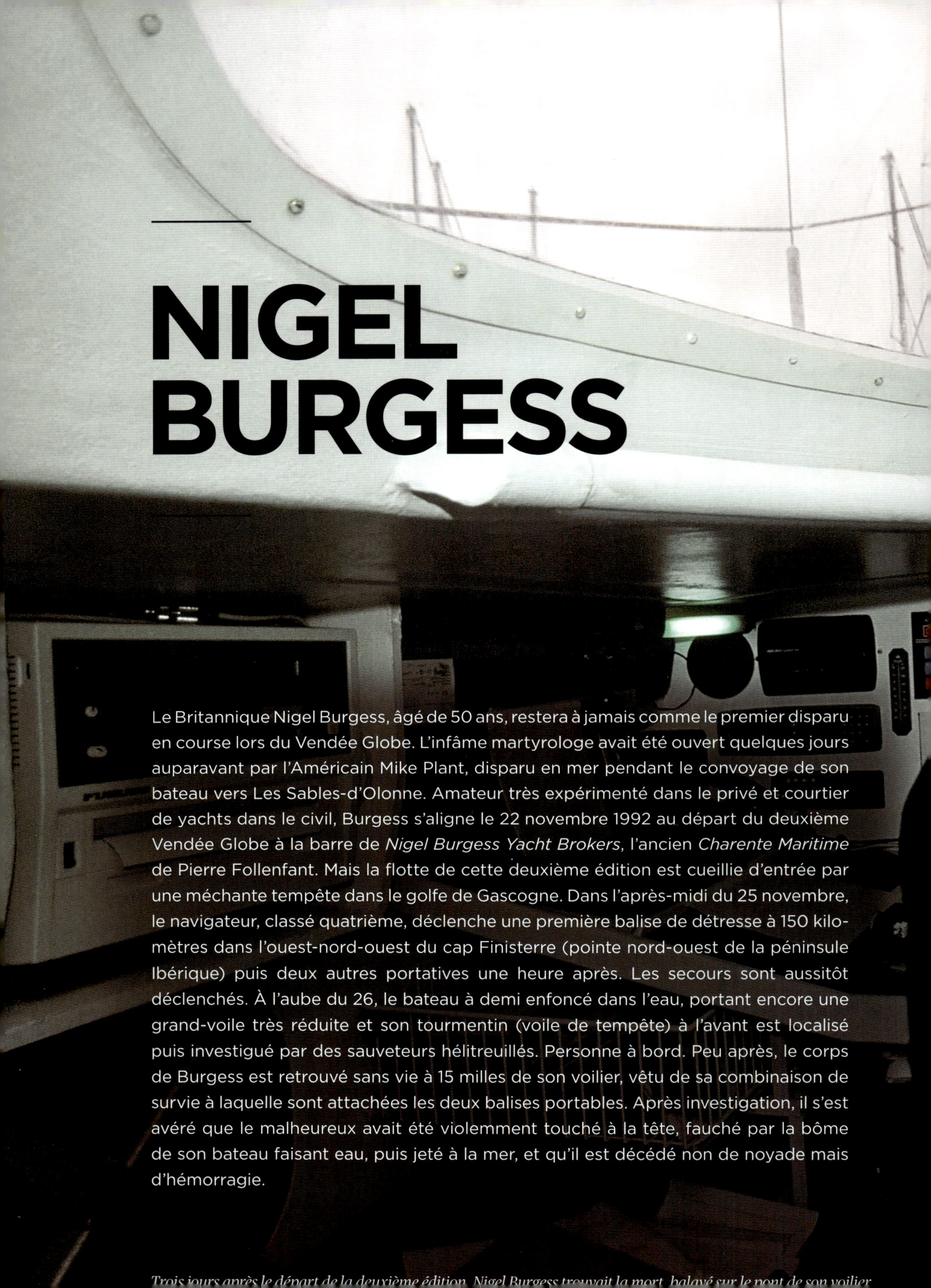

NIGEL BURGESS

Le Britannique Nigel Burgess, âgé de 50 ans, restera à jamais comme le premier disparu en course lors du Vendée Globe. L'infâme martyrologe avait été ouvert quelques jours auparavant par l'Américain Mike Plant, disparu en mer pendant le convoyage de son bateau vers Les Sables-d'Olonne. Amateur très expérimenté dans le privé et courtier de yachts dans le civil, Burgess s'aligne le 22 novembre 1992 au départ du deuxième Vendée Globe à la barre de *Nigel Burgess Yacht Brokers*, l'ancien *Charente Maritime* de Pierre Follenfant. Mais la flotte de cette deuxième édition est cueillie d'entrée par une méchante tempête dans le golfe de Gascogne. Dans l'après-midi du 25 novembre, le navigateur, classé quatrième, déclenche une première balise de détresse à 150 kilomètres dans l'ouest-nord-ouest du cap Finisterre (pointe nord-ouest de la péninsule Ibérique) puis deux autres portatives une heure après. Les secours sont aussitôt déclenchés. À l'aube du 26, le bateau à demi enfoncé dans l'eau, portant encore une grand-voile très réduite et son tourmentin (voile de tempête) à l'avant est localisé puis investigué par des sauveteurs hélitreuillés. Personne à bord. Peu après, le corps de Burgess est retrouvé sans vie à 15 milles de son voilier, vêtu de sa combinaison de survie à laquelle sont attachées les deux balises portables. Après investigation, il s'est avéré que le malheureux avait été violemment touché à la tête, fauché par la bôme de son bateau faisant eau, puis jeté à la mer, et qu'il est décédé non de noyade mais d'hémorragie.

Trois jours après le départ de la deuxième édition, Nigel Burgess trouvait la mort, balayé sur le pont de son voilier

FURUNO
LINEAIRE

Ce bateau est une légende à lui tout seul. Lancé en 1967 sous le nom de *Pen Duick III*, il devient l'arme absolue d'Éric Tabarly pour aller battre les Britanniques dans leur domaine des courses en équipage. Sa coque tulipée à l'avant, son gréement de goélette – qui évolua de nombreuses fois par la suite – et ses performances remarquables lui permettent des exploits historiques, comme gagner les sept manches du championnat organisé en Manche par le Royal Ocean Racing Club – dont la célèbre course du Fastnet –, mais aussi d'autres monuments du nautisme tels que les épreuves Sydney-Hobart, Le Cap-Rio, Middle Sea Race... Lorsque Tabarly enchaîne à bord des autres *Pen Duick*, il en demeure propriétaire et le confie à des marins en devenir ou non, mais tous talentueux : Philippe Poupon, Éric Loizeau, Marc Linski... et Jean-François Coste en vue du premier Vendée Globe. Ancien équipier de Tabarly, « Costo » appareille plus en introspection nautique autour du monde qu'avec des espoirs de victoire sur ce

CACHAREL

bateau rebaptisé *Cacharel*, vieux de 22 ans, lourd et long de 17,45 mètres. Sa plongée en solitude s'accompagne d'une émotion et d'une sensibilité remarquables qui lui feront écrire des textes magnifiques tout au long de son périple. « Le matin du départ, on était treize à pas trop savoir où on allait, écrivit-il. Là-dedans, il y avait un premier, des classés, des fortunes de mer, des malchanceux et un dernier. Ça, on le savait et chacun avait tout fait pour être dans la catégorie de ses rêves. Les uns ont réussi, les autres le feront la prochaine fois. Ce qu'on ne savait pas, c'est ce dont personne ne voulait parler. Mais la mer n'a retenu personne, elle a simplement donné. Alors tout est en ordre. *"A very good story with an happy end."* » À bord de *Cacharel*, Jean-François Coste passa 163 jours et 1 heure 19' 20" en mer, soit 52 jours de plus que Titouan Lamazou.

Cette magnifique goélette noire n'est autre que le Pen Duick III *d'Éric Tabarly que le « maître » confia à l'un de ses disciples, Jean-François Coste, lors du premier Vendée Globe, le rebaptisant* Cacharel *pour l'occasion.*

CANARIES

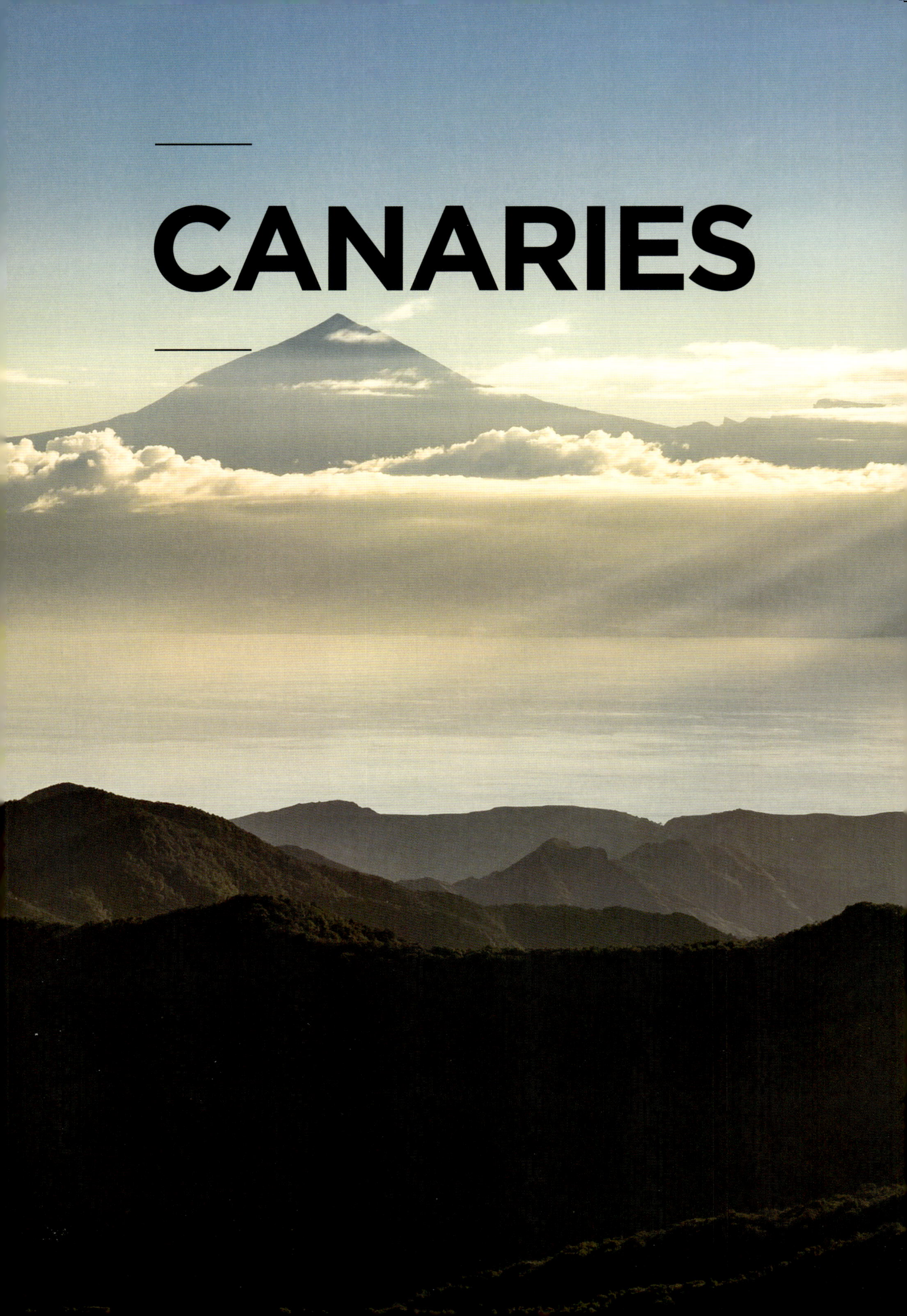

Sur la route qui mène vers les océans du Sud, l'archipel atlantique des Canaries, situé à quelque 150 kilomètres au large de la côte marocaine, est, pour certains, la dernière terre en vue avant des mois de solitude. D'autres croisant trop au large n'en admirent pas même les plus hauts sommets alors que certains y relâchent trouvant, dans une baie abritée, le havre idéal pour y mener au calme une réparation. Certes, plus au sud, quelques navigateurs – à l'image de Christophe Auguin en 1997 – passeront au beau milieu des îles du Cap-Vert, mais les Canaries, où la Mini Transat, épreuve fondatrice des marins en solitaire, observe fréquemment son escale, demeurent l'amer atlantique le plus remarquable. Lors de la première édition, les concurrents étaient tenus de passer entre les îles pour aider à la médiatisation. Ce n'est plus le cas. Reste qu'une fois cet archipel passé, la porte de la solitude se referme sur ces hommes qui ne feront bien souvent que s'éloigner des autres. Les îles espagnoles constituent des balises si aisées que la trame du film *En solitaire* consacré au Vendée Globe y bascule…

Les hauteurs de l'archipel des Canaries, en Atlantique Nord, sont fréquemment les dernières terres que les marins du Vendée Globe croisent avant le cap Horn, au bout du Pacifique Sud.

CAP DE BONNE-ESPÉRANCE

Non, ce n'est pas au cap de Bonne-Espérance que les navigateurs passent d'un océan à l'autre, de l'Atlantique au Pacifique. C'est à peine plus loin, à quelque 80 milles nautiques au sud-est, soit à la longitude du cap des Aiguilles, que les géographes ont délimité la séparation entre ces deux monstres marins. Mais la course au large possède cette sagesse de s'appuyer sur l'histoire de la navigation et le franchissement par le sud de la pointe de l'Afrique constitue non seulement pour les skippers le passage du premier des trois caps de la course mais surtout, historiquement, une étape importante parmi les grandes découvertes.
Certes, il est sans doute indiscutable que des navigateurs chinois, arabes ou indiens aient doublé l'endroit les premiers, mais franchir ce long promontoire rocheux, situé dans le prolongement de l'actuelle ville du Cap, signifie mettre enfin de l'est dans sa route, soit cesser de descendre plus au sud, toujours plus sud, dans l'espoir que s'ouvre un hypothétique passage vers l'Orient.
Parti à la recherche de la fameuse route des Indes, Bartolomeu Dias reste comme le premier navigateur européen à l'avoir contourné. Nous sommes en 1488, le temps y est exécrable. Alors le capitaine portugais le baptise « cap des Tempêtes », nom que, bien vite, son roi Jean II changera en Bonne-Espérance, nettement plus porteur en vue des richesses que l'Europe espère tirer de cette nouvelle voie commerciale. Un coup marketing, dirions-nous aujourd'hui.
Situé à la jonction de deux courants maritimes – le froid Benguela qui remonte de l'Antarctique par l'ouest et le chaud courant des Aiguilles en provenance de l'est –, l'endroit présente deux faces en fonction de son orientation tant par sa faune que sa flore, dissemblance générée par la différence des températures d'eau. Franchir la longitude de Bonne-Espérance marque pour les marins du Vendée Globe l'arrivée dans le Grand Sud, le plongeon dans le froid pendant quelque 40 jours – et ce pour les plus véloces jusqu'à la prochaine grande marque – le cap Horn. Pour l'heure, Armel Le Cléac'h reste le concurrent le plus rapide entre Les Sables-d'Olonne et la longitude de Bonne-Espérance en 22 jours et 23 heures 48', performance établie en 2012.

Si géographiquement Bonne-Espérance ne sépare pas les océans Atlantique et Indien, il demeure pour les marins du Vendée Globe le symbole de leur arrivée dans le Grand Sud.

CAP HORN

Promontoire extrême de l'Amérique du Sud, le cap Horn plante ses crocs par 55°59' de latitude sud et 67°12' de longitude ouest.

Dressé tel un croc dans la gueule de l'océan, voilà le cap Horn. Épouvantail et libérateur, marque majuscule de toute circumnavigation fichée dans l'hémisphère Sud. « Le cap Horn n'est pas une fin en soi, écrivit Bernard Moitessier. Ce n'est pas un point sur une carte. Ce qui compte, c'est ce qui précède et ce qui suit. Le Horn est un état d'esprit. »
Et pourtant, le cap Dur, de son appellation française, n'est qu'une île minuscule, située au sud d'un archipel ridicule au nom prédestiné d'Hermite et dont la position exacte est 55°59' de latitude sud et 67°12' de longitude ouest. Mais atteindre la pointe extrême des Amériques, lui faire face, la virer et la laisser dans le sillage constitue la chanson de geste des marins.

Il y a des explications physiques à son mauvais caractère. La nature a voulu que le niveau de l'océan Pacifique soit plus élevé que celui de l'Atlantique. Alors, au pied de ce rocher tourbeux, le géant se déverse dans son voisin par le seul endroit où cela lui est possible, en une mer haute et mauvaise qui se creuse d'autant plus que les fonds remontent brutalement, passant en quelques milles nautiques de 4 000 à 70 mètres ; un flot puissant attisé de surcroît par le courant circumpolaire qui s'enroule autour de l'Antarctique.

Et il y a le vent, d'ouest dominant, venu du large. Comme la houle, rien ne l'a arrêté sur des milliers de kilomètres. Alors le voilà qui se trouve en butée contre la cordillère des Andes, dévalant les montagnes vers le sud et accélérant jusqu'au détroit libérateur qu'est le passage de Drake, ce bras de mer aussi large que dangereux entre cap Horn et péninsule Antarctique.

Quant au cap en lui-même, c'est un îlot tourbeux que les cartes marines du Chili, dont il dépend, baptisent Isla Hornos, et sur lequel se trouvent deux phares l'un en son sommet, l'autre de secours en contrebas, servis par leurs gardiens. Longtemps, bien avant l'ouverture du canal de Panama, les navires incapables de passer par le détroit de Magellan, 300 milles plus au nord, se devaient de l'affronter pour passer d'un océan l'autre.

Si les premières traces humaines des peuples vivant en Terre de Feu remontent à quelque six mille ans, c'est en 1616 seulement qu'un bâtiment arrondit enfin l'endroit. Il s'agissait en l'occurrence de l'*Eendracht* de l'expédition menée par les Hollandais Lemaire – le marchand – et Schouten – le soldat – en quête d'une voie alternative pour la route des Indes. Après des semaines de combat face à la mer, après la perte d'une des deux unités de l'entreprise, quasiment vaincus, repoussés par la tempête, une inattendue inversion des vents permit aux Hollandais de saluer le rude rocher d'est en ouest, le baptisant aussitôt Horn en hommage à leur ville d'origine : Hoorn.

La porte du mythe est ouverte. En 1741, l'escadre d'Anson qui traque les couleurs espagnoles y est décimée ; c'est en tentant de le franchir dans la déraison que germe sans doute la plus célèbre mutinerie, celle du *Bounty* ; c'est en devenant le chemin favori des émigrants de la ruée vers l'or entre côte est des États-Unis et Californie, s'entassant sur les plus fins clippers affrontant l'apocalypse sur mer ; c'est en s'imposant sur la route des magnifiques voiliers portant trois, quatre, cinq mâts des flottes de commerce allemande et française s'en allant chercher la laine d'Australie, le nickel du Chili ou le blé d'Oregon... et se battant parfois des semaines face aux éléments pour le

franchir, que le Horn a forgé sa légende. Il faut lire les livres de bord du trois-mâts *Amiral Courbet*, en 1900, où le capitaine reporte seulement : « mer très forte, vent force 12 (le maximum sur l'échelle de Beaufort) » et une température de – 17 °C, ou encore du *Léon Bureau* dont la cargaison s'enflamme, pour appréhender la dureté de l'endroit. Dans ces parages, il y aurait eu quelque sept mille bateaux avalés par les flots.
Alors, lorsque les navigateurs hauturiers y parviennent, l'émotion est à son comble. Passer le Horn – toujours d'ouest en est, soit le sens favorable, et systématiquement lors de l'été austral, les dates de départ des courses étant calculées en fonction – signifie en terminer avec des semaines à combattre dans les océans du Sud. Cela permet, comme le décrivent certains, de mettre « le clignotant à gauche » et de s'engager dans la remontée de l'Atlantique pour l'ultime tronçon tout en renouant avec les autres hommes dont ils deviennent enfin physiquement si proches après tant de solitude. « C'est à ce moment-là que le nœud que tu as dans les tripes se dénoue un peu, explique Dominique Wavre, l'un des plus expérimentés skippers au large, dix tours du monde au compteur. Le plus dur est fait, même si c'est un peu une fausse impression, car le bateau est fatigué, et il faut l'amener au bout. » Le Horn prélève aussi son dû parmi la flotte du Vendée Globe, ceux qui sortent cabossés des mers du Sud ou, pire encore, y font naufrage comme Jean Le Cam secouru par Vincent Riou… qui perdra le mât de son *PRB* suite à ce sauvetage, victime lui aussi de l'endroit.

Page de gauche : Deux phares sont installés sur le Horn dont celui-ci, le « phare monumental de l'île Horn » érigé en 1991 à 62 mètres et d'une portée de 12 milles nautiques.
Page de droite, en haut à gauche : C'est au large du cap Horn que Jean Le Cam fit naufrage le 5 janvier 2009 suite au bris de la quille de son VM Matériaux.
Page de droite, en haut à droite : Après avoir passé 17 heures dans la coque retournée, Le Cam (à droite) est récupéré par Vincent Riou, les deux hommes passant au large du cap ensemble.
Page de droite, en bas à gauche : VM Matériaux *s'inscrit dans la liste des quelque 7 000 bateaux - selon la légende de l'endroit - avalés par les flots au large du cap Dur (son nom français).*

CAP LEEUWIN

Depuis Perth, la pimpante métropole de l'Ouest australien, il faut prendre la route de Bunbury puis d'Augusta, vers le sud, qui parfois longe l'océan Indien. Une fois passé le délicieux vignoble de Margaret River, elle continue à cheminer à travers les vastes forêts d'eucalyptus. Sous un généreux soleil, on y croise des kangourous, certains se rafraîchissant même grâce aux arroseurs automatiques du champêtre stade de la petite cité. On quitte alors les aires boisées, les bucoliques maisonnettes du bourg pour emprunter Leeuwin Road qui mène jusqu'à la marque la plus sud-ouest de l'Australie. L'endroit n'a ni l'aura ni le prestige du cap Horn ou de celui de Bonne-Espérance mais il demeure néanmoins le deuxième des trois grands caps à laisser sur bâbord pour les marins du Vendée Globe. Il n'y a nulle difficulté à contourner ce petit promontoire rocheux qui s'enfonce dans l'océan ; il n'y a pas plus de récit lié à des tempêtes d'apocalypse que d'innombrables naufrages ; aucun marin du Vendée Globe ne le verra jamais en course de par sa latitude de 34°22' sud, tellement il s'ancre au nord du parcours. Il ne constitue pas non plus la frontière physique entre océans Indien et Pacifique, située au niveau du cap sud-est, en Tasmanie, à l'autre bout de l'Australie. Certes, lorsqu'une furie de temps s'y abat, la côte cesse d'offrir ce caractère paradisiaque mais Leeuwin, surmonté par la délicate tour blanche de son phare, n'a rien d'un monstre. Le premier navire connu l'ayant viré était néerlandais. Il cinglait en 1622 dans ses parages de manière à en établir la cartographie. Il se nommait *Leeuwin*... la lionne. Au sud, ce cap est prolongé par les îles Saint-Alouärn, nommées par d'Entrecasteaux, alors qu'il recherchait l'expédition de La Pérouse. Leeuwin est une balise perdue, loin de la route du Vendée Globe, sans mythe ni légende et, si vos pas vous y mènent, le gardien du petit musée établi au pied du phare est toujours ravi de saluer les quelques visiteurs de passage, se remémorant presque chacun d'eux. Son érudition sur l'endroit, sa méticulosité dans la compilation du moindre écrit concernant son cap de cœur sont telles qu'il a certainement déjà noté que François Gabart est, depuis 2012, le marin ayant été le plus rapide entre Les Sables-d'Olonne et la longitude de son phare, franchie après 34 jours et 10 heures 23' de course.

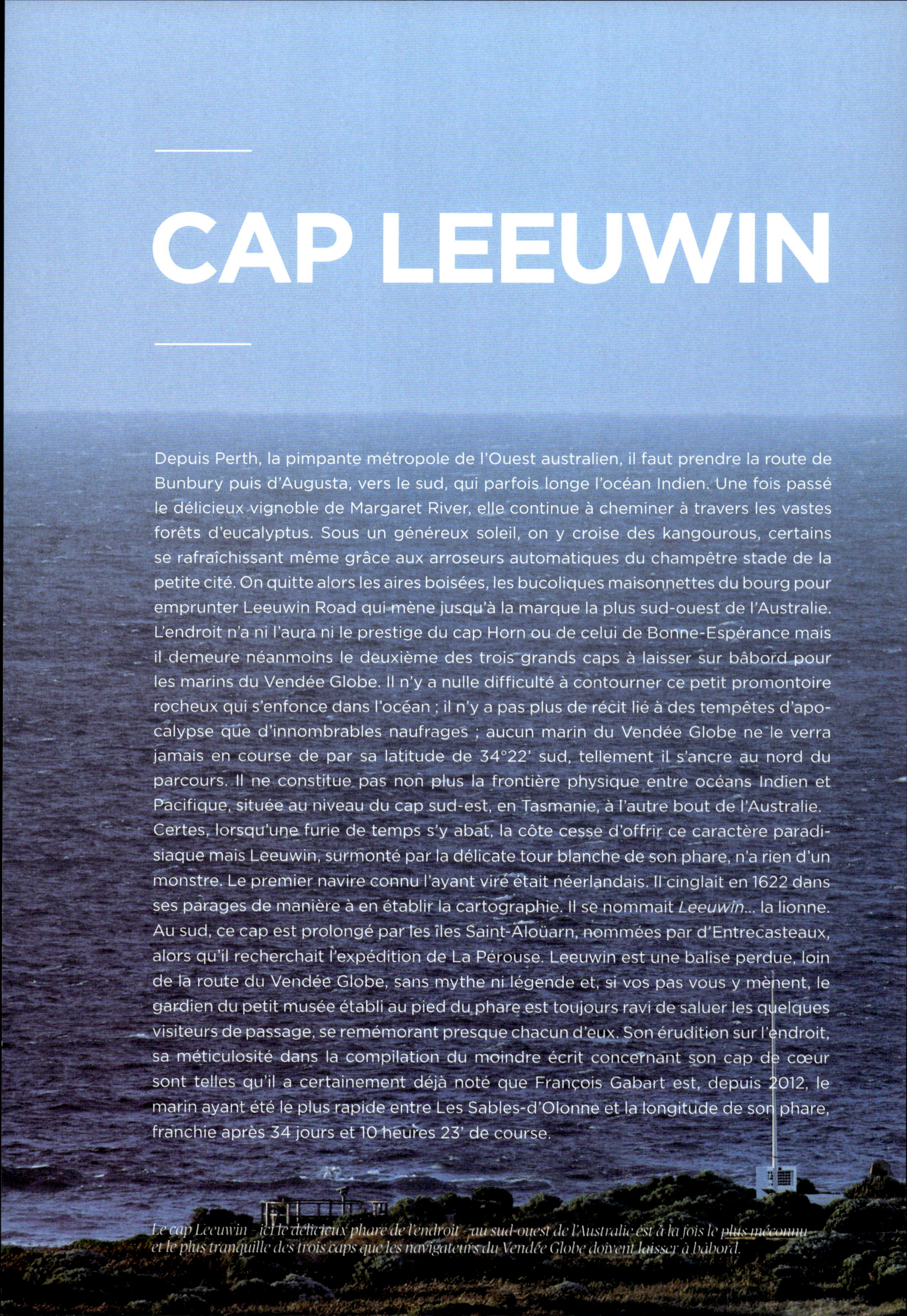

Le cap Leeuwin - ici le délicieux phare de l'endroit - au sud-ouest de l'Australie est à la fois le plus méconnu et le plus tranquille des trois caps que les navigateurs du Vendée Globe doivent laisser à bâbord.

CAPE LEEUWIN
1895

PATRICE CARPENTIER

Carpentier est de cette race des journalistes navigateurs, de ceux qui mouillent le maillot et ne se contentent pas de commenter le match : ils descendent sur la pelouse. Depuis, il a fait école auprès de confrères, à l'image de Fabrice Amedeo, de la rédaction du *Figaro*, engagé dans la prochaine édition.

Membre d'une famille où navigation et course au large sont un art de vivre, « Carpette » découvre le monde lors de la première Whitbread à bord de *Grand Louis*. Il n'aura de cesse ensuite de s'aligner au départ des plus grandes épreuves (Route du Rhum, Solitaire du Figaro, Mini Transat...) tout en continuant de tremper la plume dans l'encrier des magazines *Course au Large* – dont il fut un rédacteur en chef inspiré – ou *Bateaux*. Mais sa grande œuvre reste le Vendée Globe. Avec un budget étriqué dont les revenus proviennent des pages de publicité commercialisées par son épouse, Mimi, dans *Le Nouvel Observateur* qui les lui a offertes, il s'aligne au départ du premier à bord d'un bateau improbable, *Panic Major*, dessiné par son skipper précédent, un *gentleman farmer* britannique ! Il récupère ce voilier, rebaptisé donc *Le Nouvel Observateur*, moins de deux mois avant le départ, effectue sa qualification et le prépare avec amis et familles dont les membres de la rédaction de *Course au Large*, délaissant quelque peu le magazine... Son parcours tourne au calvaire. En plein milieu du Pacifique, les pilotes automatiques tombent en panne. Le voilà rivé à la barre de ce bateau tellement volage qu'un court instant livré à lui-même, il s'emballe et sancit, chavirant cul par-dessus tête. Heureusement, le skipper se trouvait alors à l'intérieur, mais le KO est proche. Plus tard, il sera éjecté à la mer, ne devant sa survie qu'à son

harnais de sécurité. Statufié en timonier, il s'agrippe, vit des heures épouvantables dans le froid et une furie de temps, obligé parfois d'uriner dans son ciré pour se réchauffer et ne pas laisser ce bateau livré à lui-même. Les rares moments où il y parvient – en le mettant à la cape –, il appelle ses proches par radio BLU à n'importe quelle heure du jour ou de la nuit pour ne serait-ce qu'entendre une voix, happer de la chaleur humaine. À bout, il relâche aux Malouines et termine hors course en 1990. Mais il a un compte à régler avec cette course. Il tente de repartir. Imagine les projets les plus fous tel qu'embarquer son chien pour convaincre une société d'aliments pour animaux de le parrainer. Il y parvient en 2000, appareillant en 50 pieds sur *VM Matériaux*. « Je n'ai rien à prouver. Je fais ça parce que j'aime ça ! Mes 50 ans sur un 50 pieds dans les cinquantièmes hurlants. » Il termine en 116 jours, premier de cette catégorie. La passion le pousse à tenter de nouveau l'aventure quatre ans plus tard avec un 60 pieds cette fois, mais sa bôme se casse en deux, l'obligeant à une escale pour réparer et à terminer de nouveau hors course. Marin talentueux, Carpentier est aussi un homme aimable et élégant. En 1989, lors de la première édition, il glisse à ses équipiers quittant son bord au large avant le départ : « Et surtout, prenez bien soin de vous ! » Alors qu'il appareille vers l'inconnu, à l'heure où personne ne sait encore si un seul marin, dont lui, va revenir...

Surnommé « Carpette », Patrice Carpentier, ici avec son inséparable épouse « Mimi » au départ en 2004, a marqué le Vendée Globe de son élégance, en parfait « gentleman-navigateur », depuis la première édition.

Épouse ou compagne – mari ou compagnon – de concurrent du Vendée Globe n'est pas toujours une sinécure. Bien loin de l'image proprette retransmise dans le film *En solitaire*, chacune ou chacun a sa propre manière de vivre et de traverser ces mois trop souvent de tension, même si, aujourd'hui, les moyens de communication permettent une « proximité » aisée avec leurs élus. Ce qui n'était pas le cas lors des premières éditions.

S'il est une figure qui, peut-être, synthétise tous ceux qui restent et attendent, c'est bien Michèle Cartier. Compagne québécoise de Gerry Roufs, elle s'est battue pendant des mois et des années pour établir ce qui arriva à celui qui fut porté disparu lors de la troisième édition, au beau milieu du Pacifique Sud. N'acceptant pas le doute, ne supportant pas l'idée de ne pas savoir ce qu'il pouvait être advenu à son compagnon, aidée et conseillée, elle multiplia les voyages au Chili, estimant que la dérive du bateau aurait pu l'y mener. Elle harangua les pouvoirs publics français comme canadiens ; elle alla à la rencontre des pêcheurs chiliens dans les ports les plus reculés ; elle motiva les agences spatiales pour rechercher des traces du voilier disparu, elle fatigua aussi

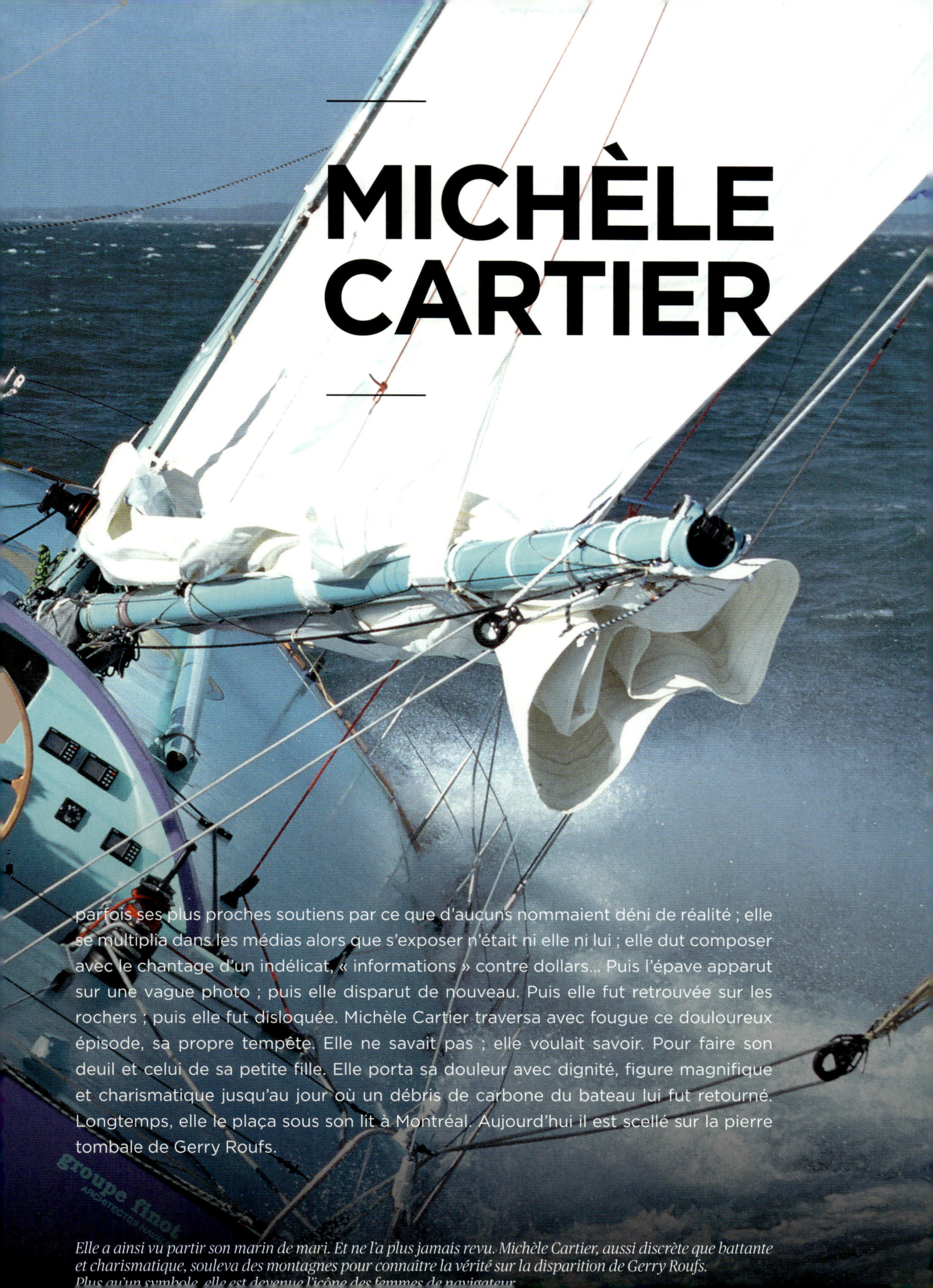

MICHÈLE CARTIER

parfois ses plus proches soutiens par ce que d'aucuns nommaient déni de réalité ; elle se multiplia dans les médias alors que s'exposer n'était ni elle ni lui ; elle dut composer avec le chantage d'un indélicat, « informations » contre dollars... Puis l'épave apparut sur une vague photo ; puis elle disparut de nouveau. Puis elle fut retrouvée sur les rochers ; puis elle fut disloquée. Michèle Cartier traversa avec fougue ce douloureux épisode, sa propre tempête. Elle ne savait pas ; elle voulait savoir. Pour faire son deuil et celui de sa petite fille. Elle porta sa douleur avec dignité, figure magnifique et charismatique jusqu'au jour où un débris de carbone du bateau lui fut retourné. Longtemps, elle le plaça sous son lit à Montréal. Aujourd'hui il est scellé sur la pierre tombale de Gerry Roufs.

Elle a ainsi vu partir son marin de mari. Et ne l'a plus jamais revu. Michèle Cartier, aussi discrète que battante et charismatique, souleva des montagnes pour connaître la vérité sur la disparition de Gerry Roufs. Plus qu'un symbole, elle est devenue l'icône des femmes de navigateur.

CATHERINE CHABAUD

Catherine Chabaud prit deux fois le départ du Vendée Globe (ici en 2000 lors de sa seconde participation). Elle demeure comme la première femme ayant bouclé une circumnavigation en solitaire, sans escale et en course.

Marchant sur les brisées d'Isabelle Autissier en tant que femme ou de Patrice Carpentier, en tant que journaliste, Catherine Chabaud prend le départ de son premier Vendée Globe en 1996 dans la précipitation. C'est seulement trente jours avant le coup de canon qu'elle récupère l'ancien bateau de Jean-Luc Van Den Heede et le rebaptise *Whirlpool-Europe 2*. La navigatrice a alors déjà huit transats dans les bottes mais aucune expérience du Grand Sud. À la barre de ce bateau, intrinsèquement moins rapide que les autres, Chabaud, partie pour apprendre, affronte le plus rude des Vendée Globe. Rapidement privée de moyens de communication, elle effectue une course en marge, sereine, épanouie. Et lorsqu'elle retrouve Les Sables après 140 jours de mer, sixième et dernière – mais première femme ayant effectué une circumnavigation en course et sans escale –, elle rayonne. Lors de son infiniment lente mais émouvante rentrée au port, elle danse sur le pont de son voilier, pleure, rit et lâche à la formidable assistance : « Vous me faites penser à un immense bouquet de fleurs. » Quatre ans plus tard, forte cette fois d'ambitions sportives forgées à l'aune de son premier tour du monde, elle rempile avec un bateau neuf (*Whirlpool*), construit pour elle et avec lequel elle a gagné en 1999 la mythique course du Fastnet, ce qu'un seul capitaine français avait réussi jusque-là, trente-deux ans auparavant : Éric Tabarly ! Cette fois, sa course tient plus de la performance que du voyage initiatique. Septième au Horn, elle entrevoit un bon classement lorsque le mât de son bateau se casse, la contraignant à terminer non classée. Elle cesse toute activité de skipper professionnel en janvier 2002. Membre du Conseil économique et social, elle se consacre désormais avec fougue à la sauvegarde de l'environnement en général et des océans en particulier.

Ce sont les faiseurs de miracles. Réclamant un travail de construction spécifique de par la mise en œuvre de matériaux excessivement compliqués et onéreux, les voiliers du Vendée Globe sont construits avant tout par des chantiers spécialisés et non des entreprises de bateaux de série même si, à l'occasion, des filiales de certains telles que Jeanneau Techniques Avancées pour *Fleury Michon X*, eurent la capacité d'en produire.

Il existe quasiment autant de constructeurs que de voiliers lancés et, comme pour les architectes, il y a de véritables « modes » en la matière mais qui tiennent compte de la qualité des réalisations en relation avec les coûts. Certains connaissent des succès spectaculaires et mérités, à l'image de Multiplast et CDK qui ont réalisé dernièrement la majorité des bateaux neufs, d'autres n'existent plus tel que Capitaine Flint, entreprise montée par Titouan Lamazou à La Teste pour construire *Écureuil d'Aquitaine II*. Des bateaux peuvent aussi être le fruit de la collaboration de deux entités différentes à l'image de *Macif*, vainqueur en 2013 et qui fut réalisé par CDK Technologies et Mer Agitée. Aucun des voiliers ayant jusque-là gagné le Vendée Globe ne fut réalisé totalement hors de France – même lorsque des marins tricolores firent appel à des chantiers étrangers – démontrant la qualité des constructeurs de l'hexagone. CDK Technologies est d'ailleurs le seul à avoir construit trois vainqueurs : *Bagages Superior*, *Foncia* et *Macif*.

CHANTIER NAVAL

Construction du dernier monocoque de la lignée des Safran en 2015 au chantier CDK.

CHENAL DES SABLES

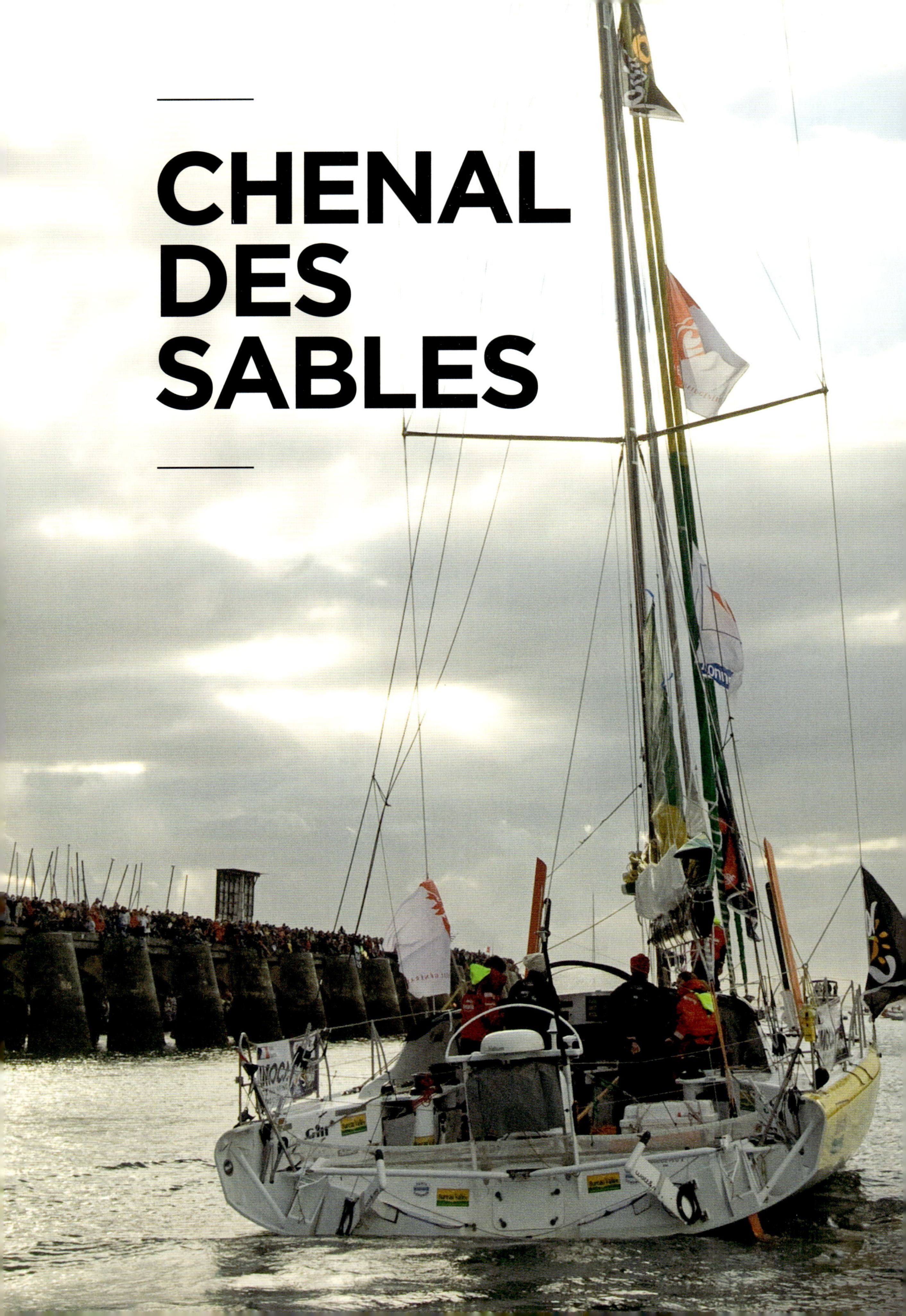

Voici les Champs-Élysées des marins : le long chenal des Sables-d'Olonne qui, tous les quatre ans, du ponton du Vendée Globe installé au fond de Port Olona, où se trouvent les voiliers concurrents, jusqu'à la haute mer, devient la plus belle avenue du monde. Ils sont des dizaines de milliers, des centaines même venus dès le matin assister au pacifique défilé. Cette foule immense et compacte se masse de part et d'autre du chenal, des quais de la Chaume au port de pêche des Sables-d'Olonne, puis sur l'infinie jetée qui plante ses piles dans l'océan. Plus de un kilomètre de long ; 75 mètres de large. Alors commence la traditionnelle procession. Pris en remorque derrière des bateaux de pêche – marque de respect appréciée envers les travailleurs de la mer, mais qui n'a plus cours depuis 2008 –, les voiliers s'en vont vers le large, vers le départ, vers leur destin. À bord, les derniers équipiers autorisés à accompagner les skippers jusqu'à la ligne de départ se font tout petits et le navigateur, solitaire encore en devenir, se présente seul, droit, face à la foule, sur la plage avant de son coursier, happant dans son cœur les vagues d'encouragement et de chaleur qui ondulent des quais jusqu'à son bateau. Certains pleurent ; presque tous en fait. Ils jouent avec l'assistance qui les scrute, scande leur nom, crie, hurle, chante ; ils en demandent encore plus, plus fort, plus chaud, plus dense. Une émotion formidable qui dope le mental mais happe les énergies.

Et puis il y a les retours. Un marin est annoncé, qu'il soit vainqueur ou non, qu'il soit classé ou pas, qu'il fasse jour, que la nuit d'hiver soit compacte, froide et humide, la foule arrive doucement, la marée monte, le flux envahit de nouveau les rives du chenal. Alain Gautier, l'un des pionniers : « Pour le premier en 1989, il y avait une ambiance très particulière car les gens ne savaient pas si nous allions revenir vivants. Je termine sixième, loin derrière Titouan Lamazou (le vainqueur), en pleine semaine et là, dans le chenal, je vois un monde incroyable qui m'attend. À tel point que j'ai cru que j'avais gagné… » « C'est une des raisons pour lesquels on fait le Vendée Globe », synthétise Yann Eliès. Trente minutes de gloire absolue, de ferveur magistrale pour cent jours de combat. Là où tout commence ; là où il faudra revenir. Une matrice.

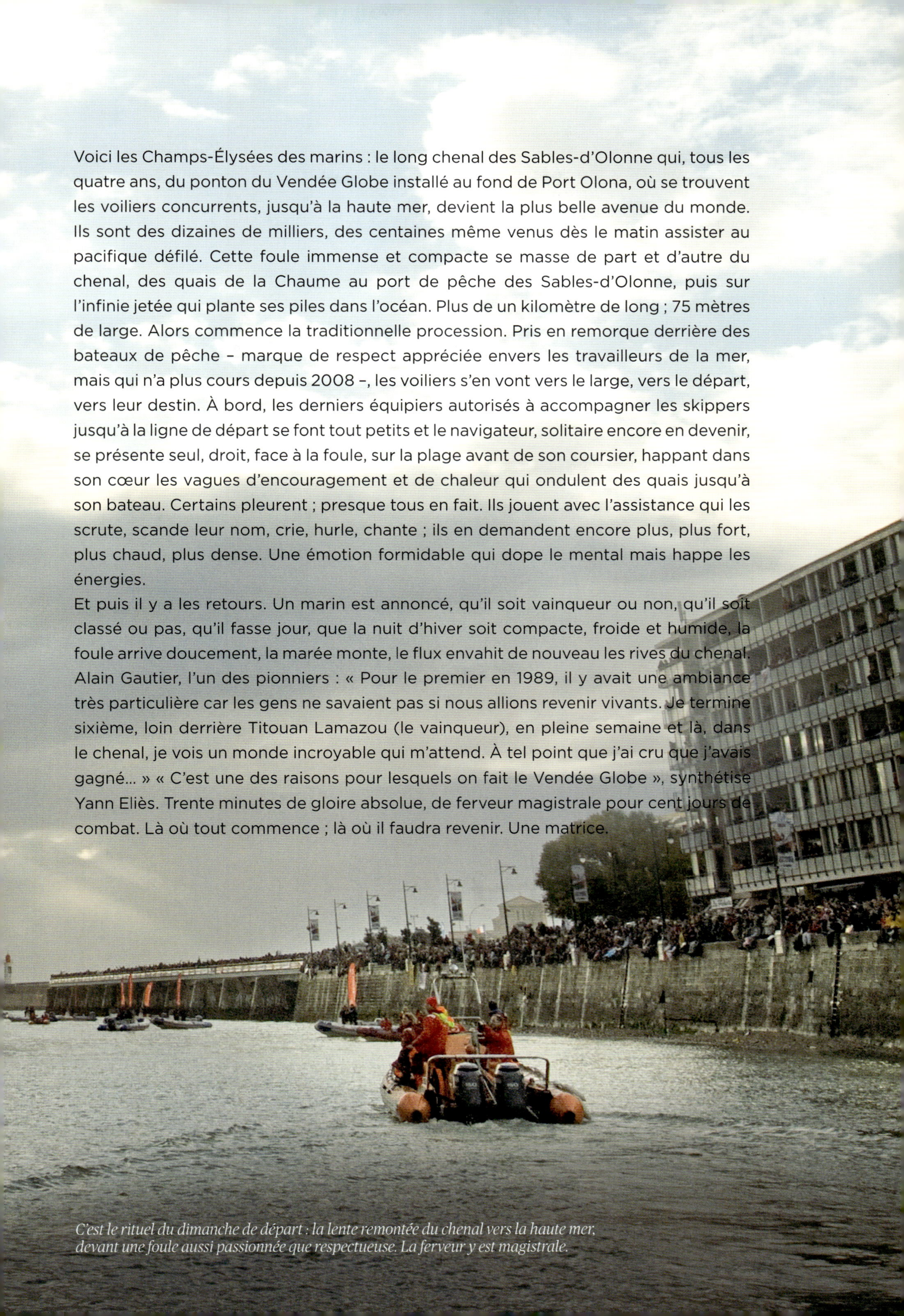

C'est le rituel du dimanche de départ : la lente remontée du chenal vers la haute mer, devant une foule aussi passionnée que respectueuse. La ferveur y est magistrale.

CINÉMA

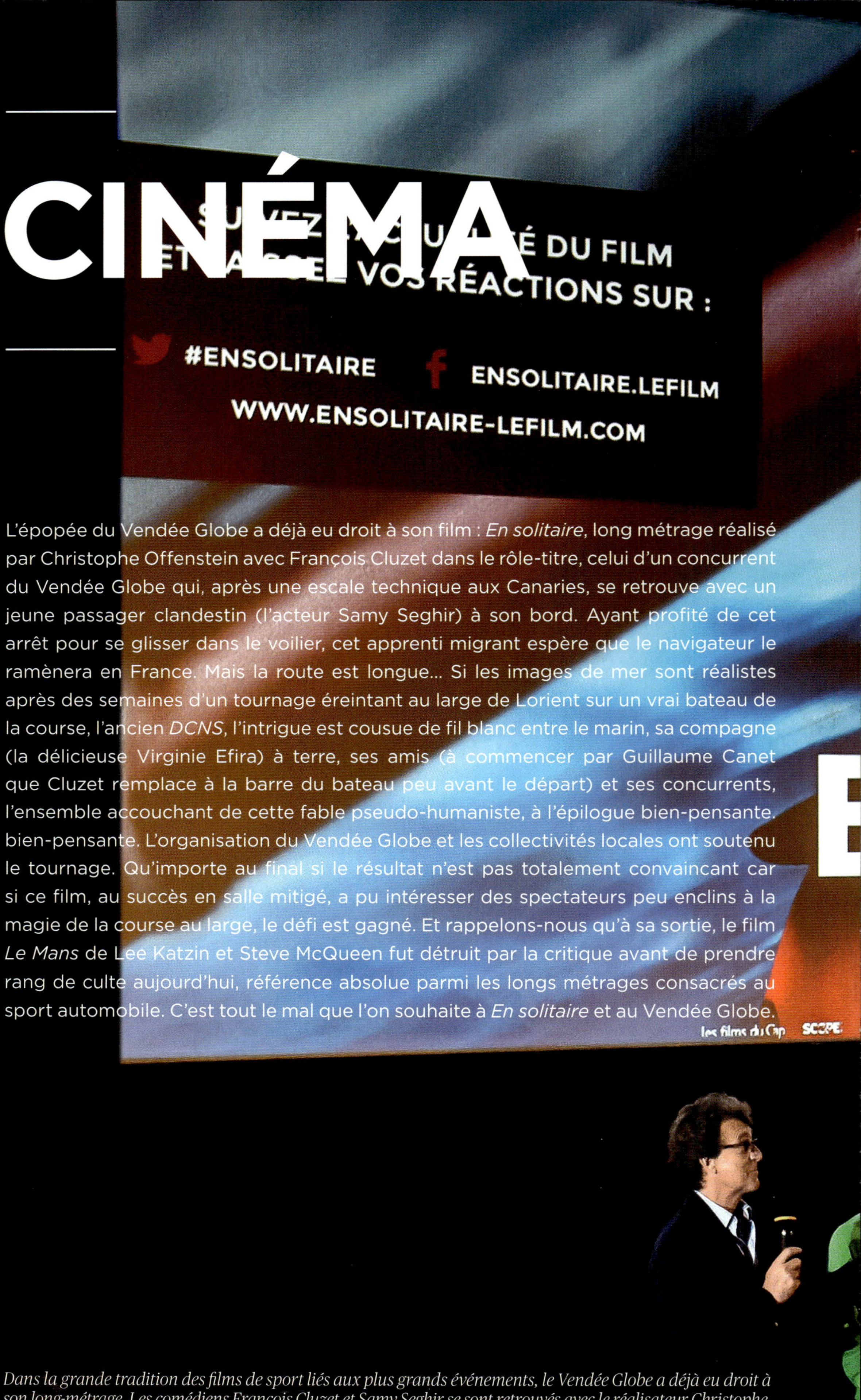

L'épopée du Vendée Globe a déjà eu droit à son film : *En solitaire*, long métrage réalisé par Christophe Offenstein avec François Cluzet dans le rôle-titre, celui d'un concurrent du Vendée Globe qui, après une escale technique aux Canaries, se retrouve avec un jeune passager clandestin (l'acteur Samy Seghir) à son bord. Ayant profité de cet arrêt pour se glisser dans le voilier, cet apprenti migrant espère que le navigateur le ramènera en France. Mais la route est longue… Si les images de mer sont réalistes après des semaines d'un tournage éreintant au large de Lorient sur un vrai bateau de la course, l'ancien *DCNS*, l'intrigue est cousue de fil blanc entre le marin, sa compagne (la délicieuse Virginie Efira) à terre, ses amis (à commencer par Guillaume Canet que Cluzet remplace à la barre du bateau peu avant le départ) et ses concurrents, l'ensemble accouchant de cette fable pseudo-humaniste, à l'épilogue bien-pensante. bien-pensante. L'organisation du Vendée Globe et les collectivités locales ont soutenu le tournage. Qu'importe au final si le résultat n'est pas totalement convaincant car si ce film, au succès en salle mitigé, a pu intéresser des spectateurs peu enclins à la magie de la course au large, le défi est gagné. Et rappelons-nous qu'à sa sortie, le film *Le Mans* de Lee Katzin et Steve McQueen fut détruit par la critique avant de prendre rang de culte aujourd'hui, référence absolue parmi les longs métrages consacrés au sport automobile. C'est tout le mal que l'on souhaite à *En solitaire* et au Vendée Globe.

Dans la grande tradition des films de sport liés aux plus grands événements, le Vendée Globe a déjà eu droit à son long-métrage. Les comédiens François Cluzet et Samy Seghir se sont retrouvés avec le réalisateur Christophe Offenstein et le producteur Jean Cottin (de gauche à droite) lors de son avant-première en octobre 2013.

FRANÇOIS CLUZET
Solitaire
DCNS
MY SEGHIR VIRGINIE EFIRA
LA PARTICIPATION DE GUILLAUME CANET
N FILM DE CHRISTOPHE OFFENSTEIN

CINQUANTIÈMES HURLANTS

Pour les navigateurs du Vendée Globe, les cinquantièmes hurlants correspondent quelque peu à la face nord d'un sommet à atteindre, le cap Horn en l'occurrence. Il s'agit de la zone de mers australes entre le cinquantième et le soixantième parallèle sud, proche de l'Antarctique, où quasiment aucune terre ne vient casser l'onde de la mer comme la force de la brise. Du coup, dans cette bande, le vent est violent, la mer mauvaise, les températures y excèdent rarement 10 °C. Les icebergs parfois y croisent mais il faut y naviguer ne serait-ce que pour virer le Horn justement, situé par 55° de latitude sud. On ne fait que passer dans les cinquantièmes hurlants dont le surnom vient faire écho à la mer qui y déferle en permanence ou au bruit du vent dans les matures des navires. Ces fameux cinquantièmes hurlants sont situés entre les célèbres quarantièmes rugissants et soixantièmes mugissants.

C'est le royaume des tempêtes. Les navigateurs y croisent avec prudence et humilité, mus par une obsession : en sortir au plus vite en passant le cap Horn.

CONSEIL DÉPARTEMENTAL DE LA VENDÉE

Vue aérienne du quartier de La Chaume aux Sables-d'Olonne, port vendéen de départ et d'arrivée

VENDÉE
CONSEIL GÉNÉRAL
Sodebo
les Sables d'Olonne

Lorsque Philippe Jeantot se mit à porter l'idée émise dans un bar avec Guy Bernardin et Jacques de Roux, coureurs des océans en escale sud-africaine du BOC Challenge, de créer une nouvelle course autour du monde et sans escale, il avait déjà une petite idée du site de départ et d'arrivée, obligatoirement dans l'hémisphère nord. Les Sables-d'Olonne, port d'attache de ses différents voiliers *Crédit Agricole*, semblait idéal. Et même si Jeantot démarche un temps d'autres havres, très vite l'idée séduit le maire de la ville, Louis Guédon, et se propage jusqu'au conseil général de la Vendée, devenu conseil départemental depuis 2013.
Ce qui devait être le Globe Challenge (en hommage au Golden Globe et au BOC Challenge, les deux courses références) devient le Vendée Globe Challenge peu avant le départ de la première édition, le concept ayant aussi séduit Philippe de Villiers, élu pour la première fois en octobre 1988 à la tête de l'assemblée départementale.
Un président omniprésent sur la course et qui voyait en elle la légitimation de la place de leader mondial pour son département en termes de construction navale pour la plaisance ; un excellent moyen de braquer les projecteurs sur l'endroit comme de générer, hors saison touristique, un flux important de visiteurs. Pour ses administrés de la côte, il offrait aussi le magnifique pendant maritime au succès du Puy-du-Fou. Et, accessoirement, une prestigieuse carte de visite supplémentaire en cas de réussite.
Lors de la deuxième édition, Jeantot, quatrième de la première et qui en a terminé avec sa carrière de skipper, prend directement en charge l'organisation avec l'appui direct du conseil général. Mais, après la course 2000-2001, les ennuis s'abattent sur l'ancien navigateur qui voit sa société Sail Com placée en liquidation.
Le département de la Vendée se bat alors avec acharnement pour que la course ne le quitte pas, d'autres collectivités locales ayant manifesté un intérêt évident pour une épreuve devenue mythe.
Dans ce plan de sauvetage est ainsi créée la SAEM Vendée, société anonyme d'économie mixte qui réunit le conseil général, la ville des Sables-d'Olonne et un panel d'une trentaine d'entreprises locales. La course repart de plus belle. « Dans ma vie publique, le Vendée Globe restera comme la trace la plus spectaculaire », déclare Villiers à *L'Express*.
Élu à la tête du conseil général en 2010, Bruno Retailleau se passionne à son tour pour l'épreuve et ne laisse à personne d'autre le soin d'en tenir les rênes. « Le Vendée Globe est un bien public, explique-t-il. L'organiser nous-mêmes c'est la garantie du respect de sa philosophie. » Mais aussi de retombées médiatiques importantes et de rentrées financières substantielles. Selon la chambre régionale des comptes, un euro investi dans l'organisation en rapporte trois au département. On comprend aisément qu'Yves Auvinet, nouveau président du conseil départemental depuis avril 2015, tienne à pérenniser l'œuvre de ses prédécesseurs.

Habités par leur course, les Vendéens sont tombés en amour avec les skippers du Vendée Globe et les fêtent tous sans exception, à l'image d'Alessandro di Benedetto, dernier classé de l'édition 2012-2013. À sa gauche, Bruno Retailleau alors président du conseil départemental de Vendée.

Sodebo
parrain officiel du
vendéeglobe
Les Sables d'Olonne
IMOCA
OCEAN RACING
WORLD CHAMPIONSHIP
VENDÉE
CONSEIL GÉNÉRAL
Sodebo
bel
bel
bel

DÉCORATION

Groupe Bel *restera très certainement comme l'un des bateaux les plus marquants de par sa décoration, réalisée par la graphiste exploratrice Isabelle Keller.*

Longtemps, la décoration des bateaux n'eut guère d'importance. Il suffisait de peindre les noms des sponsors sur les coques de la manière la plus visible possible et cela satisfaisait skippers et bailleurs de fonds. Le premier à réellement s'en préoccuper sur le Vendée Globe fut Philippe Poupon, dont le *Fleury Michon X* de la première édition était le fruit du travail d'un artiste en vogue alors, Yannick Manier, ayant collaboré avec lui sur ses bateaux précédents. Trois ans plus tard, Isabelle Keller, graphiste et compagne de Bertrand de Broc, se pencha sur le design du *Groupe LG* du skipper, simple mais soigneusement réalisé. Le pli était pris. Petit à petit, la décoration de ces formidables vecteurs de communication par l'image que sont les bateaux, s'imposa au centre des préoccupations, du moins en devint une d'importance. Comme en sport automobile où une belle voiture passe pour être une machine performante, il est de coutume d'affirmer qu'un beau bateau va plus vite, certains skippers s'impliquant du coup plus que d'autres dans ces créations de manière à se sentir à l'aise à bord de leur voilier. Aujourd'hui, de véritables spécialistes se partagent la flotte à commencer par Jean-Baptiste Epron, incontestable leader de ce petit marché, l'inspiré Nicolas

Gilles ou toujours la talentueuse Isabelle Keller. L'alchimie n'est pas simple à atteindre. « Il faut respecter les lignes du bateau, les magnifier, explique cette dernière, tout en tenant compte du cahier des charges du sponsor avec l'adoption de sa charte graphique ou non, la mise en lumière des valeurs qu'il veut décliner comme des desiderata des skippers. » Ou encore l'emploi de certaines couleurs : les teintes sombres peuvent augmenter de manière considérable la température à l'intérieur des bateaux sous le soleil des tropiques ! De surcroît, les décorations longtemps cantonnées aux coques ont désormais envahi les voiles avec l'adoption de peintures spécifiques. La formidable création d'Isabelle Keller pour le *Groupe Bel* de Kito de Pavant, en 2007, restera ainsi longtemps dans les mémoires avec cette gigantesque Vache qui rit qui fit un tabac. Pas forcément le plus joli bateau jamais décoré, mais incontestablement le plus efficace médiatiquement et bénéficiant d'un incomparable capital sympathie.

Tout était magnifiquement étudié à bord du Groupe Bel *de Kito de Pavant, et ce en parfait accord avec le skipper, à l'image du fond de cockpit peint en vert... comme une prairie pour la Vache qui rit !*

DÉPART

Le jour du départ du Vendée Globe est jour d'émotion absolue. Lors de la première édition, en ce 26 novembre 1989, il faisait un froid sibérien. En voyant partir ces treize navigateurs, personne ne savait s'ils reviendraient tous, voire même si un seul terminerait, la communauté des gens de l'océan ayant encore en mémoire le dramatique Golden Globe disputé vingt ans auparavant. Un seul marin en vit le terme en 1970 mais il y eut tant de vies qui s'y achevèrent.

Jamais la charge émotionnelle au départ d'une course au large ne fut plus intense qu'en ce dimanche de 1989.

Depuis, son intensité n'a guère baissé. Le choix de la date est soigneusement effectué de manière à faire parfaitement coïncider les hauteurs d'eau dans le chenal des Sables en fonction des marées, pour que les bateaux puissent appareiller sans crainte le matin et se rendre sur la ligne de départ en milieu de journée.

Mais, des heures avant le premier appareillage, une foule passionnée, respectueuse, compacte a pris place de part et d'autre de ce long chemin qui mène vers la mer, alors que les plus chanceux ont trouvé une embarcation pour vivre au large ces derniers instants parmi les centaines qui s'y pressent. Un à un, selon un planning parfaitement élaboré par la direction de course, les voiliers quittent le quai non sans que les marins aient auparavant pris le temps des adieux avec leurs proches, leurs amis, leurs par-

tenaires, au revoir déchirants pendant lesquels les larmes coulent souvent. Puis, il y a cette infinie remontée du chenal des Sables-d'Olonne en direction de la haute mer, qui s'effectua jusqu'en 2008 en remorque derrière un bateau de pêche. Seul sur la plage avant de son coursier, le marin s'abreuve de ces inépuisables vivats, de ces « olas » spontanées qui montent des quais, faisant provision de cette chaleur humaine qu'il n'aura plus des mois durant. Une fois au large, le navigateur entre dans sa solitude. Les équipiers qui l'ont accompagné hissent les voiles, rangent le bateau, égrènent les ultimes consignes avant de, peu à peu, se détacher du solitaire en partance. À bord des voiliers, tout est pudeur et respect ; une ultime accolade et à, quelques minutes du coup de canon, il est temps pour les accompagnateurs de prendre congé, de sauter à la mer avant d'être immédiatement récupérés par un canot d'assistance si la météo ne permet pas des transbordements en toute sécurité. Sur le plan d'eau, une zone d'exclusion où ne peuvent naviguer que les concurrents a été délimitée, et le signal de la libération de la flotte est donné depuis un bâtiment de l'État spécialement diligenté au terme d'un compte à rebours précis. Tous les quatre ans, un dimanche de novembre, le canon tonne au large des Sables-d'Olonne à 13 h 02. Le Vendée Globe est parti.

Cap vers le Grand Sud. Édition après édition, le jour du départ du Vendée Globe est jour d'émotion absolue.

MICHEL DESJOYEAUX

Il est l'unique double vainqueur de l'épreuve : Michel Desjoyeaux, ici à l'arrivée en 2009, a fait du Vendée Globe sa grande œuvre, son chef-d'œuvre.

Membre d'une famille où l'eau de mer coule dans les veines, Michel Desjoyeaux incarne en partie à lui seul la légende du Vendée Globe. Il est, à ce jour, le seul navigateur ayant gagné deux fois cette épreuve, au terme d'autant de participations, décrochant des victoires d'une classe impressionnante. Indirectement, il a contribué à deux autres incontestables succès, ceux de Vincent Riou puis de François Gabart. Seuls les trois premiers Vendée Globe n'ont pas été placés sous le sceau du « Professeur », son surnom. Cadet d'une fratrie de sept enfants, Michel Desjoyeaux, fils de l'un des créateurs du centre nautique des Glénans – Henri Desjoyeaux – qui dirige un chantier d'entretien de bateaux à Port-la-Forêt, passe une enfance et une jeunesse éprises de mer, de bateaux et d'amis qui écriront avec lui un pan de l'histoire de la course au large tels que Jean Le Cam ou Roland Jourdain. Âgé d'à peine 20 ans, il décroche des embarquements particulièrement formateurs aux côtés d'Éric Tabarly sur le maxi *Côte d'Or* lors de la course autour du monde en équipage, comme du catamaran *Crédit Agricole II* de Philippe Jeantot ou, peu après, de Jean Maurel sur *Elf Aquitaine III*. Le jeune homme brûle les étapes : Formule 40, Mini Transat, Solitaire du Figaro… son appétit n'a d'égal que son talent mais aussi sa créativité à l'image de la révolutionnaire quille basculante qu'il adapte sur son 6.50 de la Mini Transat.
Desjoyeaux, c'est aussi une force mentale hors du commun, capable d'aller chercher dans les affres d'une douleur extrême sa première victoire sur la Solitaire du Figaro. Il se sait le meilleur, il veut le prouver quitte, parfois, à vouer des haines tenaces à ses adversaires, animosités dont il tire une partie de sa motivation. Bien vite, le circuit Figaro est à sa botte avec ses trois victoires sur la Solitaire (1992, 1998, 2007) ou son succès sur la Transat Ag2r (1992).
Pourtant, l'homme peine à trouver des partenaires lui permettant de s'exprimer au sommet et il faut qu'Isabelle Autissier l'adoube chez *PRB* pour qu'il dispose enfin du grand voilier propre à démontrer son talent au-delà du cercle des initiés. Avec un bateau sur lequel il insuffle toute sa créativité, il gagne le Vendée Globe 2000-2001 après une lutte homérique face à Yves Parlier d'abord puis Roland Jourdain et

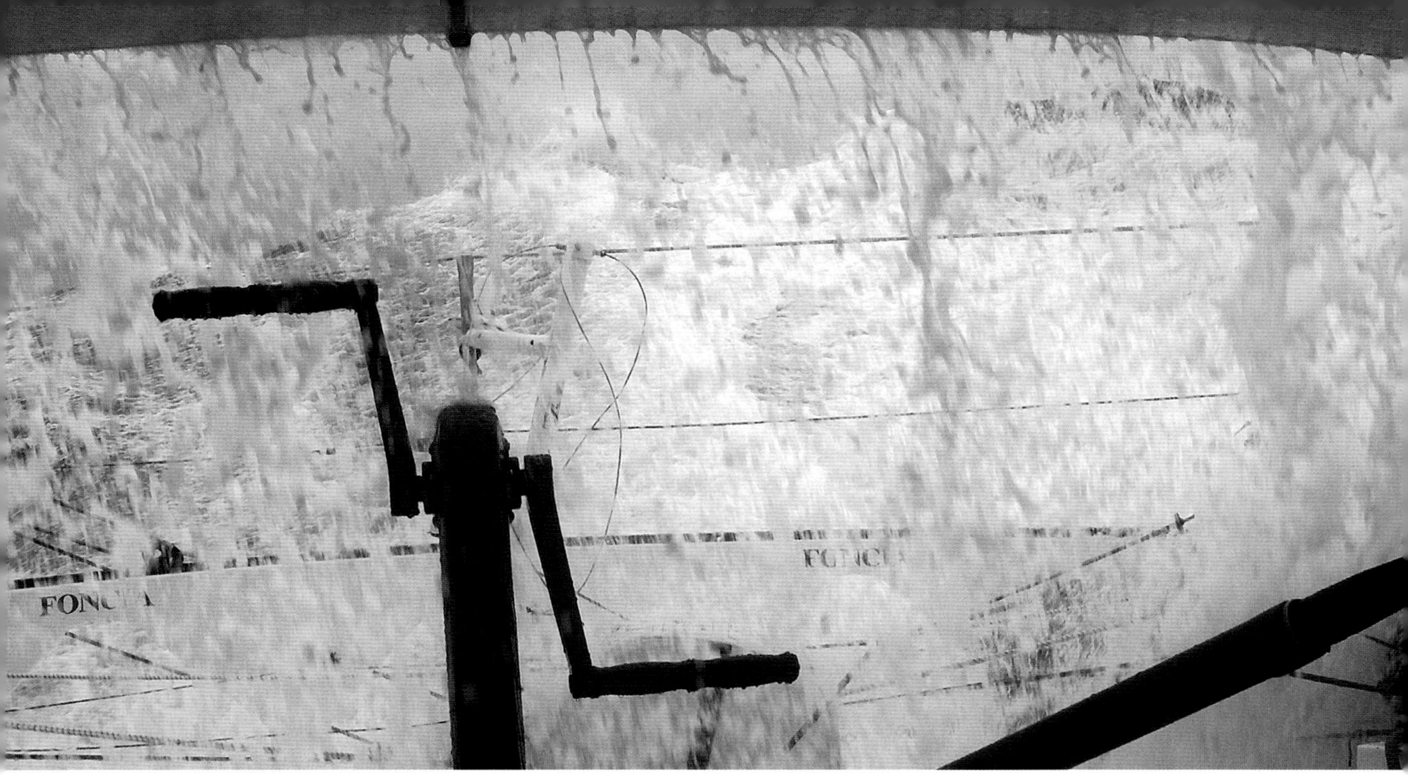

Ellen MacArthur ensuite, relevant des défis que d'aucuns auraient jugés insurmontables. Il en alla ainsi de la panne du démarreur de son moteur privant son bateau de toute source d'énergie. La bricole qu'il imagina pour le mettre en marche, jouant avec la force des voiles pour relancer la machine, était proprement géniale.
Huit ans plus tard, il appareille de nouveau avec aplomb. Contraint de revenir au port pour réparer peu après le départ, il repart avec quarante-huit heures de retard sur la flotte. Mais il la rattrape avec autorité et, trente-sept jours après l'envol, repasse en tête. Il ne sera jamais repris. Entre ces deux victoires, Desjoyeaux aura tout raflé : Route du Rhum, Transat Jacques Vabre, Transat anglaise..., se forgeant le plus beau palmarès de la course au large en solitaire, seule la Mini Transat lui ayant échappé. « Je fais ça parce je m'amuse, que ça me plaît, que c'est ma passion et que je ne sais pas faire grand-chose d'autre ! » explique-t-il de lui.
L'homme n'est pas lisse pour autant. Brillantissime, d'un abord agréable, il ne supporte pas la bêtise et son caractère trempé lui vaut parfois quelques inimitiés tenaces, attisées par la jalousie de ceux qui jamais n'auront sa vista. Mais lorsqu'il donne sa confiance, c'est sans limite, n'hésitant pas à prendre sous son aile les talents qu'il voit poindre à l'image de Franck Cammas, Vincent Riou, François Gabart et bien d'autres, confirmant son surnom que les aigris n'ayant pas su percer le bonhomme tournent en donneur de leçons. Pour l'heure, Desjoyeaux ne se projette plus dans un Vendée Globe. « Il faut se donner à 100 % quatre ans durant, ne penser, ne dormir, ne travailler, ne manger que Vendée Globe », commente-t-il, ravi d'aider de nouveau les apprentis « tourdumondistes » que sont Paul Meilhat, son dernier protégé, ou Fabrice Amedeo. Sa grande œuvre actuelle est la conquête de la Coupe de l'America avec Team France. Un défi gigantesque à la taille de ce géant.

Page de gauche : « Mesdames et messieurs, voici le cap Horn » indique Michel Desjoyeaux lors de son passage au pied du rocher à bord de PRB.
Ci-dessus : Instantané du Grand Sud signé Desjoyeaux : les trombes d'eau qui s'abattent sur le bateau avalent le pont et déferlent par-dessus le cockpit.

JEAN-PIERRE DICK

Éternel jeune homme à la longue silhouette élégante, Jean-Pierre Dick détonne quelque peu dans le milieu de la course au large. Vétérinaire de formation, il fut longtemps un barreur réputé de régates en équipages alignant les titres dans les séries monotypes les plus prestigieuses de l'Hexagone et gagnant – entre autres – le Tour de France à la Voile 2001. Mais voilà que ce garçon se lance soudainement, à 36 ans, dans un nouveau défi inattendu : au lieu de reprendre la florissante entreprise familiale de santé animale, il décide de se lancer dans le tour du monde en solitaire. Fort de fidèles et puissants partenaires (à commencer par Virbac, la société parentale), il parvient à ses fins et s'aligne à son premier Vendée Globe en 2004 (sixième) puis enchaîne avec les éditions 2008 (abandon sur casse de safran après avoir mené un temps la course) et 2012 (quatrième après avoir réussi l'exploit de parcourir les 2 600 derniers milles sans quille sous son bateau). L'année 2016 marquera son quatrième appareillage sur l'épreuve reine des tours du monde ! Et une fois encore, il appartiendra au peloton des favoris qu'il intégra rapidement mais dont le milieu « breto-bretonnant » de la course au large longtemps lui refusa l'entrée. Pourtant, entre deux tours du monde en solo, Dick a décroché des succès probants, à l'image de deux victoires au terme de la Barcelona World Race (tour du monde sans escale mais en double) et trois à la Transat Jacques Vabre, en double elle aussi, démontrant avec acuité les qualités humaines d'un skipper aussi atypique qu'attachant.

Skipper aussi talentueux qu'attachant, Jean-Pierre Dick, ici en 2012 à la barre de son monocoque Virbac-Paprec 3*, ne jure plus que par le Vendée Globe.*

MALE
ABC
Paprec
Paprec
IMOCA

DORMIR

Jean-Yves Chauve, indéfectible docteur de la course depuis la première édition en 1989, enfonce les portes ouvertes avec bon sens : « Le Vendée Globe est la seule compétition où l'on est en course seul, jour et nuit, pendant trois mois », avant d'ajouter : « Les skippers sont des dormeurs de haut niveau. » Car, comment se reposer efficacement lorsque l'on est en solitude, dans le ventre d'un tube de carbone rigide, lancé à pleine vitesse, qui craque, cogne dans la mer, hurle des entrailles, agité de mouvements saccadés et parfois violents ; lorsque dehors le vent mugit en tempête ; allongé au mieux sur un vague morceau de mousse sans, parfois, avoir pu quitter bottes et ciré ? Et tout en restant à l'affût, capable d'intervenir au moindre comportement inhabituel de la monture, au plus petit bruit suspect que l'oreille parvient à détecter dans le vacarme infernal environnant qui peut atteindre 120 décibels dans les actuels et très bruyants bateaux modernes.

Alors, chacun a ses trucs, chacun aménage une mini-zone de sommeil où se sentir bien, à l'image de ce pouf garni de billes adopté par certains et qu'ils positionnent dans le fond du bateau en un semblant de cocon, hissé pour d'autres dans une bannette au cadre en carbone, allongé sur un mince matelas à déplacer d'un bord sur l'autre du voilier ou encore sur un banc de navigation/couchette devant la table à carte que Michel Desjoyeaux plaça sur cardan de manière à ce qu'elle reste horizontale.

Le sommeil qu'ils y avalent est fractionné : cinq à six heures par jour, sept pour les plus gros dormeurs par tranches de quinze à vingt minutes au cours desquelles ils savent plonger immédiatement.

Une capacité qu'ils ont développée par de véritables entraînements effectués avant course mais aussi magnifique faculté que les plus expérimentés ont de s'adapter immédiatement à ce rythme, une fois de retour en mer. Lorsque les conditions sont idéales, le marin peut avaler jusqu'à une heure, une heure trente de parfait sommeil. Retentit alors à bord de certains bateaux une généreuse sonnerie de réveil. Il est temps de retourner au boulot…

Les solitaires ont cette extraordinaire capacité pour trouver le repos dans les conditions les plus extrêmes, dans le ventre de longs cigares en carbone humides, froids et incroyablement bruyants.

FONCIA

Lorsqu'il aborde le premier Vendée Globe, Titouan Lamazou veut ce qu'il y a de meilleur. Il débarque tout juste d'un BOC Challenge parfaitement réussi – terminé en 1987 à la deuxième place derrière Philippe Jeantot –, course qui a toutefois conservé pour le skipper aquitain un goût d'inachevé. Disposant d'un solide budget (13 millions de francs, ce que beaucoup estiment alors être le plus important de la course autour du monde 1989), il demande aux architectes de son premier *Écureuil d'Aquitaine*, Luc Bouvet et Olivier Petit, de lui en dessiner un deuxième, plus large, disposant de plus de ballasts et d'une surface de voilure augmentée. Il est aussi doté d'une dérive quart-de-rond et de deux safrans relevables, en plus du principal, pour aider ce dernier dans les départs au surf. Construit par le chantier Capitaine Flint, créé spécialement par le navigateur et ses amis à La Teste, *Écureuil d'Aquitaine II* se

ÉCUREUIL D'AQUITAINE II

révèle une vraie réussite et, à bord de ce bateau, Lamazou gagne le premier Vendée Globe. Malgré une opposition relevée, il s'était installé en tête dès le troisième jour de course ! Quatre ans après, ce bateau est de nouveau au départ mais aux mains de Bertrand de Broc et sous le nom de *Groupe LG*. Même s'il est moins performant que les dernières unités alors lancées, il est à la fois sans trou et polyvalent. Et le Finistérien, qui a changé la quille pour une plus efficace et fait subir à son voilier une cure d'allégement drastique, le pense fiable. Le plan Bouvet-Petit sera pourtant l'artisan de son calvaire. D'abord parce qu'il lui lacère le visage lors d'une manœuvre violente et impromptue – le skipper s'y coupant la langue –, ensuite parce que les architectes, qui ont refait les calculs de structure du nouvel appendice, émettent des doutes sur la solidité de sa fixation. Incapable de naviguer sereinement à bord d'un voilier qui vient de le blesser et qui menace à tout instant de chavirer, de Broc jette l'éponge en Nouvelle-Zélande. Furieux, son sponsor le débarque et le voilier est récupéré par Gerry Roufs puis confié à Hervé Laurent pour le Vendée Globe 1996 sous le nom de *Groupe LG-Traitmat*. De nouveau optimisé, Laurent le mène à une magnifique troisième place.

Sa vie ensuite devient bien sombre. Racheté, rebaptisé *Hawaiian Express*, il est porté sur la liste d'attente du Globe 2000 mais son propriétaire d'alors, l'Américain Bruce Burgess, ne se qualifie pas. Il est néanmoins amarré au ponton des Sables au milieu des autres partants, puis repart aux États-Unis, passe de main en main avant d'atterrir au Venezuela où il serait encore à vendre... Mais ce bateau n'a pas sa place à pourrir à Caracas ; elle se trouve dans un musée !

C'est grâce à ce monocoque dessiné par les architectes Olivier Petit et Luc Bouvet que Titouan Lamazou gagna le premier Vendée Globe.

ÉNERGIE

C'est un immense paradoxe. Les navigateurs du Vendée Globe se doivent de faire le tour du monde à la voile uniquement mais ils ont aujourd'hui besoin d'une débauche d'énergie embarquée. Les appareils du bord sont en effet particulièrement gourmands en électricité : ordinateurs, pilotes automatiques, dessalinisateurs, moyens de transmission, feux de navigation, éclairage... et ils sont de surcroît toujours plus sollicités pour répondre aux impératifs de sécurité et de communication avec la terre. La source principale de fabrication de cette électricité est le moteur du bateau. Toutefois, de manière à ce qu'il ne puisse servir à la propulsion, l'arbre de transmission qui le relie à l'hélice est plombé et doit le rester jusqu'au terme de la course. Du coup, à intervalles réguliers compte tenu de la charge des batteries, les marins font tourner le moteur, embarquant une quantité suffisante de gas-oil pour les alimenter un tour du monde durant.

Les voiliers sont aussi équipés de moyens de production n'ayant pas recours à une énergie fossile : des éoliennes sont installées à l'arrière des bateaux, équipements intéressants mais fragiles et inutilisables au-delà de 25 nœuds de vent ; des panneaux solaires sont répartis sur le pont et des hydrogénérateurs placés à l'arrière du bateau. En tournant grâce à la vitesse du voilier, les petites hélices immergées de ces appareils produisent un apport non négligeable. Si elles ajoutent de la traînée dans l'eau et génèrent un frein à l'avancée du bateau, elles permettent de produire plus d'énergie que celle qui est consommée. Grâce à ces appareils fiables et peu encombrants, ce qui fut un problème majeur depuis la création de la course au large ne présente plus la même acuité. Les pannes de moteur en effet peuvent entraîner jusqu'à l'abandon d'un concurrent.

Michel Desjoyeaux sut ainsi faire preuve d'une grande ingéniosité lors de l'édition 2000-2001 pour relancer celui de *PRB* suite au dysfonctionnement du démarreur, tirant brillamment parti du vent pour suppléer l'appareil défectueux grâce à un système de poulies reliées à la grand-voile ! Lors du Vendée Globe 2012, l'Espagnol Javier Sansó prit le départ à bord d'un bateau dépourvu de toute source d'énergie à combustible fossile. *ACCIONA 100 % EcoPowered* faisait appel à tous les appareils précités tout en étant aussi doté d'une pile à hydrogène en tant que système de secours.

L'énergie électrique est vitale à bord des voiliers. Pour la produire, les navigateurs disposent de plusieurs sources dont des éoliennes... ici en berne, faute de vent, à bord du PRB de Michel Desjoyeaux en 2000.

NÁNDOR FA

Il vient d'un pays qu'aucune mer ni océan ne baignent. Et pourtant, le Hongrois Nándor Fa a fait du Vendée Globe l'œuvre de sa vie. Il a 34 ans en 1987 lorsque cette force de la nature, ancien régatier de haut niveau, naviguant au large des côtes chiliennes à bord de *Szent Jupát*, voilier de 9,50 mètres construit en compagnie de l'ami avec lequel il cingle alors autour du monde en croisière, perçoit par radio des communications entre les concurrents du BOC Challenge.

Son sang ne fait qu'un tour : il sera au départ de la prochaine édition… à bord d'un voilier qu'il aura dessiné et construit. Face à une adversité inouïe, il en lance le chantier dans sa ville natale de Székesfehérvár. Il finance en partie la construction avec les revenus tirés de son livre *Les 700 jours de Szent Jupát* racontant son odyssée, ouvrage devenu un best-seller dans son pays.

La Hongrie est alors toujours derrière le rideau de fer et Fa déploie des trésors de malice pour disposer – entre autres – des matériaux composites nécessaires à la construction de son bateau, interdits au public. Et véhiculer un tel bateau à travers l'Europe pour lui faire toucher mer se révèle un autre tour de force. « Mais je suis né en Hongrie, martèle-t-il. Pourquoi m'en irais-je ? »

À bord de *Alba Regia*, Fa parvient à prendre le départ du BOC Challenge 1990 et à le terminer onzième malgré une liste conséquente d'avaries et de mésaventures. Devenu proche de Christophe Auguin et Isabelle Autissier, il s'investit sans compter et s'aligne au départ du Vendée Globe 1992 à bord du même voilier rebaptisé *K & H Bank Matáv*, nom d'un partenaire enfin trouvé. Après 128 jours de mer, il se classe cinquième de cette deuxième édition, étant par là même le premier navigateur étranger à la France à terminer cette épreuve. La Hongrie reconnaît enfin ses mérites. L'homme de fer devient héros national.

Construire *Budapest*, toujours selon ses propres plans et au même chantier, en vue du Vendée Globe suivant, est plus aisé. Le bateau est rapide, fiable et peut décemment prétendre jouer parmi les favoris. Mais là encore, les avaries sont nombreuses. Juste avant le départ de novembre 1996, alors que le bateau est sorti de l'eau de manière à peaufiner la coque, la grue qui le porte a une faiblesse et la quille touche le sol endommageant la structure du voilier. Peu après le départ, il est percuté par un cargo et doit revenir aux Sables-d'Olonne de manière à réparer une semaine durant. Enfin, il appareille, loin derrière la flotte mais se voit contraint d'abandonner : moteur cassé. Privé d'énergie, Fa ne peut plus se servir de ses appareils de navigation.

Le Hongrois dispute encore la Transat Jacques Vabre en 1997 (quatrième) puis se retire de la course au large. Il lance alors son entreprise, Fa Hajó Ltd, qui fabrique en Hongrie des pontons pour marinas et les accessoires qui les accompagnent tout en organisant des régates sur le lac Balaton, dont un mini-Vendée Globe hongrois, le tour du Balaton en solitaire, devenu aujourd'hui très populaire. Ses affaires sont un succès, mais les années passent. Il veut revenir dans l'arène du Vendée Globe et lance la construction d'un nouveau 60 pieds, toujours dessiné par ses soins et financé par son porte-monnaie : *Spirit of Hungary*.

À son bord, Fa participe en compagnie de Conrad Colman à la Barcelona World Race (tour du monde sans escale en double) en 2014, qu'il achève à la septième place. À 63 ans, il sera au départ de la prochaine édition, la dernière pour lui, c'est promis, sans plus d'objectifs de victoire mais pour la beauté du geste. « Le Vendée Globe est l'amour de ma vie. »

Furieuse tempête vécue par Nándor Fa lors du Vendée Globe 1992 (à gauche). Le Hongrois demeure une des grandes figures de cette épreuve. À 63 ans, il sera de nouveau au départ en 2016.

En cette fin des années 1980, Philippe Poupon est devenu la référence absolue, le champion de cette décennie, l'homme qui a alors le plus gagné en solitaire. Mais il n'a encore jamais couvert de tour du monde en solo. La création du Vendée Globe est une aubaine pour ce marin lié avec un partenaire fidèle, Fleury Michon. Pour affronter et gagner le premier Vendée Globe Challenge, les deux parties lancent *Fleury Michon X*, alors *nec plus ultra* des monocoques de 60 pieds, y investissant un budget certain. Ce voilier, dessiné par Philippe Briand, construit par Jeanneau Techniques Avancées et gréé en ketch, se révèle puissant avec ses lignes tendues mais aussi suréquipé avec sa table à carte que les commentateurs d'alors comparent à un cockpit d'Airbus, sa cuisine et même sa douche... Mais l'histoire tourne mal. Au large de l'Afrique du Sud, alors qu'il navigue à la deuxième place, *Fleury Michon X* se couche sur l'eau et, contrairement à ce pourquoi il avait été conçu, il ne se redresse pas ! Poupon a beau tout essayer, rien n'y fait, le voilier demeure sur la tranche. Il faudra qu'il largue le mât d'artimon avec l'extraordinaire assistance de Loïck Peyron pour parvenir, grâce à un cordage passé entre les deux bateaux, à entraîner le redressement de la machine.
Le ketch était beaucoup trop lourd... Quatre ans plus tard, le Bigouden est de nouveau au départ sur le même bateau profondément remanié. Mais un problème de fixation de quille apparaît peu après le départ et revoilà Philou aux Sables pour réparer. Malgré toute sa hargne et son talent, il ne pourra jamais revenir sur l'impeccable leader, Alain Gautier, d'autant que son voilier lui fait un ultime croche-pied. Alors qu'il peut se classer deuxième, le grand mât se brise. Skipper et bateau terminent sous gréement de fortune, troisièmes.

FLEURY MICHON X

Au départ du deuxième Vendée Globe, Philippe Poupon et son ketch Fleury Michon X *ont une revanche à prendre sur la première édition.*

Le sponsor quitte la voile, donne le bateau au marin qui le vend à Bertrand de Broc. Et c'est sous le qualificatif de *Votre Nom Autour du Monde* qu'il entame son troisième Vendée Globe de suite. Las, la malchance poursuit cette unité. De Broc est contraint à faire escale à Ushuaïa pour soucis techniques. Il repart de manière à terminer hors course mais la quille du voilier se désolidarise de la coque alors qu'il se trouve à 600 kilomètres du but ! Le skipper est évacué et le bateau laissé à la dérive avant d'être récupéré et repris par Philippe Monnet.
Remis totalement à neuf, doté d'une quille basculante et d'un mât carbone, il s'appelle alors *Uunet France* et permet au marin cannois de battre le record autour du monde en solitaire dans le sens ouest-est, soit contre vents et courants dominants.
Enfin, ce plan Briand a effectué une circumnavigation propre en 151 jours ! Et il continue son incroyable carrière, aux mains de l'espoir italien Simone Bianchetti puis du vétéran du large, Mike Birch, lors de la Route du Rhum 2002 puis de la Transat Jacques Vabre 2003. Sa destinée se poursuit avec Anne Liardet qui, sous les couleurs de Roxy, l'engage lors du Vendée Globe 2004, qu'elle achève magnifiquement à la onzième place. Depuis, éternellement à vendre, on a vu ce bateau aux mains de la navigatrice Alexia Barrier ou disputer quelques courses en Méditerranée où il est basé sous le nom de *Goonagitcha*.

FONCIA

Huit ans après sa première victoire, Michel Desjoyeaux prend de nouveau le départ du Vendée Globe. Seul vainqueur osant affronter de nouveau cette épreuve hors norme, il ne peut se satisfaire d'un projet autre que très performant. Avec son partenaire, il fait lancer la construction de *Foncia*, sur les plans du Néo-Zélandais Bruce Farr – l'architecte en vogue à cette époque – chez CDK Technologies, le chantier de son frère Hubert, installé, comme la société du skipper, à Port-la-Forêt. Condensé d'intelligence impulsé dans les moindres détails par le « Professeur », *Foncia* est lancé en mai 2007 puis, en novembre suivant, gagne sa première course sérieuse, la Transat Jacques Vabre, le skipper étant aidé par Emmanuel Le Borgne lors de cette épreuve disputée en double.

Le Vendée Globe 2008 ne démarre pas au mieux : moins de vingt-quatre heures après le départ, Desjoyeaux annonce qu'il revient au port des Sables pour réparer. Suite à une fuite du capot d'un ballast – énorme réservoir d'eau de mer qui participe à la stabilité et à la performance du bateau –, le moteur est noyé. Pas de moteur implique aucune énergie ; pas d'électricité signifie pas de tour du monde. Entré à 0 h 30 dans le port le 11 novembre, le bateau repart à 5 heures après un tour de force de l'équipe technique. Mais Desjoyeaux est bon dernier avec près de quarante-huit heures de retard ! Qu'importe : à bord de *Foncia*, il effectue une démonstration de navigation, d'engagement et de rapidité. Le 16 décembre, il passe en tête et ne la lâchera plus. Mené à la perfection, bénéficiant des petits plus Desjoyeaux, tel un nouveau type de voile alors révolutionnaire, ne connaissant que des avaries minimes – que le skipper cache à ses adversaires pour ne pas les motiver –, *Foncia* offre en 84 jours et 3 heures 09' 08" sa deuxième victoire au Finistérien et améliore le record de l'épreuve de trois jours. Jusqu'en 2009, le bateau continue aux mains de son skipper avant de participer à la Barcelona World Race sous le nom de *Mapfre*, course qu'il termine deuxième grâce aux Espagnols Iker Martínez et Xabi Fernández.

Avec Jérémie Beyou, il prend le départ du Vendée Globe 2012 rebaptisé *Maître CoQ* mais la tête de quille casse, entraînant l'abandon moins de dix jours après le départ. Nouveau nom – *Mare* – et nouveau propriétaire : Jörg Riechers. L'Allemand le reconditionne, fait poser une étrave plus moderne mais arrête vite son projet suite au retrait brutal de son sponsor. Ceci fait les affaires du Suisse Bernard Stamm qui le rebaptise *Cheminées Poujoulat* avant de gagner la Barcelona World Race 2014-2015 en compagnie de Jean Le Cam ; ce dernier acquiert le voilier en juillet 2015. Du coup, comme son premier skipper, Michel Desjoyeaux, ce bateau bien né comptabilise déjà deux victoires autour du monde.

À bord de Foncia, *Michel Desjoyeaux réussira en 2008 le tour de force de partir avec 48 heures de retard et de gagner !*

FRANÇOIS GABART

Jeune, talentueux, travailleur, belle gueule : François Gabart, vainqueur de la septième édition, représente à merveille la nouvelle génération de skippers du Vendée Globe.

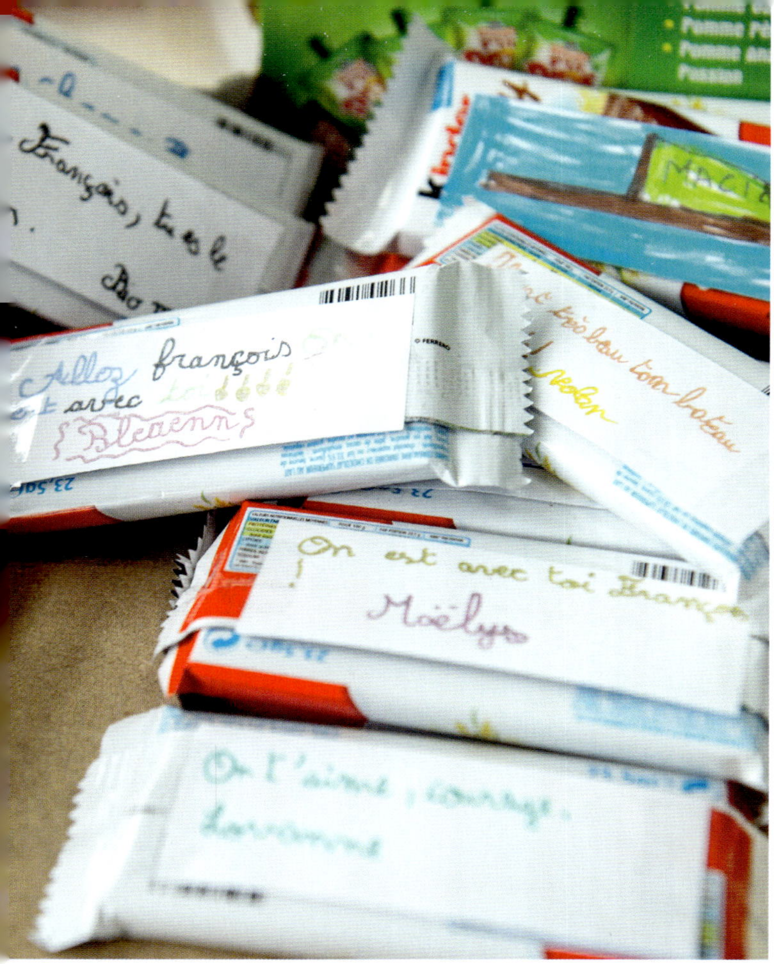

Vainqueur du Vendée Globe 2012-2013, François Gabart est le prototype même du skipper moderne. Brillant, ce garçon avenant, au physique de jeune premier et à la mèche blonde toujours impeccable, conjugue en effet les qualités d'un excellent marin avec celles d'un ingénieur de haut vol. Son parcours dans le monde de la voile est à son image : rectiligne, sans tache et sans fioriture. Passé par le dériveur, ce diplômé de l'INSA Lyon en 2007 débarque sur le circuit Figaro en 2006, menant de front études et voile, puis aborde la reine des épreuves de cette catégorie, la Solitaire du Figaro en 2008. D'entrée, il se classe seizième mais surtout premier au classement toujours remarqué des débutants. L'année suivante, il gagne la sélection Skipper Macif, destinée à soutenir les jeunes talents. Sponsor et skipper ne se quitteront plus. Deuxième de la Solitaire 2010, il décroche, au terme de cette même saison, le titre de champion de France de course au large. Plus rien ne l'arrête. Il réalise une progression idéale en gravissant une à une les marches vers le sommet, mais à chaque fois en ayant prouvé ses qualités techniques comme physiques et une incroyable vista sur l'eau. Malin, il prépare le Vendée Globe 2012 sous la houlette de Michel Desjoyeaux qui n'aime rien tant que transmettre lorsqu'il détecte potentiel et intelligence chez les jeunes marins. L'association fait des miracles à bord du 60 pieds *Macif* et c'est avec le rang de favori qu'il aborde, à 29 ans seulement, le Vendée Globe 2012. La première partie de la course est somptueuse, François Gabart et Armel Le Cléac'h se livrant un duel insensé, poussant leurs montures au-delà du raisonnable, à l'image de cet incroyable record de distance parcouru par un homme seul en vingt-quatre heures, décroché par le skipper de *Macif* le 9 décembre avec 545,34 milles nautiques (1 009 kilomètres). Parfois les deux hommes naviguent à vue, improbable situation, dans l'océan Austral. À l'entrée

du Pacifique Le Cléac'h est en tête ; à sa sortie, Gabart est devant mais d'un rien. Peu après le Horn justement, une petite avarie survient à bord du voilier du deuxième. Deux heures de réparation ; un rien à l'échelle d'un tour du monde mais selon les propos mêmes de Le Cléac'h : « C'est sans doute là que s'est jouée la course. »

Le 27 janvier 2013, François Gabart gagne le septième Vendée Globe avec 3 heures 17' d'avance ! Le jeune homme fait un tabac dans les médias avec sa gueule d'ange, son discours lisse et policé, bien loin de l'image d'Épinal du skipper taiseux, ébouriffé et brut de décoffrage. Gabart est en accord avec son époque.

Pas question de remettre son titre en jeu sur le Vendée Globe, pas encore du moins. En compagnie de son partenaire, il se lance dans un nouveau défi avec la construction d'un trimaran géant de 30 mètres dont le but est de lui permettre de devenir à terme le skipper le plus rapide de la planète autour du monde.

Page de gauche : Marin parfaitement en accord avec son temps, la personnalité de François Gabart dépasse le cadre des passionnés de voile pour toucher le grand public, en particulier féminin.
Ci-dessus : François Gabart ne faisait qu'un avec son Macif, *dessiné selon des plans de l'architecte Guillaume Verdier et du cabinet VPLP, construit par CDK Technologies, parfaitement mis au point, magnifiquement préparé et fort joliment décoré.*

ALAIN GAUTIER

Alain Gautier a un passé de junkie, d'accroc, de drogué... mais aux tours du monde à la voile en solitaire. Entre 1989 et 1992, ce Lorientais, fils de marin-pêcheur reconverti dans le tourisme, enchaîna trois circumnavigations en trente-six mois !

Fasciné par le premier Vendée Globe, il réussit à convaincre son partenaire de lui faire construire *in extremis* un bateau, *Generali Concorde*, en vue d'une épreuve en partance alors pour l'inconnu.

Il a peut-être 27 ans seulement, mais il s'appuie sur un passé déjà solide. Voilà neuf ans en effet qu'il a pris part à sa première Solitaire du Figaro, épreuve dont il est devenu vite un ténor et qu'il gagne en 1989, quelques mois seulement avant le départ du premier Globe.

Tout va vite chez Gautier, très vite pour ce passionné de sport auto que Titouan Lamazou qualifie régulièrement de « branleur ».

Mais son inexpérience et la préparation hâtive de son bateau, à laquelle il ne participe guère, ne jouent pas en sa faveur. Il multiplie les avaries – dont d'interminables soucis de barre de flèche, ces petites ailettes fixées sur le mât et qui servent à le tenir – et parvient à se classer avant-dernier. En 1991, il prend part au BOC Challenge avec un brio indéniable. Sa bagarre avec Christophe Auguin est somptueuse mais il doit se contenter de la deuxième place, la victoire s'envolant dans la dernière étape. Insatisfait, il se présente au départ du deuxième Vendée Globe avec *Bagages Superior*, dessiné par Finot-Conq, les mêmes architectes que pour son précédent 60 pieds, mais construit en matériaux composites et gréé en ketch. Très vite, cette édition maudite, marquée par les disparitions de Mike Plant puis Nigel Burgess et les avaries des autres favoris, tourne en sa faveur. Bertrand de Broc un temps puis Philippe Poupon

ensuite feront de la résistance, mais Gautier gagne sans coup férir et qu'importe si son temps de course est supérieur à celui de Lamazou trois ans auparavant.
Son retour s'effectue dans la confusion : alors qu'il doit être en direct depuis son bateau dans le journal de 20 heures de TF1, un usurpateur intercepte la liaison radio et se fait passer pour lui, se moquant ouvertement de PPDA !
Fort de cette victoire, Gautier retourne à ce qu'il sait faire de mieux : le Figaro. Il gagne la Transat AG2R 1996 en double sur *Figaro Bénéteau* avec Jimmy Pahun, son ami de toujours, puis évite le pire, tombant à la mer lors de la Solitaire cette même année. Impuissant, il voit son bateau s'éloigner inexorablement avant d'être secouru par miracle par Nicolas Bérenger. En 2003, il aurait dû gagner de nouveau cette épreuve mais perd pour 13 secondes seulement. Il en est toujours l'un des piliers. Parallèlement, il se lance en multicoque océanique mais n'y connaît pas le même succès, collectionnant les podiums (Route du Rhum comme Transat Jacques Vabre) et les chavirages…
En 2004, Gautier décide d'arrêter les courses océaniques. Il rejoint un temps les rangs de l'équipe suisse Alinghi dans la Coupe de l'America, dispute avec brio les très relevées régates du lac Léman, se lance dans le sport auto comme *gentleman driver*, mais sans jamais s'éloigner du Vendée Globe.
Il entraîne ainsi Ellen MacArthur en vue de l'édition 2000 qu'elle termine deuxième avec classe. Mais surtout, il occupe, depuis 2004, le poste officiel de responsable sécurité à terre et de conseiller officieux, étant particulièrement apprécié des édiles vendéens, à commencer par les présidents de Villiers et Retailleau.

En 1992, vainqueur du deuxième Vendée Globe, Alain Gautier en termine avec son troisième tour du monde en solitaire en trois ans !

GENÈSE

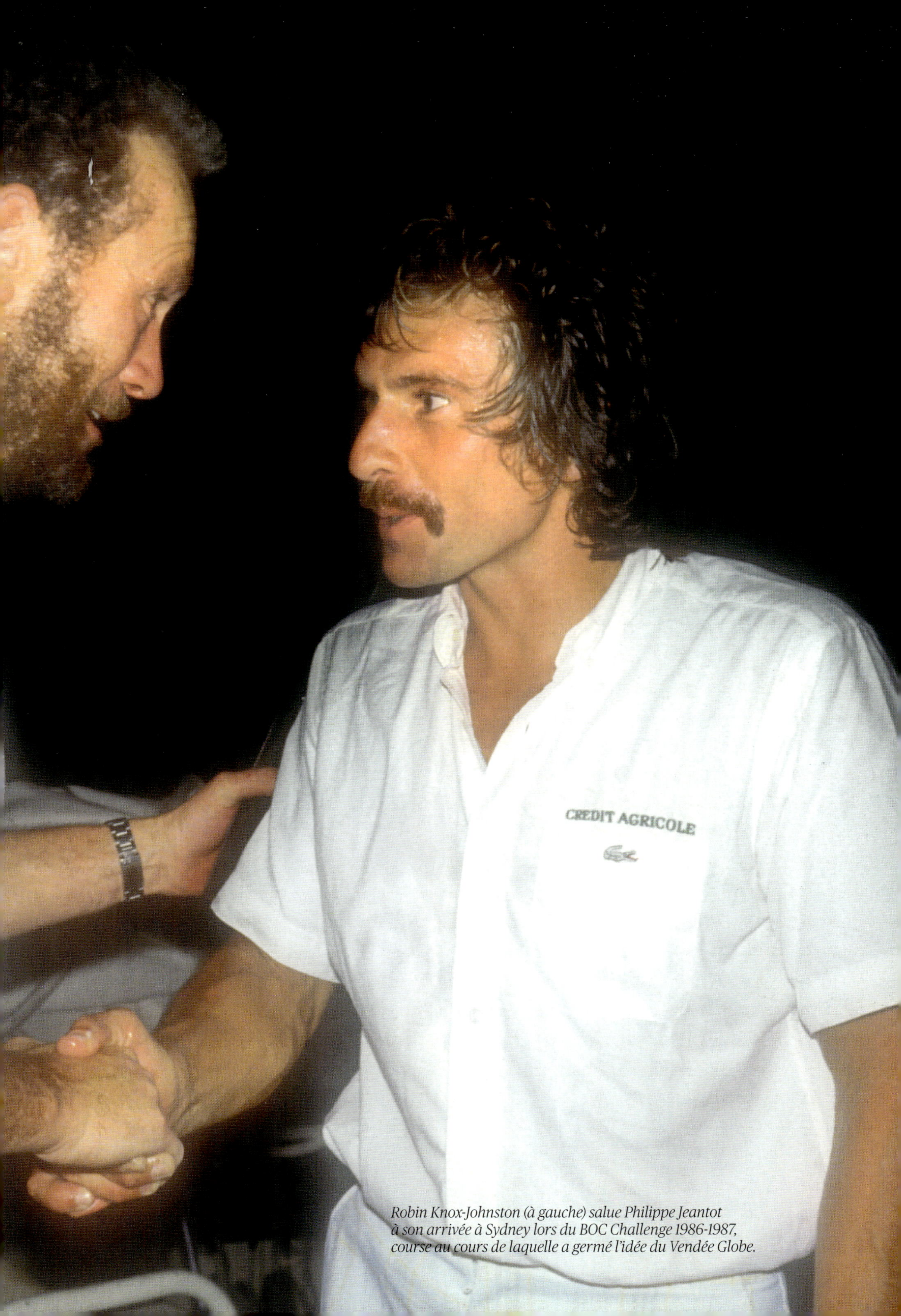

Robin Knox-Johnston (à gauche) salue Philippe Jeantot à son arrivée à Sydney lors du BOC Challenge 1986-1987, course au cours de laquelle a germé l'idée du Vendée Globe.

Sud-africains ou australiens, il y a une certitude : le Vendée Globe est né dans les bars, les restaurants et les agapes interlopes. Octobre 1986, les solitaires du BOC Challenge observent une escale au Cap. Guy Bernardin et Jacques de Roux, deux concurrents de l'épreuve, déjeunent ensemble, rejoints par Philippe Jeantot. Très vite la conversation roule sur leur envie de disputer un tour du monde mais sans arrêt pour éviter ces infinies haltes qui, si elles sont animées et agréables, coûtent cher et brisent leur rythme en mer. Et puis ils veulent plus, plus loin, plus longtemps. L'idée fermente. Elle est partagée à Paris quelques jours plus tard avec Xavier de Roux, frère du skipper et conseiller général de Charente-Maritime ainsi que Jean-François Deniau, ancien ministre, passionné de navigation.

L'étape suivante de cette course autour du monde rallie Sydney. Las, de Roux n'y parviendra jamais. Son bateau, *Skoiern IV*, est récupéré vide, à la dérive, non loin de la côte australienne. Le navigateur ne sera pas retrouvé. Malgré la consternation dans laquelle sont plongés ses amis adversaires, l'ébauche de course absolue continue.

Jeantot, Bernardin et le « Tabarly sud-africain » Bertie Reed échangent plus concrètement de nouveau devant une bière. C'est d'un défi à trois qu'ils parlent, une bagarre entre ce trio de costauds de la haute mer, hommage au camarade disparu aussi. Jeantot s'avance : il a une piste de site de départ avec Les Sables-d'Olonne, port d'attache de tous ses *Crédit Agricole* et dont la caisse vendéenne est à la manœuvre du sponsoring. À l'arrivée de ce BOC, une deuxième fois vainqueur, Philippe Jeantot se lâche et évoque devant la presse son envie de « tour du monde en solitaire, sans escale et sans assistance ». Auréolé de ce succès, le Vendéen d'adoption est déjà en pole position pour l'organisation.

Jeantot en discute avec Jean-Yves Terlain et Titouan Lamazou, eux aussi de retour du BOC ainsi qu'avec Jean-François Coste, ancien équipier de Tabarly, lors de soirées parisiennes fiévreuses et animées, même si le fossé se creuse entre le premier, skipper certes mais aussi homme d'affaires pragmatique, et les seconds.
Pendant que ce trio continue à palabrer, Jeantot trace sa route de son côté. Il se rapproche de Louis Guédon, maire des Sables-d'Olonne, et de Philippe de Villiers, à l'époque secrétaire d'État à la communication du gouvernement Chirac, créateur inspiré du Puy-du-Fou, et avec lequel il a déjà noué des liens amicaux suite à ses victoires au BOC Challenge.
Les deux hommes décident de suivre le navigateur. En janvier 1988, se tient à Paris une conférence de presse officialisant l'aventure prévue fin 1989. Adoubé par les deux légendes du Golden Globe, Bernard Moitessier et Sir Robin Knox-Johnston exceptionnellement réunis pour l'occasion, Jeantot est aux anges.
À la fin de cette présentation qui fait un tabac médiatique, les premiers volontaires s'inscrivent, Lamazou, Poupon, Terlain, Van Den Heede, Jeantot bien sûr mais aussi Knox-Johnston qui malheureusement ne prendra pas le coup de canon. Le Globe Challenge est lancé. Il deviendra Vendée Globe Challenge à quelques mois du départ lorsque Philippe de Villiers accepte que le département, dont il est devenu président en octobre 1988, comble les trous financiers d'un budget loin d'être bouclé.

Il aura fallu des années de travail plombées par une lourde incertitude pour qu'enfin s'élance le Vendée Globe (ici le départ de la deuxième édition en 1992).

Charleston, États-Unis, 28 avril 1995. Le bateau est désert. Il tire sur ses aussières, n'a plus l'habitude d'être amarré au fond d'un port. L'intérieur est un mélange peu harmonieux de fourre-tout mal rangé et malodorant. Qu'importe, il est revenu la veille en vainqueur du BOC Challenge 1994-1995, tour du monde en solitaire et quatre escales. Sur la table à carte : un post-it jaune. Sur le post-it jaune, quatre mots griffonnés par le skipper : « Jamais le Vendée Globe ! »

Les Sables-d'Olonne, France, 17 février 1997. Un autre port, le même bateau. Une nouvelle victoire. Christophe Auguin et son fidèle coursier, *Geodis*, ont gagné le Vendée Globe ! Dessiné par le cabinet Finot-Conq dominateur des premières éditions, ce voilier tout en carbone – une innovation inouïe alors pour un bateau hauturier – est un condensé de technologies et de savoir-faire. Doté d'une carène radicale, ultraléger, ce sloop fut construit dans la Manche par le chantier JMV Industries. Outre sa victoire au BOC, il s'est adjugé les records de distance parcourue à la voile sur vingt-quatre heures en solitaire (350,9 milles), en équipage (447,5 milles) puis celui de la traversée de l'Atlantique (non homologué) en 9 jours et 22 heures 59' en 1998.

En vue du Vendée Globe, il est doté en plus d'une quille pivotante, raffinement suprême alors. Ce bateau représente l'arme absolue de l'édition qui reste comme la plus rude jamais disputée. « Au chantier à Cherbourg, c'est là je pense que j'ai gagné le Vendée Globe », expliquera le skipper. Auguin ne repartira pas, *Geodis* si.

Il sera encore du Vendée Globe sous les noms de *Voila.fr* puis *UUDS*, mené respectivement par Bernard Gallay puis Hervé Laurent. En 2006, rebaptisé *92-Adriana Karembeu Paris*, il termine dixième de la Route du Rhum aux mains du Guadeloupéen Philippe Fiston.

GEODIS

Victorieux de la troisième édition aux mains de Christophe Auguin,
Geodis participera au total à quatre Vendée Globe sous autant de noms différents.

GOLDEN GLOBE

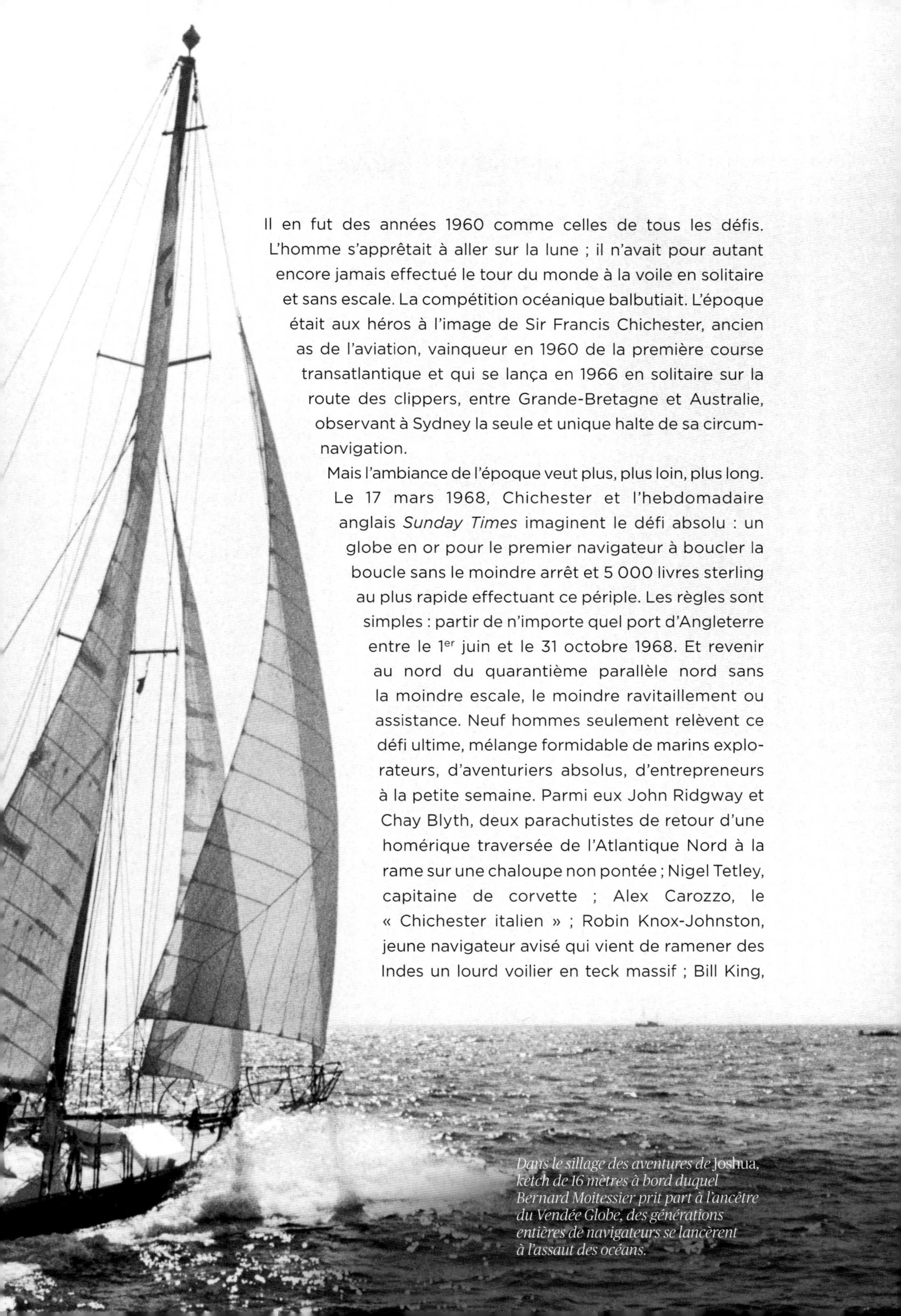

Il en fut des années 1960 comme celles de tous les défis. L'homme s'apprêtait à aller sur la lune ; il n'avait pour autant encore jamais effectué le tour du monde à la voile en solitaire et sans escale. La compétition océanique balbutiait. L'époque était aux héros à l'image de Sir Francis Chichester, ancien as de l'aviation, vainqueur en 1960 de la première course transatlantique et qui se lança en 1966 en solitaire sur la route des clippers, entre Grande-Bretagne et Australie, observant à Sydney la seule et unique halte de sa circumnavigation.

Mais l'ambiance de l'époque veut plus, plus loin, plus long. Le 17 mars 1968, Chichester et l'hebdomadaire anglais *Sunday Times* imaginent le défi absolu : un globe en or pour le premier navigateur à boucler la boucle sans le moindre arrêt et 5 000 livres sterling au plus rapide effectuant ce périple. Les règles sont simples : partir de n'importe quel port d'Angleterre entre le 1er juin et le 31 octobre 1968. Et revenir au nord du quarantième parallèle nord sans la moindre escale, le moindre ravitaillement ou assistance. Neuf hommes seulement relèvent ce défi ultime, mélange formidable de marins explorateurs, d'aventuriers absolus, d'entrepreneurs à la petite semaine. Parmi eux John Ridgway et Chay Blyth, deux parachutistes de retour d'une homérique traversée de l'Atlantique Nord à la rame sur une chaloupe non pontée ; Nigel Tetley, capitaine de corvette ; Alex Carozzo, le « Chichester italien » ; Robin Knox-Johnston, jeune navigateur avisé qui vient de ramener des Indes un lourd voilier en teck massif ; Bill King,

Dans le sillage des aventures de Joshua, *ketch de 16 mètres à bord duquel Bernard Moitessier prit part à l'ancêtre du Vendée Globe, des générations entières de navigateurs se lancèrent à l'assaut des océans.*

le doyen britannique ; deux Français, Loïck Fougeron et Bernard Moitessier (auquel le périple Métropole-Tahiti aller-retour confère déjà une petite notoriété), et l'étrange homme d'affaires Donald Crowhurst qui appareille en catastrophe le dernier jour autorisé. D'entrée, la mer fait son choix. Le bateau de King chavire et se redresse sans plus de mât. Celui de Fougeron en fait de même sans avarie notable mais, terrorisé, le skipper rallie le premier port. Carozzo cède sous les coups d'un ulcère. En tête, Moitessier et Knox-Johnston sont en revanche tout à leur bonheur d'être en mer. Bien que parti le dernier sur son *Teignmouth Electron*, trimaran insuffisamment préparé qui n'est alors qu'un capharnaüm sans nom, Crowhurst cravache. Lors des erratiques communications radio avec la terre, il relate des vitesses moyennes fulgurantes... totalement fausses et qui lui servent uniquement à rassurer ses nombreux créanciers. La ruse est aisée. Il n'existe alors aucun moyen de localisation des navires. Pris au jeu médiatique de ses déclarations, Crowhurst s'installe dans son mensonge. Il annonce des performances magistrales alors qu'au final il zigzague à vitesse réduite au milieu de l'Atlantique. Il tient néanmoins deux journaux de bord : le premier censé recueillir sa navigation hardie, le second relate sa vraie route entrelacée des vagabondages de sa folie. Puis il coupe tout contact avec la terre. Mi-janvier 1969, Knox-Johnston suivi de Moitessier virent le Horn. Alors que la course et les honneurs lui semblent promis, le Français « pousse la barre ». Fuyant la vacuité des honneurs, il continue sa route vers Tahiti qu'il ralliera après dix mois de mer sans escale ! Knox-Johnston et son fidèle *Suhaili* retrouvent l'Angleterre après 313 jours de navigation. Reste à savoir si Tetley et Crowhurst seront plus rapides ? Après des mois de silence, ce dernier se signale. Et, il est en tête. Il va gagner. Pour résister, Tetley cravache son *Victress* au-delà du raisonnable. Le voilier en sombre. La terre attend son adversaire victorieux... qui n'arrivera jamais. Pris dans l'engrenage de son mensonge et de sa schizophrénie, Crowhurst se glisse dans l'eau laissant derrière lui des témoignages bouleversants. « Je suis ce que je suis et je vois la nature de mon offense (...), écrit-il sur le journal de bord de son voilier retrouvé à la dérive. C'est fini. C'est la DÉLIVRANCE. » Trois ans plus tard, rongé par la tromperie de Crowhurst alors qu'il aurait dû terminer en vainqueur, Tetley se pend. Un seul homme a terminé cette épreuve ; deux se sont suicidés ; un a rallié Tahiti ; les autres ont abandonné. Il faudra vingt ans pour que passe le traumatisme du Golden Globe, ancêtre du Vendée Globe...

En bas à gauche : L'odyssée de Donald Crowhurst, qui sombrera dans la folie suite à son incroyable mensonge, marqua à jamais l'histoire du premier tour du monde en solitaire et sans escale.
En haut : Vainqueur du Golden Globe, le Britannique Robin Knox-Johnston couvrit le tour du monde en 313 jours alors que le vainqueur du dernier Vendée Globe n'en a mis que 78 !
En bas à droite : Loïck Fougeron fut l'un des deux Français engagés dans le Golden Globe.

MIKE GOLDING

S'il ne fut pas le premier Britannique à prendre le départ du Vendée Globe, Mike Golding demeure en tout cas le premier à en avoir fait un véritable objectif de victoire. Avec son physique d'acteur hollywoodien, entre Bruce Willis et Ed Harris, éternellement souriant et disponible, des épaules de déménageur et cet immense courage de pompier qu'il fut longtemps, Golding se révèle à la voile grâce au British Steel Challenge en 1992, course autour du monde sur voiliers monotypes réservée aux amateurs. En 1997, il y excelle en tant que skipper et la gagne, raccroche sa tenue de combattant du feu et se lance définitivement en travailleur de la mer. Son parcours force l'admiration puisqu'il bat le record autour du monde en solitaire contre vents et courants dominants puis se lance à l'assaut du Vendée Globe. À quatre reprises, il en prendra le départ, bousculant les marins français sur leur course, jouant toujours aux avant-

postes en particulier dans les mers du Sud où sa vista est incomparable lorsqu'il s'agit d'aller vite dans la tempête. Il en prend même la tête parfois et décroche le titre de champion du monde de la discipline en 2005 et 2006. En 2006 justement, Golding effectue un sauvetage éblouissant en se portant à la rescousse d'Alex Thompson lors du tour du monde en solitaire par escales dans le sud de l'océan Indien. Mais le Vendée Globe ne lui a jamais rendu la passion qu'il y déploya se classant septième (2000-2001), troisième (2004-2005) puis sixième (2012-2013) et ayant abandonné en 2008 alors qu'il en occupait la tête.

Mike Golding disputa quatre Vendée Globe, se classant troisième en 2005.

Sur une carte marine à l'échelle de la planète, le golfe de Gascogne est anecdotique. Et pourtant, voici une zone redoutée s'il en est. Géographiquement, l'endroit est cette immense baie de l'Atlantique Nord-Est bordant les côtes ouest de la France et nord de l'Espagne.
Sa limite conventionnelle est une droite tracée entre le cap Ortega, en Galice, et le rocher d'Ar Men à l'ouest de l'île de Sein, soit à l'extrémité de la Bretagne.
Ce site est pourtant redouté et ses colères d'automne génèrent des tempêtes qui n'ont parfois d'égales que celles des mers du Sud. D'ailleurs n'est-il pas lui aussi dans les quarantièmes puisque compris entre 47°47'et 43°46' de latitude nord, ce qui, dans l'océan austral, le situerait à la porte des cinquantièmes rugissants ? Dans le golfe de Gascogne se déversent les dépressions océaniques venant frapper de plein fouet la vigie de l'Europe, entraînant dans leurs tumultes une mer rendue d'autant plus violente qu'elle grossit et s'emballe avec la remontée brutale des fonds lorsqu'elle bute sur le plateau continental (prolongement physique d'un continent sous la mer), large de 180 kilomètres environ en Bretagne, de 55 dans les Landes et d'à peine 2 au large de Capbreton.
Certes, les côtes y sont sublimes et propices à la villégiature estivale. L'activité économique maritime y est importante, baignée de grands ports et d'une industrie de la pêche bénéficiant d'un endroit poissonneux. Mais, dans l'arrière-saison, son visage peut changer du tout au tout. On ne compte plus les grandes courses au large aux départs reportés de manière à attendre que la « furie de temps », comme disent les marins y séjournant, s'efface.
Le Vendée Globe s'élançant et revenant des Sables-d'Olonne, port fiché quasiment au centre de la côte française du golfe de Gascogne, ce dernier a fait payer un lourd tribut à la course. Nigel Burgess y a disparu. Nombre de navigateurs y ont vu leurs espoirs s'effondrer à peine le départ donné, cueillis à froid par les tempêtes qui s'y succèdent. D'autres y ont perdu leur mât ou leur quille à portée de ligne d'arrivée, les bateaux fatigués par la circumnavigation effectuée, rudement secoués une ultime fois et lâchant dans la dernière ligne droite. Espagnol autant que français, le « Golfo de Vizcaya » est le cadre de missions de sauvetages ibériques comme tricolores dans les cas d'extrême urgence. Nain peut-être à l'échelle de la planète mer, le golfe de Gascogne est un géant belliqueux lorsqu'il ne se contrôle plus.

GOLFE DE GASCOGNE

Le golfe de Gascogne, que les concurrents traversent à deux reprises, peut se révéler une des zones les plus dangereuses de la planète mer à l'image de cette tempête photographiée depuis un cargo.

GROUPE LG

Gerry Roufs peut être satisfait : au départ de la troisième édition il dispose avec Groupe LG2 *d'un des meilleurs bateaux de la flotte.*

ROUPE LG

Groupe LG, société brestoise de service, engagea un bateau dès le deuxième Vendée Globe avec de solides ambitions qui, à chaque fois, explosèrent sous les coups de boutoir de l'océan, s'achevant en déroute, procès et drame. Premier skipper maison, Bertrand de Broc qui, en 1990, après avoir disputé une Route du Rhum héroïque à bord d'un vieux catamaran s'achevant en un démâtage, puis fracassé un trimaran armé par la même entreprise au départ de La Baule-Dakar 1991, se voit confier le bateau vainqueur de la première édition du Vendée Globe.
Là encore, le fougueux Breton cravache et au fil des milles devient le seul capable de menacer Alain Gautier, impeccable leader. Mais son voilier instable part au tapis et l'écoute de grand-voile cingle le marin qui se mord la langue et doit se soigner lui-même, touché aussi au visage et à l'œil. Remis tant bien que mal, il reprend sa route mais les architectes du bateau lui indiquent qu'après de nouvelles vérifications, la quille du bateau menace de se désolidariser de la coque. « J'ai peut-être une grande résistance, mais il y a des limites à un humain », écrit-il dans un télex annonçant qu'il met le cap sur la Nouvelle-Zélande, incapable de s'engager dans le Pacifique Sud à bord d'un voilier qui menace de chavirer à tout instant. Furieux, Pierre Oppermann, patron de Groupe LG, s'en prend à son skipper et le met à pied, le différend s'achevant au tribunal par la victoire du skipper. La société brestoise fait alors appel au Canadien Gerry Roufs, équipier brillant et renommé, qui fait ses gammes difficilement en solitaire mais se voit tout de même confier un tout nouveau et performant voilier, malgré des rapports plus que tendus avec son sponsor.
Et puisqu'il dispose aussi de l'ancien *Groupe LG*, Oppermann le rebaptise et le propose à Hervé Laurent, alignant ainsi deux bateaux dans la troisième édition : *Groupe LG2* et *Groupe LG-Traitmat*. À bord d'une telle unité, Roufs fait partie des favoris. Mais arrivé dans le Grand Sud, le Canadien peine à suivre le rythme imposé par Christophe Auguin. Soudainement, le 8 janvier 1997, *Groupe LG2* ne répond plus. Des recherches sont engagées par les concurrents déroutés, des bâtiments de commerce et les forces militaires chiliennes. Le 16 janvier, un avion chilien relate une brève conversation radio avec un bateau qu'il prend à tort pour le voilier, mais enflamme les imaginations.
Groupe LG2 a totalement disparu sans laisser la moindre trace.
Abattu par cette mystérieuse disparition, le patron de Groupe LG demande à Laurent d'abandonner. Il n'en fera rien, s'estimant, à raison, seul maître à bord.
Le 16 juillet 1997, un cargo panaméen croise l'épave retournée ; épave survolée puis filmée deux jours plus tard par un avion militaire, chilien là encore. Elle dérive alors à 303 milles (561 kilomètres) de l'embouchure du détroit de Magellan. La photo est transmise à la femme de Gerry Roufs qui s'était obstinée seule des mois durant à essayer de comprendre ce qu'il était advenu de son mari. Les recherches reprennent... puis, le bateau disparaît de nouveau... pendant un an.
Le 24 août 1998, il est enfin aperçu échoué sur la côte sud-ouest des îles Atalaya, à l'entrée même du détroit de Magellan. Le temps qu'un bâtiment de guerre se porte sur les lieux, une nouvelle tempête le désintègre. Aucune trace du skipper bien sûr, et aucun effet personnel n'est retrouvé. Manifestement, avant que les militaires arrivent,

le site a été pillé. Il ne reste aujourd'hui de *Groupe LG2* que quelques centimètres carrés de la coque en carbone scellés sur la pierre tombale de Gerry Roufs, érigée en juin 1999 dans le cimetière Notre-Dame-des-Neiges de Montréal.

De cette saga, seul *Groupe LG-Traitmat* est revenu, Hervé Laurent se classant brillamment troisième de la maudite édition 1996-1997. Pour ce tour du monde-là, ce bateau à la décoration étonnante (tagué d'un côté, propre de l'autre) était à dominante blanche et non verte comme quatre ans auparavant ou comme *Groupe LG2*. Pour nombre de marins, en mer le vert porte malheur.

En 1996, la société brestoise engage deux bateaux : Groupe LG2 *et* Groupe LG-Traitmat *(ici en photo) avec Hervé Laurent à la barre qui se classa troisième.*

C'est un peu sur le tard que Marc Guillemot s'est lancé dans le Vendée Globe. Longtemps équipier réputé de Patrick Morvan, Serge Madec, Mike Birch ou encore Éric Tabarly, il décroche, au milieu des années 1990, le budget qui lui permet d'animer avec talent le peloton des multicoques océaniques à bord de *Biscuits La Trinitaine*. Après le retrait de son partenaire, Guillemot est choisi par Safran en vue de son assaut autour du monde, sponsor puissant aux ambitions importantes, décidé non seulement à jouer la gagne mais aussi à démontrer *in situ* son haut degré de technologie. Naît ainsi en 2007 le premier *Safran*, dessiné par Guillaume Verdier et le cabinet VPLP, radical dans ses formes et qui devient vite la référence absolue. D'entrée de jeu, lors du Vendée Globe 2008, la paire Guillemot-Safran navigue dans le bon peloton mais tout bascule à la mi-décembre. Très au sud de l'Australie, Yann Eliès s'est brisé le fémur et souffre le martyre dans son bateau qu'il est évidemment incapable de mener. Immédiatement, Guillemot se déroute, traçant un étonnant parallèle avec sa propre vie lui qui, en 1985, fut grièvement blessé lors du chavirage de *Jet Services IV*, bassin touché, les deux jambes brisées. Parmi les équipiers qui attendent alors le secours des jours durant, manque à l'appel Jean Castenet, happé par la mer. « Marc demandait qu'on lui crève le ventre, raconte Jean-Luc Nélias lui aussi de la mésaventure. Sa vessie était bloquée, il ne pouvait plus pisser. » Il se voit mourir là, au beau milieu de l'Atlantique Nord, incapable d'attendre les secours.
Plus qu'aucun autre, Guillemot imagine du coup ce qu'Eliès endure, agrippé sur sa couchette de douleur, incapable de bouger et d'attraper le moindre calmant. Des heures durant, *Safran* tourne autour de *Generali*. Par radio, il trouve les mots, les bons, les justes. Il tente à plusieurs reprises de lui lancer eau et médicament et y parvient par

MARC GUILLEMOT

miracle soulageant un peu le skipper finalement secouru par la Marine australienne. *Safran* reprend sa route, loin, mais peu importe. Et le voilà confronté à des avaries de mât, il observe deux escales pour réparer sans assistance et se voit même coursé par des pêcheurs au large du Brésil ! À quatre jours de l'arrivée, alors qu'il entrevoit un excellent résultat, le bateau perd sa quille, le skipper est contraint de réussir l'exploit magistral de couvrir près de 1 000 milles pour rallier les Sables sans l'indispensable appendice, terminant au final à la troisième place. « Dans cette course, j'ai obtenu tout ce que je n'étais pas venu chercher... », déclare-t-il, heureux, épanoui.
Il était venu quérir la victoire, il le tente de nouveau quatre ans plus tard toujours à bord du même bateau encore optimisé par l'immense technicien qu'est ce skipper et avec lequel il a signé des victoires probantes entre ces deux éditions.
Cette fois sa course dure... cinq heures. Un choc, un coup de gîte anormal et le voilà dépourvu d'un grand morceau de quille, encore. L'abandon est inévitable. Alors M. Guillemot, petite silhouette de grand marin, éternel sourire goguenard, skipper le plus apprécié par ses pairs sans doute pour son indéfectible gentillesse, ne gagnera jamais le Vendée Globe, c'est trop tard. C'est pas grave. « Je suis tellement reconnaissant à la voile de m'avoir donné un boulot à la sortie de mon bac, expliquait-il en 2009 après avoir gagné la Transat Jacques Vabre, de m'avoir fait tel que je suis. J'ai eu la chance de choisir mon monde à 19 ans, et je lui reste fidèle à 50. »

Après une longue et belle carrière en multicoque, Marc Guillemot aborde le Vendée Globe en 2008. Las, il multipliera les mésaventures l'empêchant de terminer mieux que troisième, en 2009.

DENIS HOREAU

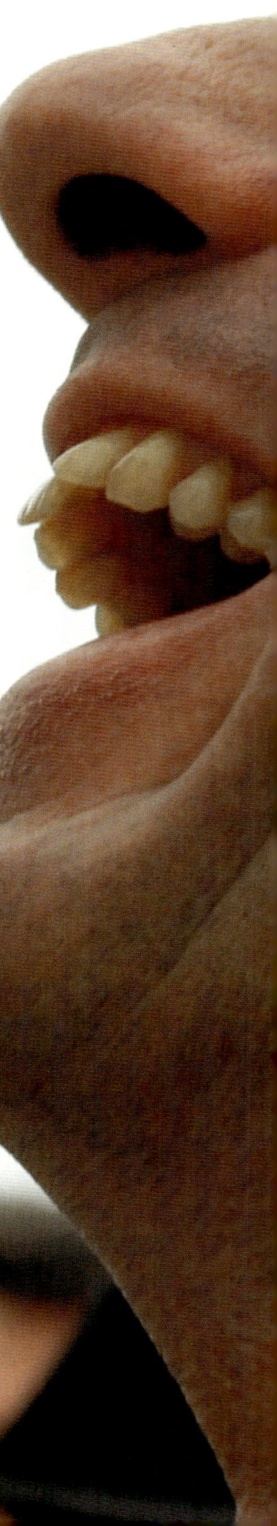

Longue silhouette émaciée, le cheveu rare, le caractère trempé, Denis Horeau est devenu avec le temps l'incontournable directeur de course du Vendée Globe. Il croise la course dès sa première édition. Ancien marin-pêcheur devenu équipier réputé au cours des années 1980, Horeau faisait partie de l'équipage du catamaran *Crédit Agricole II* lors de la victoire de Philippe Jeantot au terme de la Course de l'Europe 1985. Mais, si les deux hommes s'apprécient, ils n'ont guère de points communs. Pourtant, lorsqu'il organise le premier Vendée Globe, Jeantot lui propose de devenir son relais à terre, six mois seulement avant le coup de canon de 1989 et alors que tout reste à faire. Horeau monte une équipe compétente et disponible, installée sur une péniche amarrée sur la Seine, avec le renfort du respecté navigateur Yvon Fauconnier. La réussite technique et médiatique de cette première édition doit beaucoup à cet équipage resté à terre. Jeantot prenant directement les rênes lors des courses suivantes, Horeau est débarqué sans ménagement. Mais, lorsqu'il s'agit de redresser la barre suite à la déroute juridico-financière qui entraîna la chute du marin organisateur après l'édition 2000-2001, son nom circule immédiatement. Apprécié du conseil général, adoubé par les coureurs suite au travail remarquable qu'il mena entre-temps à la direction de course de la Solitaire du Figaro à partir de 1996, soutenu par la Fédération française de voile, le rigoureux et expérimenté Denis Horeau se voit de nouveau nommé directeur de course en vue de l'édition suivante. Il dirigea alors d'une main de fer la partie sportive du Vendée Globe, faisant face avec calme à des marins qui tous sont des caractères, gérant avec responsabilité et efficacité les innombrables crises qui accompagnent immanquablement le sommet de la voile océanique en solitaire, tout en portant en lui l'histoire d'une épreuve à laquelle son attachement est immense.

Jugé encombrant à tort par certains à cause de la place centrale qu'il occupe avec un brio certain ; usé par le poids de ce fardeau, Denis Horeau tirait sa révérence à moins de six mois de la huitième édition, laissant ce poste à Jacques Caraës, ancien marin de talent lui aussi mais au caractère plus consensuel. Reste que Horeau incarna peut-être plus que quiconque le Vendée Globe.

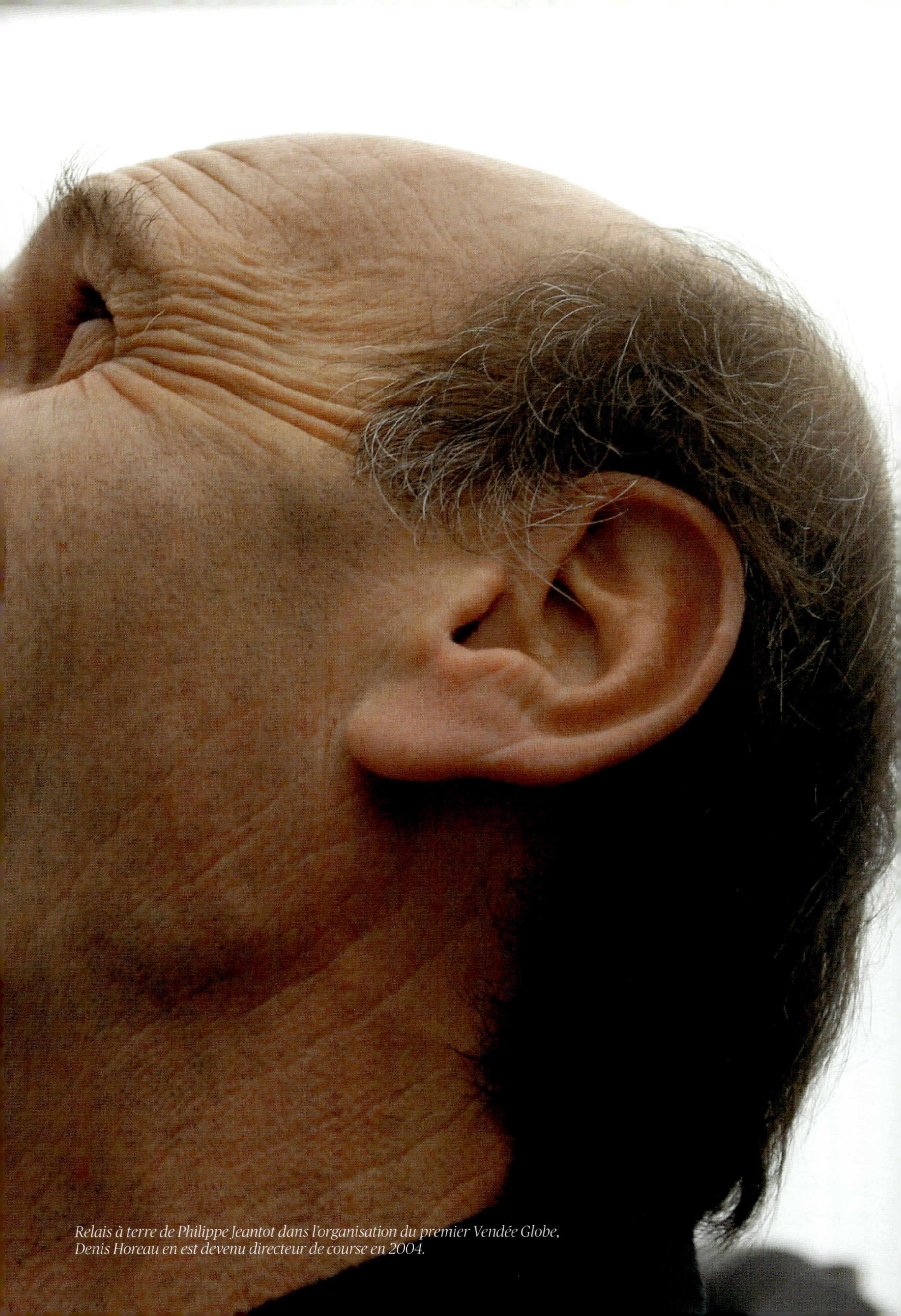

Relais à terre de Philippe Jeantot dans l'organisation du premier Vendée Globe, Denis Horeau en est devenu directeur de course en 2004.

ICEBERGS

C'est la grande hantise des marins du Vendée Globe : ces immenses blocs de banquise venus de l'Antarctique. Lors de l'été austral, quand passent les marins, ils remontent vers le nord, croisant la route des bateaux qui eux, pour se raccourcir, plongent vers le sud. Lors du premier Vendée Globe, les concurrents descendent très bas en latitude, sans limite ni retenue, dans l'Indien comme dans le Pacifique. Et les voilà à cingler au milieu de véritables champs de mine. Les yeux rivés au radar, ils naviguent la peur au ventre car s'il y a les icebergs, repérables de par leur taille, les *growlers* qui les accompagnent sont plus sournois. Ces morceaux, détachés des blocs principaux par fragmentation, flottent à la surface de la mer, et un bateau qui viendrait en percuter un à pleine vitesse peut fort bien s'y ouvrir en deux. En 1990, Jean-Luc Van Den Heede heurte ainsi l'un d'eux, sans mal heureusement. « Je suis en survie plus qu'en course », déclare ce colosse alors par radio au PC Course, le ventre froissé en boule, alors qu'il est descendu jusqu'à 61°52' de latitude sud, découvrant, à l'aube d'un sale matin, être entouré de glaces. Et il ne fera qu'ouvrir une longue liste de marins aux coursiers plus ou moins cabossés par des collisions identiques, Sébastien Josse, Vincent Riou, Jean-Pierre Dick... « Je suis passé de 12 nœuds à 0, raconte Josse au cours du Vendée Globe 2004. C'était violent. Rien ne laissait présager qu'il y avait un glaçon devant, il aurait fallu que je sois sur le pont pour le voir. » Il en est quitte pour un bout-dehors cassé et un safran endommagé.

Et pourtant, dès la deuxième édition, la direction de course avait mis en place des points géographiques à virer pour ne pas descendre trop sud (trois exactement en 1992) puis, huit ans plus tard, ses « portes des glaces », lignes fictives tracées entre deux de ces points et que les concurrents sont impérativement tenus de respecter.
En suivant les routes que ces passages impliquent, les marins doivent donc en théorie éviter les sites minés de glaçons, zones déterminées grâce aux observations des rares bâtiments naviguant dans ces parages, comme par les concurrents eux-mêmes qui, depuis la première édition, se transmettent les positions de ces funestes rencontres. Depuis 2004 et le soutien initié alors avec l'agence spatiale du Canada et son satellite Radarsat1, les observations satellitaires permettent aussi de les détecter.
Ces fameuses portes ont beau être ajustées en permanence, le risque zéro n'existera jamais. Déclaration prémonitoire de Josse avant le Globe 2004 : « Trouver la limite entre la trajectoire la plus courte et les glaces : c'est, je pense, ça le plus dangereux. C'est le danger le plus vicieux sur le tour du monde. » Et cela le reste.

Lors du premier Vendée Globe, certains concurrents naviguèrent dans de véritables champs de mines truffés d'icebergs, dont Jean-Luc Van Den Heede qui prit ce cliché.

INITIATIVES-CŒUR

Mouvement général de la société, les actions caritatives et les appels aux dons n'ont de cesse de se multiplier. Depuis longtemps déjà, des skippers épousent ainsi les causes qu'ils jugent nobles, à l'image de Thierry Dubois qui appareille en 1996 à bord d'*Amnesty International*. Mais, en 2012, l'un d'eux passe la vitesse supérieure : Tanguy de Lamotte, engagé au côté de l'association Mécénat chirurgie cardiaque depuis 2005 et son apprentissage dans la classe des Mini 6.50. Lors du septième Vendée Globe, il navigue sur *Initiatives-Cœur*. Son voilier est financé par Initiatives.fr, organisation spécialisée dans les collectes de fonds, habituellement au profit de projets pédagogiques mais cette fois en faveur de l'association qui , en France, opère du cœur des enfants venus de pays où ils ne pourraient l'être. S'appuyant sur les médias sociaux et une excellente connaissance des ressorts de la communication générant ainsi d'importants retours médiatiques, Lamotte dispute un vrai Vendée Show. Sportivement, s'il termine dixième sur onze classés, les aventures autour du monde de ce marin charismatique incitent à la participation. La mécanique est simple : à chaque abonnement à la page Facebook d'*Initiatives-Cœur* ou à chaque partage d'une publication de celle-ci, les sponsors mécènes du bateau versent de l'argent à Mécénat chirurgie cardiaque. Les dons furent si importants qu'à l'issue de la course 2012-2013, vingt enfants purent être opérés.

À l'issue du Vendée Globe 2012-2013, les aventures de Tanguy de Lamotte et de son voilier Initiatives-Cœur *permettront d'opérer vingt enfants de maladies cardiaques grâce aux dons recueillis. Ici le bateau de l'édition 2016-2017.*

FRA 109
initiatives
cœur.fr
K·LINE
LA FENÊTRE LUMIÈRE
MECENAT
CHIRURGIE
CARDIAQUE
enfants du monde
K·LINE
LA FENÊTRE LUMIÈRE
initiatives.fr
Au cœur des projets associatifs
initiatives cœur.fr
K·LINE
LA FENÊTRE LUMIÈRE
initiatives cœur.fr
K·LINE

ITALIENS

Alessandro di Benedetto, qui participa au Vendée Globe 2012, fut l'une des révélations de cette édition-là.

La course au large en solitaire n'est pas dans les gènes des régatiers transalpins. Quatre seulement ont pris le départ de l'épreuve depuis sa création ; trois l'ont terminée – ce qui est déjà un exploit de taille – et deux à la dernière place. Très appréciés des autres marins pour leur verve et leur bonne humeur, la plupart firent un véritable malheur auprès du public. Le premier de ce petit contingent se nommait Vittorio Malingri, neveu de Doi Malingri qui fit les beaux jours des courses transatlantiques dans les années 1970. Ce frêle jeune homme de 30 ans, bourlingueur depuis sa plus tendre enfance, appareille en 1992 à bord d'un bateau qu'il a dessiné, *Everlast Neil Pryde*. Safran cassé dans le Pacifique, Malingri abandonne et rallie Tahiti. Pour l'anecdote, quatre ans plus tard, il dispute la Transat Québec-Saint-Malo ayant enrôlé dans son équipage une certaine Ellen MacArthur alors débutante… En 2000, débarquent Simone Bianchetti, météore de la course au large, tête de pirate, caractère à l'avenant, ancien de la Marine italienne, poète à ses heures, vie de bohème et toujours entouré de jolies femmes ainsi que de Pasquale di Gregorio. Le premier, après des classes effectuées sur le BOC Challenge, la Mini puis la Solitaire du Figaro embarque à bord

Quatre solitaires italiens seulement prirent le départ du Vendée Globe mais, à l'image d'Alessandro di Benedetto, félicité ici à l'arrivée, tous marquèrent l'épreuve de leur faconde et de leur dynamisme.

de l'ancien monocoque de Philippe Poupon et se classe douzième. L'homme avait du talent ; il aurait pu être un grand du Vendée mais, emporté par une maladie subite, il disparaît, âgé de 35 ans, en 2003.

C'est à 59 ans que Pasquale di Gregorio, ancien avocat d'affaires à la retraite, prend le départ du Globe à bord d'un magnifique 50 pieds, *Wind Telecommunicazioni*, un plan de l'architecte Umberto Felci construit par le navigateur. Ce baroudeur des mers retrouve les Sables après 158 jours de mer. En 2012, Alessandro di Benedetto reprend le flambeau. Il vient juste de terminer un exploit fou : effectuer le parcours du Vendée Globe mais à un bord d'un 6,50, ces bateaux minuscules, rendus célèbres par la fameuse et formatrice Mini Transat. Ce périple unique lui a réclamé 268 jours !

Sa faconde, son éternel sourire, sa simplicité conquièrent vite les aficionados du Vendée Globe, fascinés par ses chroniques en marge où il explique comment faire pousser des salades à bord ou cuire des beignets. Des moments de grâce qui agacent parfois les puristes mais humanisent la course. Plus de dix mille personnes l'accueillent au retour de son périple, onzième et dernier mais qu'importe.

PHILIPPE JEANTOT

C'est grâce au BOC Challenge - course en solitaire au tour du monde et par étapes - que Philippe Jeantot, ancien plongeur professionnel, se fit un nom. Il arrive ici à Rio, au pied du Pain de Sucre, en vainqueur de la troisième étape de la première édition en 1982.

Marin génial tout autant que personnage controversé, poursuivi, condamné ; cela ne fait pas toujours plaisir à ceux qui aimeraient une histoire proprette et une légende sans tache pour la course majuscule. Mais sans Philippe Jeantot, jamais le Vendée Globe n'aurait existé. Ancien plongeur professionnel né en 1952 à Tananarive (Madagascar) au gré des mutations paternelles, il affirme avoir découvert la mer et la voile à l'âge de 15 ans, non pas en allant régater sur l'Atlantique, bien que demeurant à Quimper, mais en lisant Bernard Moitessier. Alors il se lance, fait ses classes depuis la délicieuse Sainte-Marine – fief des frères Poupon – puis La Trinité et ne rêve que d'une chose : partir en voyage, pour un grand et infini périple. De manière à gagner l'argent nécessaire, il multiplie les plongées extrêmes et dangereuses pour la COMEX, société d'ingénierie sous-marine, où son mental inoxydable et son physique d'athlète font merveille. Et surtout, il est bien payé, très bien même, et peut ainsi lancer enfin ce bateau de voyage avec lequel, en 1979, il appareille autour du monde. Deux ans plus tard, Jeantot découvre dans une revue nautique la création du BOC Challenge ! Être au départ, tel est le seul objectif qui l'habite désormais. Rentrant en France prématurément, il vend son ketch et parvient à réunir les fonds nécessaires à la construction de *Crédit Agricole*, superbe plan Ribadeau-Dumas long de 17,06 mètres. L'inconnu fait merveille, écœure les favoris anglo-saxons et gagne avec aisance le premier BOC Challenge, générant un engouement phénoménal. Une star est née, il croule sous les honneurs et découvre même la une du *New York Times*, barrée du titre « *Magic Jeantot* ». Fort de son sens inné de la communication, s'appuyant sur un charisme certain et de nouveaux amis influents, l'homme aborde le multicoque, la discipline que les Français adorent alors et dans le sérail de laquelle il n'est pas le bienvenu. Il s'en moque, lance le magnifique catamaran *Crédit Agricole II*. Au cours de l'Ostar 1984, ou Transat anglaise, la plus fameuse de l'époque, il chavire. Yvon Fauconnier le rejoint à la barre de son propre voilier et les seize heures passées autour de Jeantot, naufragé, lui seront décomptées à l'arrivée... Philippe Poupon se montre le plus rapide mais la victoire est du coup accordée à Fauconnier sur tapis vert. Pour le milieu bretonno-parisien de la course au large, Jeantot tout juste toléré devient paria : son naufrage a volé la victoire de « Philou », retenant Fauconnier en « otage » dans l'attente des sauveteurs. Jeantot n'en a cure. Il trace sa route, gagne le Tour de l'Europe 1985 et décide de défendre son titre du BOC sur un nouveau monocoque : *Crédit Agricole III*. Bien que plus difficile, sa deuxième victoire fait taire ses détracteurs. C'est au cours de cette épreuve que germe l'idée de ce qui deviendra le Vendée Globe. Là encore, Jeantot prend tout le monde de vitesse, l'homme d'affaires (il a lancé le chantier naval Jeantot Marine en 1985) ayant flairé le bon filon et le marin, l'ultime défi. « Je pars pour avoir froid, pour avoir peur, pour me déchirer les mains sur les cordages », explique-t-il avant de s'élancer en 1989 à bord d'un coursier taillé pour l'événement, *Crédit Agricole IV*. Grand favori, s'il ne gagne pas (il se classe quatrième), victime de nombreuses avaries, son organisation et sa course ont triomphé. Jeantot raccroche son ciré et passe les années suivantes à alterner entre organisation de l'épreuve et croisière familiale autour du monde. Mais le gestionnaire n'est pas forcément très habile. Le fisc le poursuit, des malversations financières réelles ou supposées comme telles apparaissent. Les déboires s'accumulent tellement que le Vendée Globe est menacé de disparition après l'édition 2000, l'entreprise organisatrice, Sail Com, étant liquidée... sans que Jeantot, en croisière familiale à l'autre bout du monde en soit informé. Poursuivi, placé deux fois en garde à vue, l'idole trébuche puis tombe. Les procès, les condamnations et les confirmations de celles-ci se multiplient en 2004, 2008, 2011... jusqu'à 300 000 euros d'amende et trente-six mois de prison avec sursis plus 2,2 millions d'euros à rembourser au liquidateur de sa société ; entreprise étonnamment toujours pas liquidée en 2016 ! En 2010, il se voit destitué de la Légion d'honneur et de l'Ordre national du mérite, lui qui jamais n'avait sollicité la moindre décoration. Philippe Jeantot, atteint physiquement par un méchant accident de parapente en 2004, vit aujourd'hui en Thaïlande, à l'écart. Loin. Amer parfois, heureux surtout. Si le Vendée Globe est devenu une légende, son créateur est un roman à lui seul.

Dans les années 1980, tout sourit à Philippe Jeantot qui pose ici sur l'étrave de son Crédit Agricole III *en construction, bateau avec lequel il va gagner son deuxième BOC Challenge.*

ROLAND JOURDAIN

Brillant courtisan du Vendée Globe, Roland Jourdain, surnommé « Bilou », fait partie de ces marins qui y ont remis tant de fois leur ouvrage qu'à la fin leurs espoirs s'y brisent. Né à la voile au sein d'une génération dorée qui limait la baie de la Forêt, en Bretagne, Jourdain avait pour compagnon de premières armes les Desjoyeaux, Le Cam, Nélias, de Broc, Guillemot... Et comme la majorité d'entre eux, il suivit le parcours initiatique classique : Mini Transat 83 – terminée par le naufrage du *Muscadet* remis en état pour cette occasion ; Formule 40 ; Solitaire du Figaro ; Tour du monde en équipage, une fois à bord du voilier d'Éric Tabarly (*Côte d'Or*) puis une autre à bord du seul et unique voilier soviétique jamais engagé dans cette épreuve (*Fazisi*), équipier recherché sur multicoques océaniques... C'est donc tout naturellement qu'il débarque sur le Vendée Globe en 2000. À la barre de *Sill Matines La Potagère*, il fait partie de ces coureurs de haut vol qui, en compagnie de Michel Desjoyeaux, emmènent la course vers d'autres horizons, ceux de la régate autour du monde au détriment de l'aventure en solitude. D'entrée, il réussit un parcours magnifique au sein du peloton de tête, bousculant le futur vainqueur avant que le rail de grand-voile de son mât s'arrache, le contraignant à soulager son effort. Il termine troisième. Les deux suivants seront moins à son avantage : en 2004, la tête de quille fissurée de son *Sill & Veolia* le contraint à l'abandon en Tasmanie ; *bis repetita* quatre ans plus tard, la quille, encore, de *Veolia Environnement* se brisant à 700 milles de l'arrivée suite à une collision avec une baleine, le marin relâchant aux Açores. S'il a manqué l'édition 2012, faute de budget, Jourdain n'aspire qu'à y revenir.

Roland Jourdain participa à trois Vendée Globe (ici en 2004), se classant troisième en 2000-2001.

Océanopolis
Brest
Sill
29
Sill

JOURNALISTES

Ils sont là pour conter la légende mais, en huit éditions, leur métier a considérablement évolué. Lors de la première, ils n'étaient qu'une poignée à se rendre au centre de presse, installé sur une péniche au centre de Paris, et espérer que la magie des ondes BLU, via les stations terrestres à commencer par Saint-Lys Radio, permette d'échanger quelques mots avec les marins. Montait alors une étonnante mélopée de crachotis parfois inaudibles et qu'il fallait décrypter. De ce brouhaha romantique qui symbolisait si idéalement l'éloignement et la solitude, de ces informations parcellaires – et même en l'absence de celles-ci souvent –, l'imagination s'enflammait et les navigateurs tout heureux de quelques minutes de chaleur humaine se livraient sans retenue. Qui ne se souvient pas avec émotion de la peur de Van Den Heede, prisonnier des glaces ; des sanglots de Carpentier privé de pilote automatique ; de la joie de Peyron ayant sauvé Poupon ? Plus tard ce seront la langue de Bertrand de Broc ; les naufrages de la terrible édition 1996. Mais, peu à peu, les progrès techniques ont révolutionné la communication. Le suivi des classements est permanent. Depuis, les voiliers sont déversés des tombereaux de photos et des vidéos immédiatement contrôlés à des fins d'exploita-

Sans journalistes, l'épopée ne serait pas aussi populaire. La conférence de presse de présentation de l'édition 2016, organisée à Paris, fit le plein.

tions éventuelles par la presse. Il est devenu aussi simple d'appeler les bateaux que de réserver une table au restaurant voisin. Cette profusion d'informations, liée aux enjeux sportifs et financiers, a généré une communication à destination de la presse parfois pitoyable à force d'être verrouillée par des services de communication de temps à autre fort peu inspirés.

En la matière, la voile se veut parfois aussi grosse que le bœuf Formule 1 mais sans les moyens ni les talents qui vont avec pour abreuver, des mois durant, les quelque mille journalistes qui s'étaient pressés au départ des Sables. En 2000, édition charnière où la technologie devient enfin mature ; où certains skippers brillants, tel Desjoyeaux, maître de l'intox, jouaient avec leurs auditoires, la ligne de conduite de MacArthur et de son équipe était génialement simple : « On dit tout, tout de suite. » Et l'épopée de la petite anglaise fit un carton. Il reste heureusement des moments de grâce liés souvent aux situations extrêmes, aux talents de conteur des marins ou à la franchise de ceux-ci passant outre la retenue qu'on leur demande. Et de ces bulles naissent toujours les plus beaux récits, ceux à même d'enflammer le public.

Voilà un curieux archipel. Perdu au milieu de l'océan Indien, il ressort de l'isolement où il se trouve près des cinquantièmes hurlants, quand passe le Vendée Globe. On aurait aussi bien pu traiter ici des autres possessions françaises gérées dans la partie australe de cet océan par les Taaf (Terres australes et antarctiques françaises), îles Crozet, Saint-Pierre ou Amsterdam, mais les Kerguelen furent à plusieurs reprises lieu d'escale, d'infortune et d'abandon. « C'est beau, incroyable. Ciel bas, chargé de grains, falaises à pic, dentelles de roches, neiges sur les sommets… » C'est ainsi qu'Isabelle Autissier décrit l'endroit en 1994, lorsqu'elle y fait escale pendant le BOC Challenge suite à un démâtage. Elle y reviendra quelques années plus tard pour une rocambolesque traversée à pied puis lui consacrera un remarquable ouvrage[1], narrant avec maîtrise le romanesque destin d'Yves Joseph de Kerguelen de Trémarec, découvreur bravache de l'archipel en 1772, qui crut y voir la masse centrale du continent antarctique.

Il s'agit juste d'une terre hostile, plantée dans l'océan Indien par 49°20' de latitude sud et 69°20' de longitude est, suintante d'eau, recouverte d'une vingtaine de glaciers, battue par le vent et les tempêtes, grande comme la Corse, entourée de plus de trois cents îles et îlots. Archipel de baleiniers, de phoquiers, de pirates, même de corsaires allemands lors de la Seconde Guerre mondiale et où vivent désormais les scientifiques des Taaf protégeant « ce royaume innocent », comme l'écrit encore fort justement

KERGUELEN

Autissier. En 1989, alors qu'il passe très au large de l'endroit, Loïck Peyron, emporté par l'émotion de se savoir papa, prénomme sa première fille Marie-Kerguelen. Il ne s'y arrêtera pourtant pas, contrairement à d'autres. De tous les concurrents qui y firent escale, Bernard Stamm sera le plus malheureux. Suite à une avarie de safran dans l'édition 2008, le Suisse s'y déroute pour réparer, espérant reprendre vite la course. Il compte amarrer son bateau sur un corps-mort dans la baie de Port-aux-Français où vivent les résidents. Depuis quelques jours déjà, séjourne parmi ceux-ci son compatriote Dominique Wavre qui, lui, a abandonné suite à un problème de quille sur *Temenos II*. La tempête gronde : le vent y est relevé à 40 nœuds de nord-ouest, avec rafales à 45. Arrivant vent arrière, Stamm rate la bouée, tente d'y revenir au moteur mais celui-ci n'est pas suffisamment puissant et son bateau, *Cheminées Poujoulat*, dérive inexorablement jusqu'à la terre où il s'échoue sur les rochers. Avant d'être baptisées du nom du nobliau breton, les Kerguelen étaient nommées îles de la Désolation...

1. *Kerguelen, le voyageur du pays de l'ombre*, Grasset, 2006.

L'archipel des Kerguelen, qui dépend des Taaf (Terres australes et antarctiques françaises) a vu nombre d'espoirs de concurrents s'échouer à l'image du Cheminées Poujoulat *de Bernard Stamm au milieu des éléphants de mer.*

Une icône accrochée à la barre du voilier de Fedor Konioukhov, aventurier, marin et... pope engagé en 2000.

FEDOR KONIOUKHOV

Cet homme est le prototype même des aventuriers qui viennent en marins aguerris faire le tour du monde, le leur avant tout. Les estimables José de Ugarte, Alan Wynne-Thomas, Pasquale di Gregorio, Rich Wilson… ces navigateurs à mille lieues des régatiers affûtés et dont les entreprises donnent le sel sinon la chair à l'événement. Fedor Philippovich Konioukhov est arrivé au Vendée Globe en l'an 2000, chargé de son passé étonnant, d'une ligne de vie qui n'alla jamais droit mais toujours vers la difficulté, l'extrême. Il y va ainsi de son entrée dans l'Union des artistes de l'URSS en 1983, alors jeune peintre et séminariste âgé de 22 ans ; il y va aussi et surtout de sa quête des pôles, ralliant trois fois le Nord, une fois le Sud comme celle des sommets les plus hauts de chaque continent dont l'Everest à deux reprises… En mer, il multiplia aussi les aventures avec quatorze traversées de l'Atlantique et trois tours du monde en solitaire avant l'an 2000, année où immanquablement son sillage croise celui du Vendée Globe. Appareillant à bord de *Modern University for the Humanities*, ancien bateau du Hongrois Nándor Fa, il s'y est inscrit : « Pour comprendre pourquoi les autres y vont ! » Terriblement lent, il devient vite la hantise de la direction de course qui envisage sa circumnavigation excéder les six mois. Mais les avaries s'accumulent, sa grand-voile se déchire, des calculs rénaux lui font souffrir le martyre, vaincu, Konioukhov relâche en Australie… puis repart hors course sans prévenir avant de faire vite demi-tour définitivement.

Sa personnalité fascine ; il y a un brin de mythomanie chez cet homme dont on ne sait si son CV, soigneusement entretenu par son fils, est entièrement exact. S'il l'est, Konioukhov est incontestablement le plus grand aventurier de l'histoire car, après le Vendée Globe, il reprit ses activités multiples : tour du monde à la voile contre vents et courants dominants, retour sur l'Everest, traversée du Pacifique à la rame en 160 jours entre le Chili et l'Australie, expédition polaire en char à glace ou traîneaux à chiens… et, accessoirement, il aurait perdu trente-deux de ses amis lors de ses multiples expéditions ! Aujourd'hui, le Pope a sa paroisse, à Moscou, une petite chapelle non loin du centre, entourée d'ancres de marine où se trouve une plaque en l'honneur d'Éric Tabarly et une autre à la mémoire de Jacques-Yves Cousteau. « Dans les situations délicates, je ressens toujours la peur de me retrouver face à Dieu. Que vais-je lui dire ? » déclare-t-il dans *Ouest-France* en septembre 2015. Il a encore le temps d'y penser. Son prochain défi serait le tour du monde en ballon non-stop.

Le russe Fedor Konioukhov est sans doute le prototype absolu des aventuriers s'étant lancés à l'assaut du Vendée Globe.

14h35
EUROPE 1
Jim Kipling Travel
EUROPE 1
EUROPE 1
EUROPE 1

TITOUAN LAMAZOU

En descendant les Champs-Elysées, c'est un honneur exceptionnel qui fut réservé au vainqueur, Titouan Lamazou (à gauche) et à son dauphin, Loïck Peyron (à droite) à l'issue du premier Vendée Globe.

Derrière l'artiste célébré à raison et aujourd'hui rasséréné, se cache aussi le roman d'un ambitieux. Titouan Lamazou a 34 ans lorsqu'il prend le départ du Vendée Globe avec une volonté de fer, un unique objectif : gagner pour clore un chapitre, passer à autre chose, devenir ce peintre qui mûrit en lui. Alors inconnu du grand public, il est adulé dans le milieu par son passé au côté d'Yvon Fauconnier et d'Éric Tabarly auquel il voue un culte à la limite de la béatitude, mais aussi par son charisme, sa gueule, sa volonté, ses cheveux longs et ses blousons de cuir. Après avoir disputé le BOC Challenge - où il est battu par Jeantot -, après avoir tenté de monter le Vendée Globe - où il est devancé par Jeantot -, l'homme, limite hautain envers ses pairs qu'il n'a pas adoubés, se veut revanchard d'autant que la presse le snobe, face à Poupon et face à... Jeantot. Il veut être aimé, il veut être reconnu. Il veut donc vaincre. Pour cela, il dispose d'un budget conséquent lui ayant permis de lancer un excellent bateau, *Écureuil d'Aquitaine II*. D'emblée, il se porte en tête dès le troisième jour. Il ne la quittera plus et gagne... presque aisément. Il joue même avec les autres. « Après le chavirage de *Fleury*, j'ai forcé sur l'intox. J'ai dit à la radio qu'il fallait qu'on fasse tous gaffe. Mon but était de les ralentir. Dans ces cas-là, tous les coups sont permis. » Dans son remarquable sillage, l'aventure a cueilli ses adversaires ; lui traverse le Globe en marchant sur l'eau. Un de ses problèmes ? Se séparer du matériel inutile, voiles, cordages, pièces détachées, synonyme de poids mort. « Je ne l'ai pas dit à la radio pour ne pas déprimer plus Carpentier, mais j'ai balancé à l'eau mes dix pilotes automatiques de secours. » Avant le départ, l'épouse de Carpentier justement avait fait le tour des concurrents pour récupérer des pilotes en trop... Refus de Lamazou ; son adversaire vivra un calvaire, rivé à la barre dans le Pacifique Sud.

Mais Lamazou était aveuglé par la lumière.

Dialogue à l'arrivée avec des journalistes de *Neptune Nautisme* :

« Cette course-là était écrite pour moi : il me la fallait !

- Tu n'as jamais eu peur ?

- Si, de perdre ! (...) J'ai l'impression que le destin était de mon côté. »

Puis à la question de savoir s'il a atteint son absolu, il répond : « Je sais maintenant ce que je dois faire : devenir un artiste. Peut-être que je me branle avec tous ces problèmes mais c'est ce que je ressens au plus fort de moi. » La célébrité l'appelle, lui court après. Il la cueille, la gobe. Il descend les Champs-Élysées en compagnie de Peyron ; mène la délégation reçue à l'Élysée puis tourne enfin cette satanée page. « Je partais chercher la reconnaissance, je reviens avec la gloire », expliquera-t-il dans le remarquable livre de Patrick Le Roux[1] sur sa course. Il tentera bien par la suite de monter un nouveau projet, une immense goélette *Tag-Heuer*, conçue pour le Trophée Jules Verne, appelée à devenir ensuite un immense atelier d'artiste flottant... mais elle sombre dès sa première navigation. Aujourd'hui, Lamazou est un artiste - jamais loin de la mer - reconnu, décoré glorifié. Il a tout gagné.

1. *Demain, je serai tous morts*, Grasset, 1990.

Lamazou avait fort bien préparé son affaire et s'aligna avec un bateau, Écureuil d'Aquitaine II, *parfaitement adapté et mis au point.*

JEAN LE CAM

« La mer, ma mer, n'est que vitesse. Jamais je ne l'ai imaginée en tant que pêcheur ou marin de la marchande. Vitesse, voile, compétition. Je n'ai jamais aimé que cela. Je n'ai jamais imaginé la navigation autrement ; je ne pourrai jamais la voir différemment. Et cela reste ma seule passion. » Signé Jean Le Cam[1]. L'homme à la crinière de vent, surnommé « le Roi Jean » par sa manière sans ambages et sans brutalité de dominer les fulgurants multicoques de Formule 40 dans les années 1980, puis les apprentis circumnavigateurs au cours de la décennie suivante lors de la Solitaire du Figaro dont il est triple vainqueur, attise éloges et déférence. Tantôt silencieux à l'extrême, tantôt bavard à l'infini, Le Cam a été à l'école Tabarly lui aussi, membre d'une fière génération qui a couru le monde dans les pas du mentor majuscule et magnifié la voile au plus formidable des enseignements.

Après des années de difficultés océaniques à bord d'un surpuissant trimaran qui ne lui convenait pas, le Vendée Globe devient vite son terrain d'expression idéal. En 2005, il se fait souffler la victoire pour moins de 7 heures au terme de 87 jours d'un duel homérique livré à « Vincent le Terrible ». Vincent Riou en l'occurrence, seul capable d'endiguer le Breton, auteur des exploits les plus extrêmes comme des saillies les plus drolatiques à l'image de la « Marsupilami thérapie ». Il s'agissait d'une conduite d'air chaud, branchée sur son moteur, et qu'il glissait avec bonheur dans son sac de couchage pour endiguer le froid austral, tuyau capable de s'étendre à l'infini et dans les méandres les plus cocasses à l'image de la queue de l'animal imaginaire. En janvier

2009, alors qu'il cravache dans le sillage de Michel Desjoyeaux, impeccable leader, son *VM Matériaux* chavire au large du cap Horn suite au bris de la quille. Il est périlleusement sauvé par son vainqueur d'hier, Vincent Riou. Mais, dans la récupération, le gréement de ce dernier est endommagé entraînant la chute du mât peu après le passage du Horn. Et les deux hommes de relâcher de concert à Puerto Williams, avant de disséquer heurs et malheurs en présence... d'Isabelle Autissier, en partance vers l'Antarctique sur son voilier de croisière. En 2012, il prend de nouveau le départ mais sans cette fois endosser le rang de favori et termine cinquième. Tantôt patelin, tantôt bourru, Jean Le Cam oscille entre les errances pataphysiques et les errements techniques, homme qui s'autoparodie en déclarant ne lire que des « manuels techniques ». Au journaliste de *Libération* qui l'interrogea sur l'objet embarqué dont jamais il ne se séparerait, le marin haussant les épaules répondit : « Il tient au creux de ma main. Sa puissance est supérieure à celle d'une explosion nucléaire ! » Silence gêné de l'interviewer. « C'est l'imagination, mon vieux ! »

1. *Toutes voiles dehors*, Prolongations, 2009.

Grande gueule de la course au large celui que l'on surnomme « le Roi Jean » n'a jamais gagné le Vendée Globe mais ses aventures extraordinaires ont fait rêver.

Surnom : « le Chacal » ! L'homme ne lâche rien, c'est une évidence et son patronyme explique l'authenticité d'un marin de granit, dur avec lui-même comme avec les autres. Pourtant, à terre, ce grand garçon se révèle d'une gentillesse et d'une affabilité confondantes. Double vainqueur de la Solitaire du Figaro – dont en 2003 avec 13 secondes d'avance sur Alain Gautier –, il court désormais autour du monde, s'appuyant sur ses grandes qualités de marin pragmatique et rigoureux. L'enveloppe lui importe peu, seul le résultat compte. En 2008, il part pour apprendre, humble et patient ; tant et si bien qu'il termine deuxième. En 2012, il part pour gagner ; tant et si bien qu'il termine... deuxième. Mais le chacal rime avec panache. C'est lui qui imprime le tempo. C'est lui qui mène au passage de Bonne-Espérance ; qui pénètre le premier dans le Pacifique. Au Horn, Gabart est devant d'un souffle, mais il revient, mord les basques de son adversaire et attaque, trop peut-être. Emporté par sa fougue, il commet une légère erreur tactique en choisissant une route un peu plus ouest que Gabart. C'est fini. Le 27 janvier 2013, il accuse 3 heures 17' de retard sur le vainqueur soit le plus petit écart de l'histoire. « J'étais tellement content de retrouver mes proches, de voir cette ferveur du public que toute trace de déception s'est trouvée balayée. » Cela ne se sait pas, mais le chacal est un animal d'une rare élégance.

Il faut un immense talent pour tirer la quintessence d'un monocoque de 60 pieds de dernière génération à l'image du Banque Populaire VIII. *Armel Le Cléac'h n'en manque pas !*

ARMEL LE CLÉAC'H

LITTÉRATURE

Le Vendée Globe n'a pas encore eu son Paul Morand, son Antoine Blondin, son Pierre Chany, son Denis Lalanne, son Jean-Philippe Toussaint… romanciers journalistes ou l'inverse, écrivains tout court surtout, la plume flirtant avec l'allègre ou croisant le drame pour magnifier le sport, cet instant futile par excellence, geste frivole peut-être mais si essentiel. Des livres sur le Vendée Globe, depuis 1989, il y en eut de toute sorte, comptes rendus interminables, récits de marins rédigés à deux comme à quatre mains, enquête et contre-enquête, bande dessinée, roman, ouvrages photographiques, mais non de littérature à proprement parler.
Il n'y en a pas eu, pas encore, même si les mots d'un Lamazou, les articles d'un Coste, les phrases d'une Autissier, les fulgurances d'un Auguin, la légèreté souvent trompeuse d'un Peyron ou les aphorismes surréalistes d'un Le Cam l'ont tutoyée par moments. Alors il faut se référer au maître, Bernard Moitessier, lire et relire *La Longue Route* (édité par Arthaud en 1971), qu'il écrivit de retour du Golden Globe, cette course dont le Vendée Globe s'inspire. « L'air est glacé. J'écoute. Je sens de toutes mes forces avec une lucidité effrayante qu'il faut réduire la toile, ralentir, ne plus surfer. Et en même temps il y a cette chose que je perçois en moi, cette chose qui chante, et que je voudrais entendre encore, plus loin encore, la grande onde lumineuse où l'on nagerait l'éternité. Revenir au pied du mât… revenir absolument… ne plus jouer avec les fantômes de l'écume et les mouettes et les dauphins… revenir vite au pied du mât pour amener la grand-voile et tenir ferme mon bateau et ma raison. »

Les écrits de Bernard Moitessier - ici en 1968 lors de son annonce de participation au Golden Globe - ont marqué et marqueront encore longtemps les navigateurs comme les amateurs de littérature.

Macif

Dans la lignée des monocoques de 60 pieds construits selon les plans de l'association de Guillaume Verdier et du cabinet VPLP, initiée par *Safran* premier du nom, *Macif* fut le bateau qui permit à François Gabart de gagner le septième Vendée Globe. Construit à Port-la-Forêt par CDK Technologies et Mer Agitée, dans les moules du dernier *Foncia* dont il est le *sister-ship*, ce bateau bénéficia de la minutie du skipper, dont l'implication se logea dans les moindres détails, jusqu'aux angles des courbes de la décoration signée Isabelle Keller et de l'expérience de Mer Agitée, la société de Michel Desjoyeaux qui en assurait la maîtrise d'ouvrage. Lancé le 16 août 2011, ce voilier démontra immédiatement des qualités impressionnantes, gagnant dès sa deuxième grande épreuve, la Transat B to B 2011. Patiemment mis au point, *Macif* accumule les milles en course comme en préparation. Et cela porte ses fruits puisqu'il permit à Gabart de mener un Vendée Globe sur un rythme jamais tenu jusque-là, de relever le défi du duel insensé lancé par Armel Le Cléac'h et, au final, d'abaisser le record de l'épreuve à 78 jours 2 heures 16' 40". Au passage, il en établissait un autre : celui de la plus grande distance parcourue par un homme seul à la barre d'un voilier monocoque, soit 543,50 milles nautiques (1 006,56 kilomètres) à la vitesse moyenne ahurissante de 22,72 nœuds. Sous les couleurs de *Macif*, Gabart gagne ensuite le prestigieux Fastnet 2013 dans sa catégorie avant d'emporter la Route du Rhum 2014. Baptisée désormais *SMA*, confiée à Paul Meilhat en tant que skipper, cette machine demeure couvée par Michel Desjoyeaux et son équipe technique en vue du Vendée Globe 2016.

Avec son monocoque Macif, *François Gabart disposa en 2012 d'un bateau à la hauteur de son immense talent.*

IMOCA
FRA 301
MACIF

En 2004, Anne Liardet prend part au Vendée Globe qu'elle terminera à la onzième position.

MARINES

Le nom de Krystyna Chojnowska-Liskiewicz ne dit aujourd'hui plus rien à personne et pourtant, cette Polonaise, régatière émérite en Baltique, est sélectionnée en 1975 par l'État polonais pour établir un exploit qui doit rejaillir sur la nation tout entière : être la première femme à faire le tour du monde à la voile en solitaire. Totalement programmée, soigneusement entraînée, appareillant à bord de *Masurek*, long de 9,15 mètres depuis les Canaries en mars 1976 et non de sa ville de Gdansk pour éviter les difficultés du nord, la jeune femme effectue sa révolution terrestre en 2 ans, 2 mois et dix-neuf escales ! Qu'importe si, quelque 60 jours après, la charismatique Naomi James fait mieux, l'opération de propagande a parfaitement réussi.

Il faut attendre 1988 et l'Australienne Kay Cottee pour qu'une navigatrice tourne autour du monde sans escale et par les trois caps, puis Isabelle Autissier, première à effectuer le tour du monde en solitaire et en compétition et ce lors du BOC Challenge 1990-1991. Et c'est parmi les favoris que cette même Autissier prend le départ du troisième Vendée Globe, en 1996, qu'elle termine hors classement suite à une escale technique, laissant à Catherine Chabaud le titre honorifique de première femme ayant bouclé une circumnavigation sans escale et en course.

Quatre ans plus tard, Chabaud est encore au départ, mais c'est Ellen MacArthur qui bluffe le monde un brin macho de la voile. La pétillante petite Britannique fait étalage de qualités formidables et pousse Michel Desjoyeaux, au sommet de son art, dans ses derniers retranchements. Elle est l'ultime marin à menacer « le Professeur », terminant

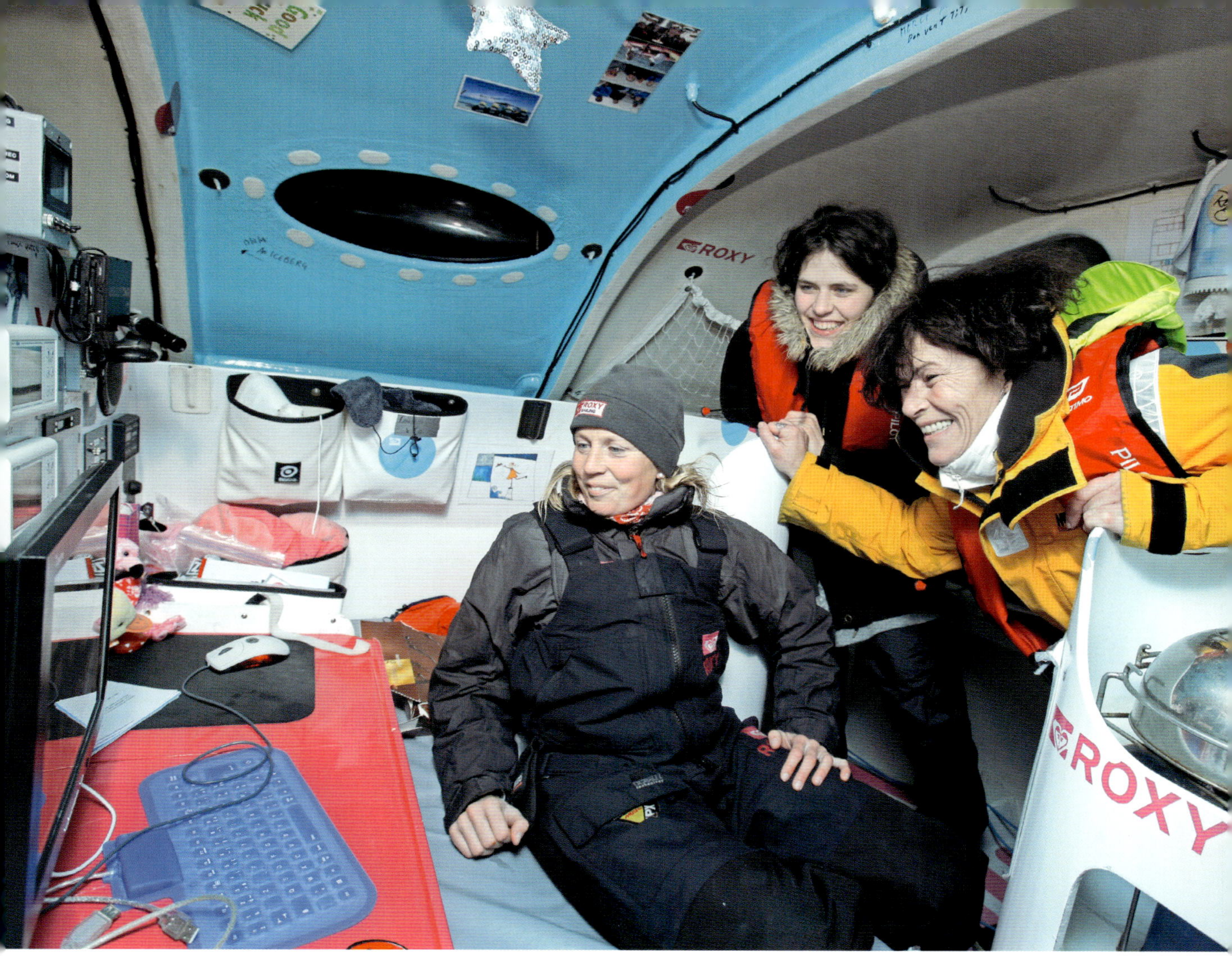

finalement à la deuxième place. Certes, plus aucune navigatrice ne fit aussi bien mais, en 2004, Anne Liardet démontra qu'on pouvait être mère de trois enfants et effectuer une solide circumnavigation alors que Karen Leibovici boucla un tour du monde dans une douleur insensée (elle avait été victime d'un accident de la route trois mois avant le départ), faisant face à d'innombrables avaries, à une pénurie d'eau douce et même, sur la fin, à une violente poussée allergique due au sel et à l'humidité !
Les sourires éblouissants de l'extravertie et talentueuse Samantha Davies, quatrième, et de la solide et rieuse Dee Caffari, sixième, devenant les seules à passer sous la barre des 100 jours après Ellen MacArthur, illuminèrent le Vendée Globe 2008. En 2012, Davies encore était la seule féminine au départ d'une course qu'elle dut abandonner sur démâtage. En sept éditions, sept femmes seulement prirent le départ du Vendée Globe ; l'une manqua de gagner. Ce ne serait que justice pour l'un des très rares sports où les deux sexes s'affrontent directement et dans les mêmes conditions.

Page de gauche : Isabelle Autissier a ouvert la voie aux femmes lors des courses autour du monde en solitaire.
Ci-dessus : La Britannique Samantha Davies (assise à gauche) illumina le Vendée Globe 2008 par son talent et sa spontanéité. Elle est ici entre autres en compagnie d'Anne Liardet (à droite de la photo).

ELLEN MACARTHUR

Bien que native du comté de Derby en plein centre de l'Angleterre, Ellen MacArthur n'avait dès son plus son âge qu'une envie : naviguer.

C'est un article qui a longtemps heurté Michel Desjoyeaux. « Une reine et Desjoyeaux », titra un jour *L'Équipe*. La reine, c'est évidemment « Dame » Ellen MacArthur, celle qui poussa « le Professeur » dans les cordes lors de l'édition 2000-2001. L'Anglaise à la taille Tom-Pouce est un météore dans le milieu de la course au large, mais son sillage reste l'un des plus marquants, l'un des plus commentés aussi. Certes, la légende de la petite Ellen a été soigneusement et amoureusement édifiée par un service de communication redoutable. Mais il faut néanmoins lui reconnaître volonté, talent et abnégation. Le mythe, justement, tient en la découverte de la voile sur le bateau de sa tante ; les économies qu'elle fit, patiemment, alors adolescente, en mettant de côté les frais de cantine pour acquérir son premier dériveur ; son tour des îles Britanniques sur un voilier de 6,32 mètres, *Iduna*, âgée alors de 19 ans.

En 1996, elle jette sac à bord du monocoque de Vittorio Malingri, ancien du Vendée Globe 1992, pour disputer la course Québec-Saint-Malo en équipage. Elle a tout juste 20 ans et une véritable prédisposition pour la compétition hauturière. Du coup, elle grille les étapes : Mini Transat un an plus tard (dix-septième) mais dans le sillage de celui qui deviendra son mentor, Mark Turner, ancien officier de la Royal Navy en passe de devenir l'un des *businessmen* les plus avisés de la voile anglo-saxonne et qui se classe cinquième de cette même épreuve. Turner aux manettes, MacArthur, installée en France pour faire son apprentissage du français et de la navigation en solitaire, est propulsée en orbite. Il trouve Kingfisher comme sponsor ; elle appareille pour la Route du Rhum 1998. Malgré un coup de tangon qui lui ouvre le crâne chevelu et des soucis de quille, la petite Anglaise termine cinquième en monocoque et première en 50 pieds sur l'ancien *Aqua Quorum*.

L'étape suivante ne peut être que le Vendée Globe dont elle est, en 2000, à 24 ans, la plus jeune engagée. Profil bas, très bon bateau néanmoins dessiné par Rob Humphreys et Mervyn Owen et construit en Nouvelle-Zélande, le tout avec les conseils techniques avisés d'Alain Gautier, une victoire sur la Transat anglaise en guise de préparation, un budget très conséquent : la trajectoire est parfaite. Elle continuera de l'être sur l'eau, autant sportivement qu'en termes de communication. Dire tout, tout de suite, sans rien masquer, ni des joies, ni des peines, ni des rires, ni des pleurs et cravacher. Après un début de circumnavigation prudent mais dans le bon tempo, la jeune femme hausse le ton lors de la dernière partie, une fois le cap Horn viré. Desjoyeaux, impeccable leader, est à peine débarrassé des encombrants Parlier et Jourdain, que voilà la jeune femme qui lui mord le tableau arrière. Le Breton s'agace ; l'Anglaise s'étale, sans pudeur parfois, tirant un plein profit des nouveaux moyens de communication. Elle navigue tant et si bien qu'elle le dépasse à moins de deux semaines de

l'arrivée. Mais, confiant dans son option ouest, Desjoyeaux touche le vent en premier et gagne avec vingt-quatre heures d'avance seulement ! Depuis, jamais aucune autre femme ne fit aussi bien. Surenchérissant, le mensuel *Bateaux* barre sa couverture d'un : « Deux vainqueurs dont Une ». Inconnue en son pays avant le départ, sa notoriété y devient telle qu'elle termine deuxième en 2001 au classement des personnalités derrière David Beckham.

Le petit caillou MacArthur dans la chaussure de Mich'Desj titilla encore une fois le talon de ce dernier ! Deux ans plus tard, alors qu'il gagne magistralement la Route du Rhum toutes catégories confondues, des assimilations trop rapides sont faites avec le succès de la jeune femme mais en classe monocoque. En 2005, MacArthur établit un nouveau record autour du monde de vitesse absolue, seule et en multicoque. Elle croule sous les honneurs : chevalier de la Légion d'honneur, elle devient aussi « Dame Commander » de l'ordre de l'Empire britannique. Petit à petit, la jeune femme se détache de la compétition même si elle encadre un temps l'équipe BT Team Ellen avant de se consacrer désormais uniquement à ses œuvres, Ellen MacArthur Cancer Trust et Ellen MacArthur Foundation dont le but est de soutenir le développement durable. Oui, la jeune Anglaise fut une comète de la course au large à tel point qu'un astéroïde porte son nom : « 20043 Ellenmacarthur » !

Page de gauche : Petit gabarit mais maxi courage, Ellen MacArthur fit étalage d'une volonté et d'une agressivité impressionnantes lors du Vendée Globe 2000-2001.
Ci-dessus à gauche : En haut de son mât, la petite Anglaise a encore la présence d'esprit de faire cet autoportrait, banal aujourd'hui, peu fréquent alors.
Ci-dessus à droite : Ellen MacArthur et Michel Desjoyeaux portent en triomphe Roland Jourdain, troisième de l'édition 2000-2001.

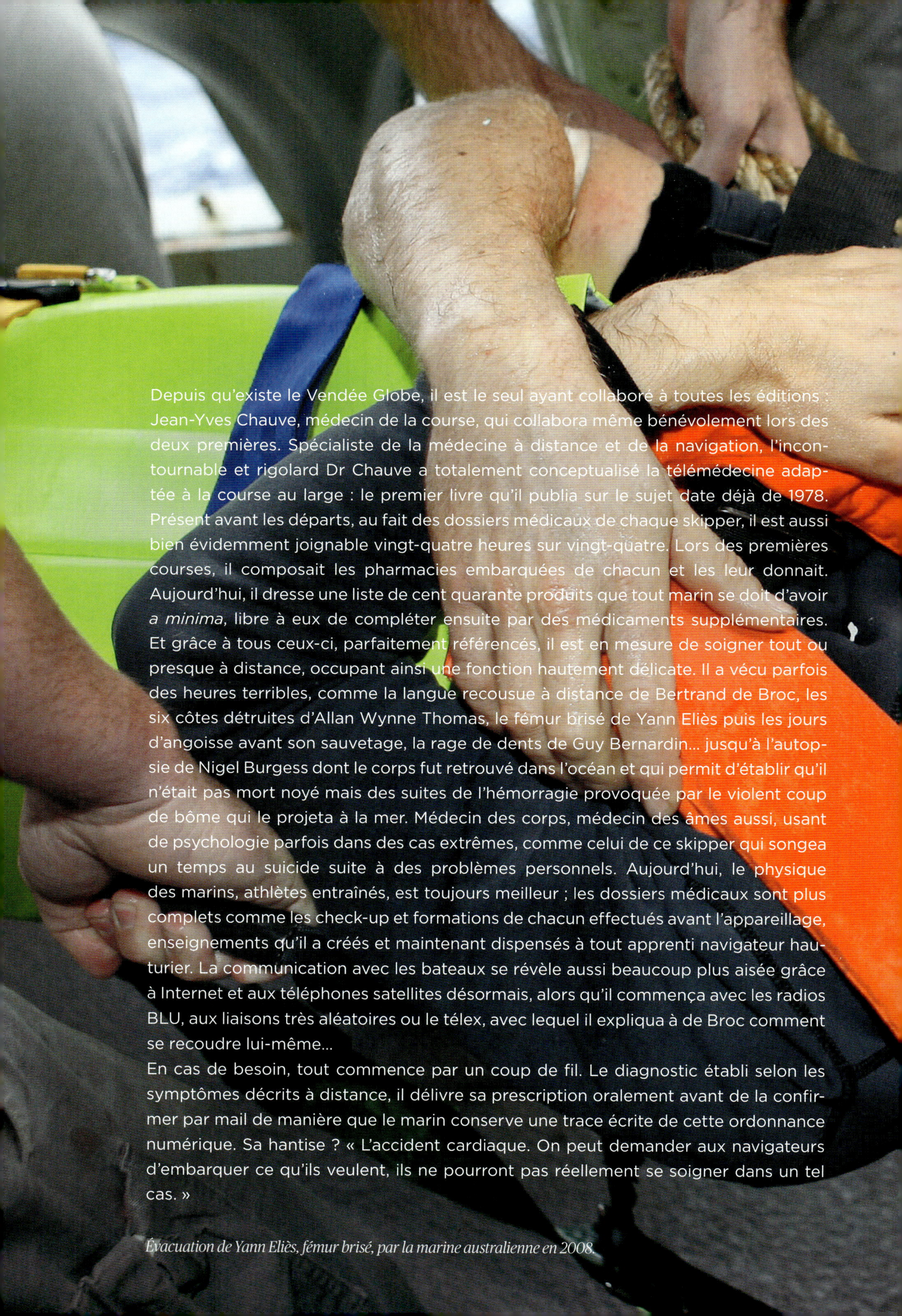

Depuis qu'existe le Vendée Globe, il est le seul ayant collaboré à toutes les éditions : Jean-Yves Chauve, médecin de la course, qui collabora même bénévolement lors des deux premières. Spécialiste de la médecine à distance et de la navigation, l'incontournable et rigolard Dr Chauve a totalement conceptualisé la télémédecine adaptée à la course au large : le premier livre qu'il publia sur le sujet date déjà de 1978. Présent avant les départs, au fait des dossiers médicaux de chaque skipper, il est aussi bien évidemment joignable vingt-quatre heures sur vingt-quatre. Lors des premières courses, il composait les pharmacies embarquées de chacun et les leur donnait. Aujourd'hui, il dresse une liste de cent quarante produits que tout marin se doit d'avoir *a minima*, libre à eux de compléter ensuite par des médicaments supplémentaires. Et grâce à tous ceux-ci, parfaitement référencés, il est en mesure de soigner tout ou presque à distance, occupant ainsi une fonction hautement délicate. Il a vécu parfois des heures terribles, comme la langue recousue à distance de Bertrand de Broc, les six côtes détruites d'Allan Wynne Thomas, le fémur brisé de Yann Eliès puis les jours d'angoisse avant son sauvetage, la rage de dents de Guy Bernardin… jusqu'à l'autopsie de Nigel Burgess dont le corps fut retrouvé dans l'océan et qui permit d'établir qu'il n'était pas mort noyé mais des suites de l'hémorragie provoquée par le violent coup de bôme qui le projeta à la mer. Médecin des corps, médecin des âmes aussi, usant de psychologie parfois dans des cas extrêmes, comme celui de ce skipper qui songea un temps au suicide suite à des problèmes personnels. Aujourd'hui, le physique des marins, athlètes entraînés, est toujours meilleur ; les dossiers médicaux sont plus complets comme les check-up et formations de chacun effectués avant l'appareillage, enseignements qu'il a créés et maintenant dispensés à tout apprenti navigateur hauturier. La communication avec les bateaux se révèle aussi beaucoup plus aisée grâce à Internet et aux téléphones satellites désormais, alors qu'il commença avec les radios BLU, aux liaisons très aléatoires ou le télex, avec lequel il expliqua à de Broc comment se recoudre lui-même…

En cas de besoin, tout commence par un coup de fil. Le diagnostic établi selon les symptômes décrits à distance, il délivre sa prescription oralement avant de la confirmer par mail de manière que le marin conserve une trace écrite de cette ordonnance numérique. Sa hantise ? « L'accident cardiaque. On peut demander aux navigateurs d'embarquer ce qu'ils veulent, ils ne pourront pas réellement se soigner dans un tel cas. »

Évacuation de Yann Eliès, fémur brisé, par la marine australienne en 2008.

MÉDECINE

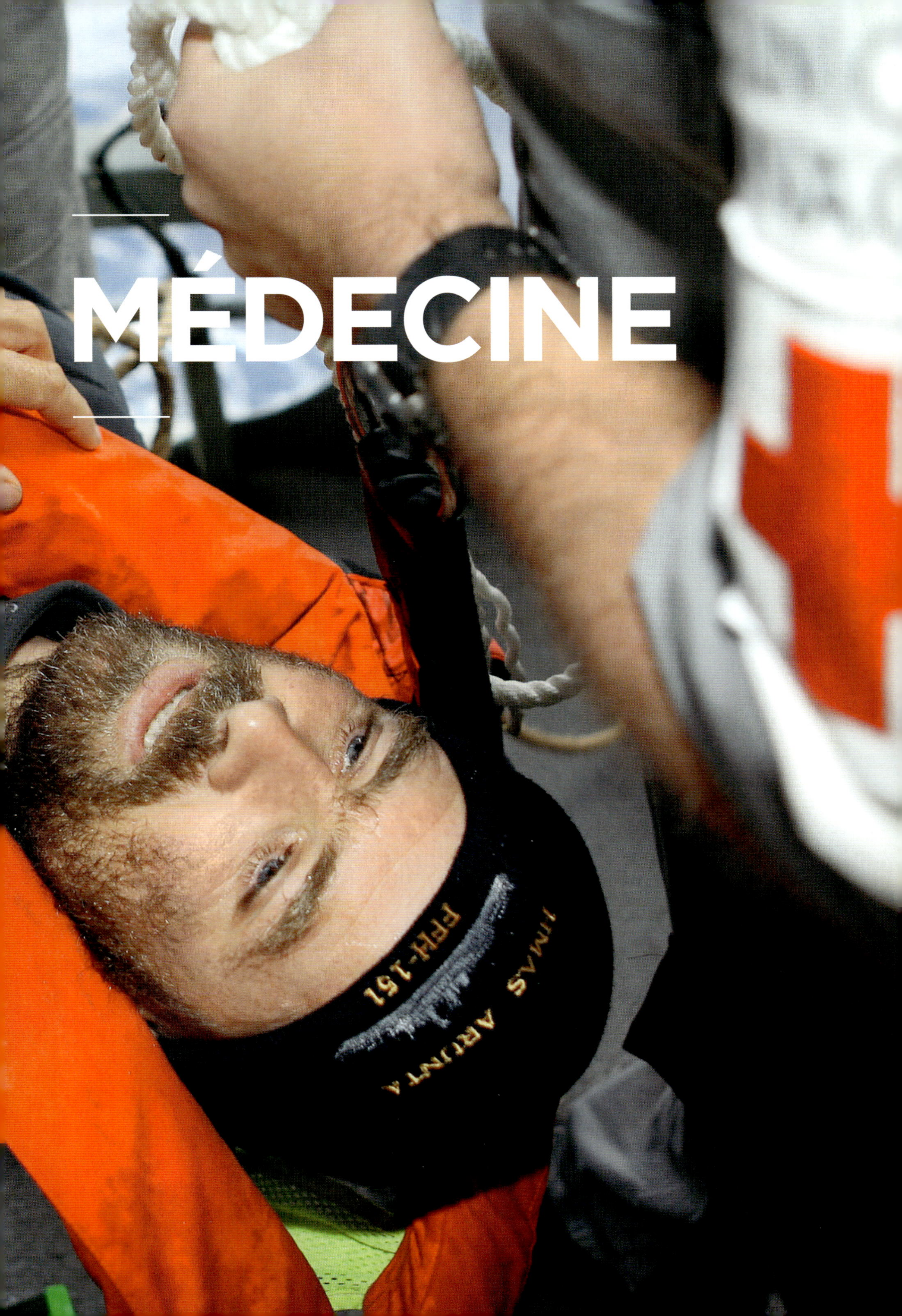

Sous la houlette du « sorcier » Jean-Yves Bernot (debout), Jean Le Cam et Roland Jourdain préparent en 2004 la météo du Vendée Globe.

MÉTÉO

C'est un principe de base du Vendée Globe : les skippers doivent naviguer sans aucune assistance extérieure et donc sans le moindre routage météo, à l'exception notable de la première édition où le routage justement était autorisé. À bord de leurs voiliers, et grâce aux moyens de communication actuels leur permettant des connexions à haut débit permanentes avec la terre, les marins reçoivent d'innombrables informations météo. Mais ces dernières ne sont que des outils car, en fonction de celles-ci, ils élaborent, en partie grâce à des logiciels de routage embarqués, la meilleure route à suivre en fonction des différents phénomènes, du potentiel de leur voilier et de leur positionnement par rapport au reste de la flotte : « Ce qui est important dans le Vendée Globe, explique Jean-Yves Bernot, coach en la matière surnommé « le Sorcier » tellement sa science de la stratégie liée à cette fameuse météo est grande, c'est de comprendre que, selon les zones météorologiques, les skippers ne vont pas raisonner de la même façon. Il y a des endroits, que nous appelons dans notre jargon des zones de décision rapide où la météo est très compliquée et les choix stratégiques déterminants comme l'Atlantique Nord et Sud. Et ensuite des zones de pilotage où les décisions stratégiques sont moins nombreuses et où le but sera de mener le bateau le plus vite possible, sans trop l'user ou le casser. » Et ce spécialiste courtisé d'ajouter : « Pour cela les marins s'aident généralement d'un *road book* qui recense, entre autres, une multitude de schémas météo et qui les alerte sur ces changements de mode de décision tout au long des trois mois de course. Cette “Bible” peut dépasser les mille pages chez certains coureurs ! » Il est loin le temps où Titouan Lamazou traça sur des cartes marines les dix-sept systèmes météo principaux qu'il aurait à affronter : à lui ensuite, en fonction des informations captées difficilement par radio, de tracer sa route. Ce que le vainqueur de 1990 effectua avec un talent certain. Mais il est un point crucial : lors des premiers tours du monde les connaissances et les informations en la matière étant nettement plus faibles et les bateaux plus lents, les navigateurs anticipaient parfois mais subissaient souvent, en particulier lors des tempêtes à répétition de l'océan Austral. Formés désormais comme des ingénieurs, ils décident par anticipation et, tout en traçant la meilleure route possible, évitent les pièges des calmes plats et des plus violents coups de vent. L'aventure n'en est pas moins belle : elle est différente. Et surtout plus rapide et plus sûre.

1989

EINE WELT OHNE MILITAR ES GILT DIE MILITARISCH BEDINGTE
TEILUNG DURCH BURGERRECHTE DES WELTBURGERS ZU ERSETZEN
LONG LIVE DALAI
verstanden

En novembre 1989, le mur de Berlin tombe. Ce fut aussi le mois de départ du premier Vendée Globe de l'histoire.

L'année essentielle ; l'année du premier Vendée Globe Challenge. Presque deux ans durant, l'incertitude fut presque totale quant à son organisation, tellement Philippe Jeantot se trouva en proie à des soucis de budget. Et pourtant, les armateurs lancent la construction de nouveaux bateaux, les marins se préparent, tous y croient, investissent. Mais ce n'est que début octobre 1989 que la course est sauvée *in extremis*, pouvoirs publics et sponsors mettant la main à la poche pour éviter le désastre... Car le départ est prévu le 26 novembre !

Ils sont treize apôtres, réunis tant bien que mal aux Sables-d'Olonne, motivés par une envie peu commune parfaitement synthétisée alors par l'un d'eux, Jean-Yves Terlain : « Il n'y a que quatre ou cinq marins [six, en fait] qui ont accompli ce tour du monde en solo et sans escale. Autant le faire avant qu'on soit deux mille. » Drôle d'instantané d'humanité que ces treize-là, disparates en diable et inspirés par autant de raisons différentes. Les seigneurs de la course au large, les Jeantot, Poupon, Terlain, Reed, Plant et, à un moindre degré, Lamazou qui aspire à être traité à égalité avec eux ; les navigateurs hauturiers mâtinés d'aventuriers bohèmes, les Coste ou Bernardin ; les jeunes pousses, les Peyron et Gautier ; les amateurs très éclairés, les Follenfant, Carpentier, Van Den Heede. Ils composent le plus hétéroclite casting qui puisse se concevoir. Et pourtant, lorsqu'ils appareillent vers le large, vers leur destin en ce dimanche ensoleillé tout de gel et de froidure, ils forment une famille, unie finalement. À tous, Jean-François Coste a offert un livre : *Le Petit Prince* pour Jeantot, *Le Seigneur des anneaux* pour Peyron, *Delacroix au Maroc* pour Lamazou... Les visages sont

serrés ; la moustache gauloise de Jeantot sur son visage anguleux fermé comme jamais traduit une tension extrême, sa peur aussi peut-être. L'ombre du dramatique Golden Globe de 1969 est omniprésente. Poupon, qui a déjà effectué des tours du monde mais en équipage, a lâché peu avant : « Moi je sais ce que c'est... Mais en fait c'est peut-être mieux de ne pas savoir. » Tous partent aussi, à l'exception de l'urbain Carpentier, pour une immense plongée en introspection solitaire. Tous se vautreront dans les bras de cette compagne malgré l'incroyable dureté de l'épreuve lorsqu'ils cingleront dans les mers du Sud. « Heureusement que la terre n'est pas plus grande... » souffla un jour Jean-François Coste. Mais tous reviendront sains et saufs. Classés non, car il y eut les abandons de Poupon, Terlain (qui relâcha en Afrique du Sud la veille de la sortie de prison de Nelson Mandela), Reed, Plant, Carpentier ou encore Bernardin, terrassé par une rage de dent. Mais sept revinrent aux Sables en 1990 sans la moindre escale. « Depuis quatre mois qu'on est en mer, philosophait une fois de plus Coste à son arrivée, les Berlinois, Roumains, Tchèques, Hongrois, Bulgares, Allemands, Chiliens, Mandela... même les Lituaniens peuvent à nouveau rêver tranquilles. Vous voyez que ça vaut le coup d'aller faire un petit tour en mer de temps en temps. Peut-être que ça fait avancer les bons sentiments de la terre. »

*Page de gauche : Rencontre en pleine mer pour Titouan Lamazou à bord d'*Écureuil d'Aquitaine II *lors du premier Vendée Globe.*
Ci-dessus : À bord de 36.15 Met, *Jean-Luc Van Den Heede se classe troisième de la première édition d'une course qui, dès lors, devient l'Everest de la course au large.*

BERNARD MOITESSIER

Magnifique rencontre immortalisée en 1966 par Olivier de Kersauson entre les deux hommes qui ont fait la course au large en France : Bernard Moitessier et Éric Tabarly.

Un soir du Vendée Globe Challenge 1989-1990, une silhouette décharnée au visage émacié s'invite tout en discrétion et en douceur autour de la table parisienne où se tiennent les liaisons radio quotidiennes avec les concurrents. L'homme s'étonne de l'attention qui lui est portée. Tous ceux qui sont présents, en mer comme à terre, ont pourtant lu *La Longue Route*, l'ouvrage majuscule qui a pour beaucoup changé le cours de leur destin. Alors, Bernard Moitessier écoute ceux qui naviguent autour du monde vingt ans après, dans le sillage de son *Joshua* en se réclamant fréquemment de lui, leur parle aussi avec des mots simples et émouvants. Souvent, en les entendant raconter leur navigation, ses yeux se ferment. Il est là-bas, à leurs côtés.

S'il n'y avait eu des personnalités aussi formatrices et idéalisées que Bernard Moitessier, le Vendée Globe n'aurait jamais vu le jour. Et Philippe Jeantot, créateur de l'épreuve, le devina, tirant tout le profit qu'il pouvait du soutien de l'icône absolue, l'invitant à adouber sa course dès la conférence de presse de présentation de l'aventure.

Sa vie, Bernard Moitessier la raconta mieux que quiconque à travers ses nombreux ouvrages. Son enfance aventureuse dans l'Indochine troublée de la Seconde Guerre mondiale puis de la décolonisation ; ses premiers bateaux – le *Snark*, le *Marie-Thérèse* puis *Marie-Thérèse II* –, les vagabondages marins de ce jeune homme en rupture, d'Extrême-Orient aux Caraïbes, et puis ce bateau fétiche, *Joshua*, qu'il fait construire à partir de 1961. C'est grâce aux navigations effectuées à son bord que Moitessier écrira quelques-uns des plus beaux récits de mer tels que *Cap Horn à la voile* (Arthaud) puis son œuvre majuscule, *La Longue Route* (Arthaud toujours). Ce livre porte en germe tout le Vendée Globe. Après une infinie navigation, en partie, en compagnie de son épouse de 1963 à 1966, de France aux îles du Pacifique avec retour par le cap Horn, Moitessier, qui n'a rien d'un régatier, n'a qu'une envie : participer au Golden Globe. Il revendique aussi l'idée de cette navigation extrême, ébauchée avec son ami Loïck Fougeron. Car aucun homme n'a encore jamais navigué autour du monde seul et sans marquer d'escale. Dans la revue *Bateaux*, il s'explique ainsi : « Ce n'est pas pour dépasser les autres que je voudrais tracer ce long sillage. C'est parce qu'il exerce sur moi une formidable fascination. » Le 22 août, *Joshua* appareille de Plymouth. Dans cette épreuve de tension et de fureur, le marin et son bateau deviennent un. Autour d'eux, les drames se multiplient, mais la communion est telle qu'ils écrivent mille après mille leur légende. Les caps se succèdent, les tempêtes s'abattent, les avaries aussi, mais ils avancent vite dans une idéale harmonie. Pour communiquer avec la terre, Moitessier, qui n'a pas de radio, hisse les pavillons M I K lorsqu'il croise un bâtiment – qui signifient « signaler ma position à la Lloyds de Londres » – ou envoie des messages au lance-pierres sur le pont des navires. Le duo navigue tant et si bien qu'il vire le Horn en potentiel vainqueur. Mais le marin est ailleurs. Il a atteint cette grâce suprême de la créature bivalente, de l'homme amphibie à laquelle il aspire. « Et jusqu'au Horn, ne pas regarder autre chose que mon bateau, petite planète rouge et blanche faite d'espace, d'air pur, d'étoiles, de nuages et de liberté dans son sens le plus profond, le plus naturel. Et oublier totalement la Terre, ses villes impitoyables, ses foules sans regard et sa soif d'un rythme d'existence dénué de sens. Oublier tout ça. Et ne vivre qu'avec la mer et mon bateau, pour la mer et mon bateau. » L'évidence se fait jour : « Partir de Plymouth pour rentrer à Plymouth, c'est devenu au fil du temps comme partir de nulle part pour aller à nulle part. » Après des semaines de tergiversations, Moitessier pousse la barre début 1969. Il ne reviendra pas en Europe ; qu'importe les honneurs, l'argent, la victoire. Le marin n'y a plus sa place. Au responsable de la course, il fait parvenir ce message : « Robert, le Horn a été arrondi le 5 février et nous sommes le 18 mars. Je continue sans escale vers les îles du Pacifique parce que je suis heureux en mer et peut-être aussi pour sauver mon âme. » Le 21 juin 1969, *Joshua* atteint Tahiti. Moitessier aura parcouru 37 455 milles (69 300 kilomètres) seul, navigué dix mois sans arrêt. Comme l'écrira si bien son biographe et ami, Gérard Janichon : « Les deux complices [l'homme et son bateau] forgent un mythe et inventent une référence. »

En 1969, Bernard Moitessier prend part au Golden Globe, premier tour du monde en solitaire et sans escale, qu'il abandonne alors qu'il pouvait prétendre à la victoire.

NAUFRAGES

Inévitable corollaire des courses au large, les naufrages ont rythmé la vie du Vendée Globe, accompagnés parfois d'incroyables opérations de sauvetage. L'histoire de la course, sa grandeur s'y est aussi construite, lors de ces aventures poignantes, vécues dans un autre monde, là-bas, si loin, là où souvent aucun homme qu'un autre concurrent ne peut prêter main-forte. Ces drames où la tension exacerbée de ceux restés à terre venait nourrir le désespoir de ceux toujours en mer, sensibilité à vif. Lors de la première édition, les fortunes de mer même spectaculaires, à l'image du *Fleury Michon X* de Philippe Poupon couché sur la tranche et impossible à relever, ne furent au final pas des naufrages à proprement parler, homme et bateau se tirant de cette fâcheuse posture. Et aux disparitions de Mike Plant puis Nigel Burgess qui marquèrent le deuxième succéda la terrible édition 1996.

En cette fin d'année, l'océan Indien a pris la flotte en grippe. Le mauvais temps y est non seulement permanent mais d'une violence inouïe. Les alertes se sont multipliées, à l'image de l'incroyable chance de Patrick de Radiguès, éjecté hors de son coursier comme s'il était désarçonné des motos de course qu'il pilotait auparavant. Par miracle, il attrape une filière et se hisse à bord.

Le 25 décembre, Raphaël Dinelli pense ouvrir tranquillement ses quelques cadeaux de Noël quand une nouvelle tempête le cueille. Le vent monte rapidement : 40, 50, 60 et même 70 nœuds. Son bateau, bien qu'à sec de toile, avale l'océan à la vitesse de

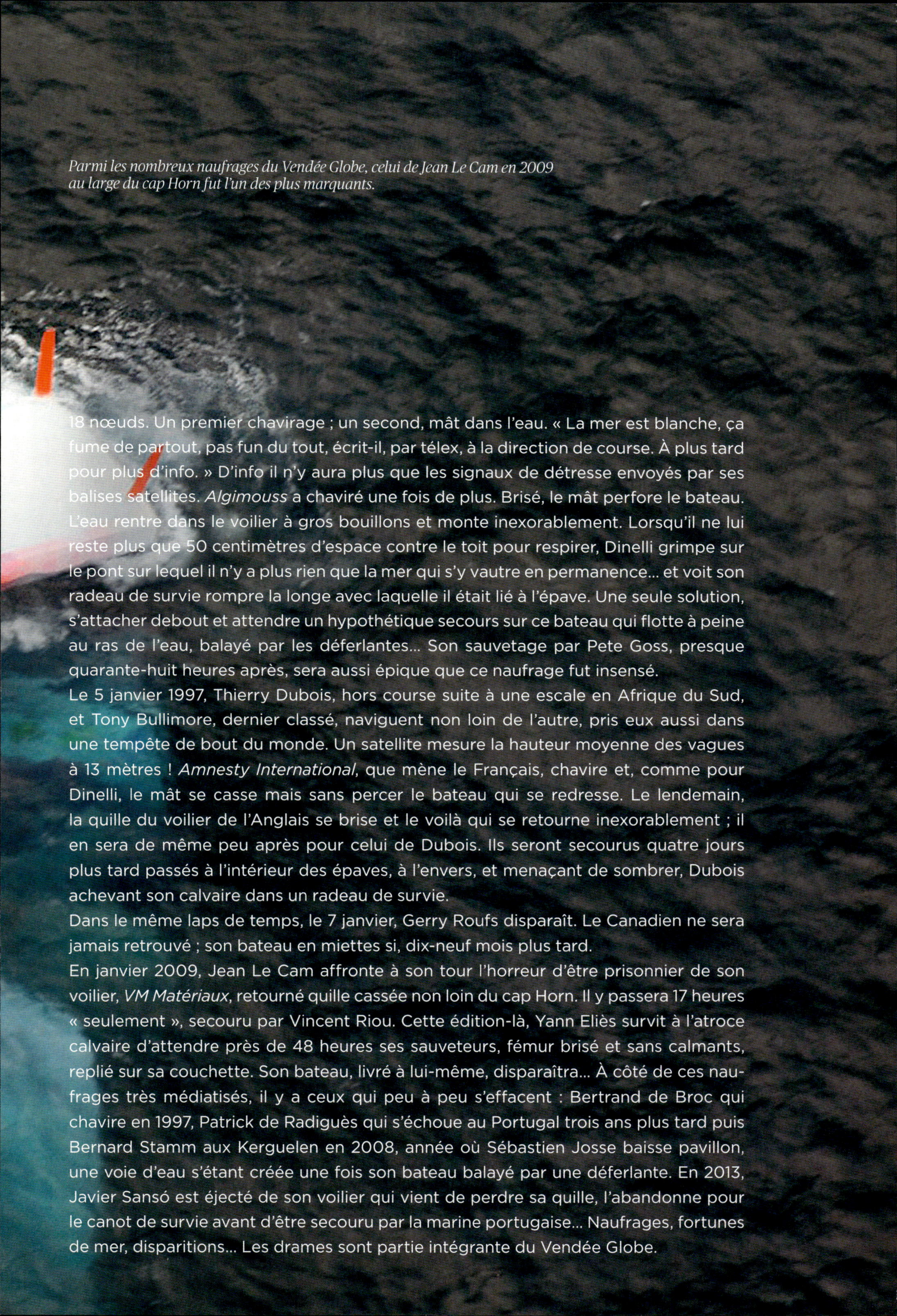

Parmi les nombreux naufrages du Vendée Globe, celui de Jean Le Cam en 2009 au large du cap Horn fut l'un des plus marquants.

18 nœuds. Un premier chavirage ; un second, mât dans l'eau. « La mer est blanche, ça fume de partout, pas fun du tout, écrit-il, par télex, à la direction de course. À plus tard pour plus d'info. » D'info il n'y aura plus que les signaux de détresse envoyés par ses balises satellites. *Algimouss* a chaviré une fois de plus. Brisé, le mât perfore le bateau. L'eau rentre dans le voilier à gros bouillons et monte inexorablement. Lorsqu'il ne lui reste plus que 50 centimètres d'espace contre le toit pour respirer, Dinelli grimpe sur le pont sur lequel il n'y a plus rien que la mer qui s'y vautre en permanence… et voit son radeau de survie rompre la longe avec laquelle il était lié à l'épave. Une seule solution, s'attacher debout et attendre un hypothétique secours sur ce bateau qui flotte à peine au ras de l'eau, balayé par les déferlantes… Son sauvetage par Pete Goss, presque quarante-huit heures après, sera aussi épique que ce naufrage fut insensé.

Le 5 janvier 1997, Thierry Dubois, hors course suite à une escale en Afrique du Sud, et Tony Bullimore, dernier classé, naviguent non loin de l'autre, pris eux aussi dans une tempête de bout du monde. Un satellite mesure la hauteur moyenne des vagues à 13 mètres ! *Amnesty International*, que mène le Français, chavire et, comme pour Dinelli, le mât se casse mais sans percer le bateau qui se redresse. Le lendemain, la quille du voilier de l'Anglais se brise et le voilà qui se retourne inexorablement ; il en sera de même peu après pour celui de Dubois. Ils seront secourus quatre jours plus tard passés à l'intérieur des épaves, à l'envers, et menaçant de sombrer, Dubois achevant son calvaire dans un radeau de survie.

Dans le même laps de temps, le 7 janvier, Gerry Roufs disparaît. Le Canadien ne sera jamais retrouvé ; son bateau en miettes si, dix-neuf mois plus tard.

En janvier 2009, Jean Le Cam affronte à son tour l'horreur d'être prisonnier de son voilier, *VM Matériaux*, retourné quille cassée non loin du cap Horn. Il y passera 17 heures « seulement », secouru par Vincent Riou. Cette édition-là, Yann Eliès survit à l'atroce calvaire d'attendre près de 48 heures ses sauveteurs, fémur brisé et sans calmants, replié sur sa couchette. Son bateau, livré à lui-même, disparaîtra… À côté de ces naufrages très médiatisés, il y a ceux qui peu à peu s'effacent : Bertrand de Broc qui chavire en 1997, Patrick de Radiguès qui s'échoue au Portugal trois ans plus tard puis Bernard Stamm aux Kerguelen en 2008, année où Sébastien Josse baisse pavillon, une voie d'eau s'étant créée une fois son bateau balayé par une déferlante. En 2013, Javier Sansó est éjecté de son voilier qui vient de perdre sa quille, l'abandonne pour le canot de survie avant d'être secouru par la marine portugaise… Naufrages, fortunes de mer, disparitions… Les drames sont partie intégrante du Vendée Globe.

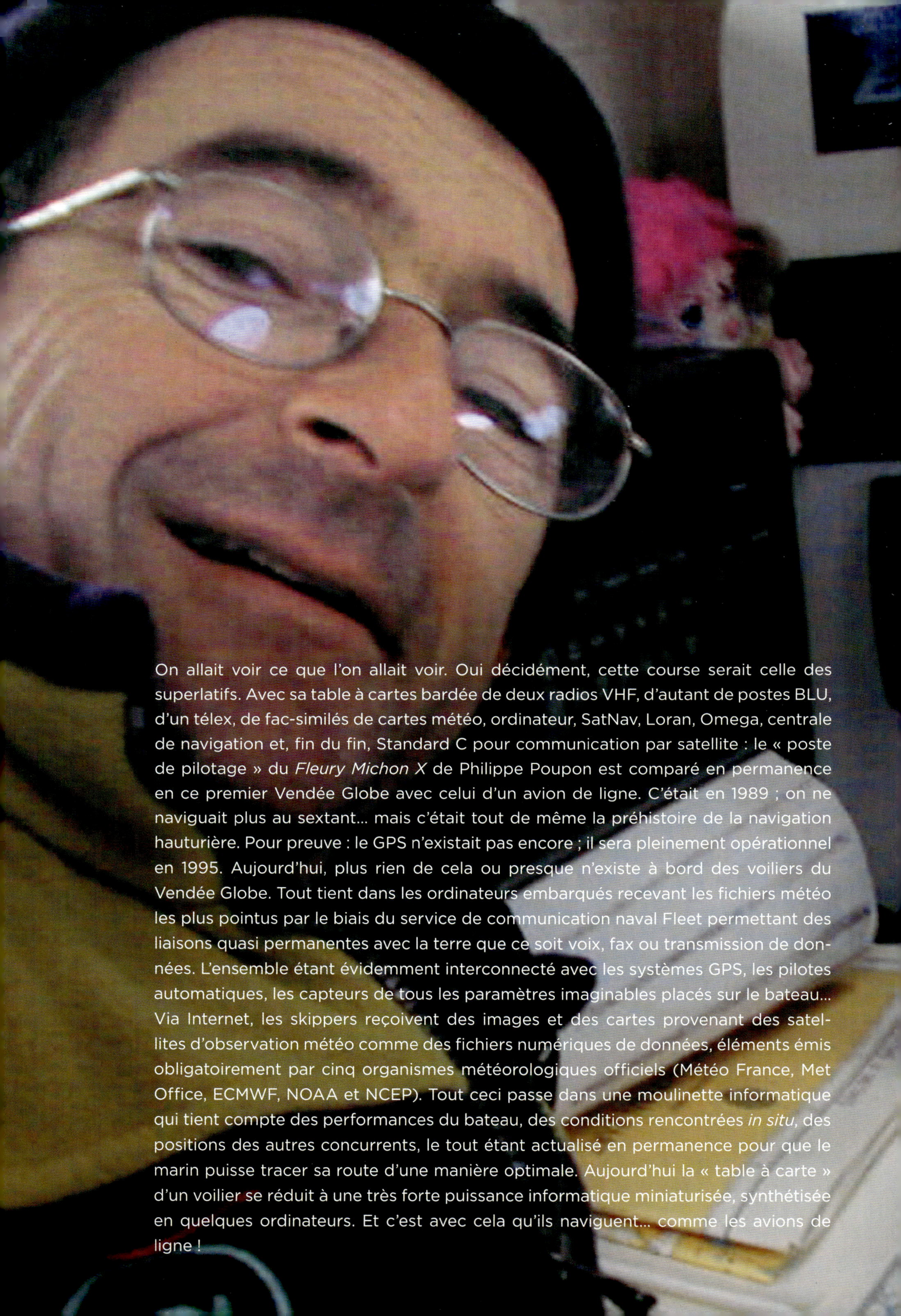

On allait voir ce que l'on allait voir. Oui décidément, cette course serait celle des superlatifs. Avec sa table à cartes bardée de deux radios VHF, d'autant de postes BLU, d'un télex, de fac-similés de cartes météo, ordinateur, SatNav, Loran, Omega, centrale de navigation et, fin du fin, Standard C pour communication par satellite : le « poste de pilotage » du *Fleury Michon X* de Philippe Poupon est comparé en permanence en ce premier Vendée Globe avec celui d'un avion de ligne. C'était en 1989 ; on ne naviguait plus au sextant… mais c'était tout de même la préhistoire de la navigation hauturière. Pour preuve : le GPS n'existait pas encore ; il sera pleinement opérationnel en 1995. Aujourd'hui, plus rien de cela ou presque n'existe à bord des voiliers du Vendée Globe. Tout tient dans les ordinateurs embarqués recevant les fichiers météo les plus pointus par le biais du service de communication naval Fleet permettant des liaisons quasi permanentes avec la terre que ce soit voix, fax ou transmission de données. L'ensemble étant évidemment interconnecté avec les systèmes GPS, les pilotes automatiques, les capteurs de tous les paramètres imaginables placés sur le bateau… Via Internet, les skippers reçoivent des images et des cartes provenant des satellites d'observation météo comme des fichiers numériques de données, éléments émis obligatoirement par cinq organismes météorologiques officiels (Météo France, Met Office, ECMWF, NOAA et NCEP). Tout ceci passe dans une moulinette informatique qui tient compte des performances du bateau, des conditions rencontrées *in situ*, des positions des autres concurrents, le tout étant actualisé en permanence pour que le marin puisse tracer sa route d'une manière optimale. Aujourd'hui la « table à carte » d'un voilier se réduit à une très forte puissance informatique miniaturisée, synthétisée en quelques ordinateurs. Et c'est avec cela qu'ils naviguent… comme les avions de ligne !

NAVIGATION

Dominique Wavre, depuis la table à cartes de son Union Bancaire Privée, *indique la trace de son bateau sur une carte électronique au large du cap Horn.*

NOËL

Tous les quatre ans, Noël en mer est le marronnier des journalistes. Eh bien oui, les marins du Vendée Globe par définition le passent seuls et loin. Très loin même, soit, pour les premiers des toutes dernières éditions, peu ou prou à l'attaque du dernier tiers du Pacifique. Le 25 décembre 1989, lors du tout premier, parti fin novembre, la flotte venait alors juste de basculer dans l'océan Indien. Et, en 1996, Christophe Auguin, le leader, avait eu une chance unique au monde : vivre deux Noël le même jour en franchissant l'antiméridien, ligne où se recale le calendrier. Alors c'est parti pour la sarabande des bonnets de Père Noël découverts à bord par les marins, les quarts de champagne, les tranches de foie gras et la chasse aux petits cadeaux préparés par les proches. Et tous les autoportraits de ces mêmes marins, heureux forcément, inondent désormais les rédactions, bons sentiments sirupeux à la louche en direct des mers du Sud dont se délectent, avec un brin de voyeurisme, les médias en ces jours de disette d'actualité. Derrière la façade, vrai qu'il n'est pas toujours simple de vivre ces moments de fête en l'absence des êtres chers, au fond d'un fuseau de carbone froid et déshumanisé. Aujourd'hui, les moyens de communication permettent de retrouver les siens aisément et en toute discrétion. Lors des premières courses, les ondes saturées des radios BLU où l'on ressentait pleinement sa solitude, où l'on s'embrassait à distance pouvaient être, paradoxalement, écoutées depuis tous les navires… Intimité limitée…

Sur le pont, dans les mers australes, c'est aussi souvent distribution gratuite de marrons glacés. C'est un 25 décembre que Raphaël Dinelli (1997) affronte sans doute le plus incroyable naufrage de la course ; que Sébastien Josse en 2004 se remet à peine d'une collision avec un iceberg ; que Yann Eliès, quatre ans plus tard, vient tout juste d'être hospitalisé en Australie après son infini calvaire. Enfin, il y a ceux que tout cela laisse de glace, tel Hervé Laurent qui, en 1996, lâche qu'il « se tape complètement de l'arrivée du petit Jésus ».

Noël dans le Grand Sud c'est le froid, l'éloignement, la solitude et un bateau qu'il faut mener toujours au maximum à l'image de Conrad Humphreys, à fond malgré son bonnet de Père Noël.

AQUITA
EDF
CESTA

YVES PARLIER

Après des journées d'efforts insensés et après avoir déployé une ingéniosité sans limite, Yves Parlier parvenait enfin à remettre à poste un mât digne de ce nom, pourtant cassé en trois morceaux lors de la traversée de l'océan Indien, au terme d'une escale forcée dans une baie de l'île Stewart (Nouvelle-Zélande).

Des trois participations d'Yves Parlier dans le Vendée Globe, l'histoire retient avant tout l'aventure du Robinson de l'île Stewart. Quel étrange paradoxe pour un navigateur qui, dans les années 1980, est le prototype même du compétiteur absolu. Sa trajectoire parfaite de régatier – victoire dans la Mini Transat (1985) puis dans la Solitaire du Figaro (1991) –, marquée par un sens spectaculaire de la stratégie adaptée à la navigation, lui vaut le surnom d' « Extraterrestre » à force d'adopter des routes et des stratégies aussi inaccoutumées que gagnantes. Il aborde le Vendée Globe dès la deuxième édition. Skipper de l'excellent *Cacolac d'Aquitaine*, l'ancien *Groupe Sceta* de Christophe Auguin, il démâte dès les premiers jours de course, revient au port des Sables, répare puis repart. Mais, son retard est trop important pour faire mieux que quatrième. Quatre ans plus tard, complet changement de décor : Parlier est à la tête d'un projet très ambitieux monté avec sa région. Son bateau, *Aquitaine Innovations*, est un creuset de technologies à l'image de ce mât aile alors révolutionnaire, tenu par deux barres de flèche gigantesques et angulées en pied de mât – configuration devenue classique aujourd'hui – mais qui offre au bateau une puissance inouïe. « 85 % de la réussite passe par la préparation », lâche-t-il avant le départ. Et son engin n'étant pas au point, les avaries se succèdent. Le coup de grâce est donné par un *growler* qui arrache un safran. L'escale en Australie, et donc l'abandon, sont inévitables.
Les quatre années qui suivent avant le Vendée Globe 2000 sont marquées par les incroyables succès de l'Arcachonnais sur un bateau enfin optimisé, dont un en compagnie d'Éric Tabarly au terme de la Transat Jacques Vabre 1997.
Au départ de la quatrième édition du tour du monde, l'homme et le voilier sont au sommet. Ils sont des favoris, c'est une évidence. Pourtant, la course débute mal. Pour une fois, Parlier commet des fautes de navigation et se voit distancer par Desjoyeaux et Jourdain. Ayant poussé sa machine au-delà du raisonnable, il voit soudainement son mât se briser en trois, l'espar ayant été incroyablement optimisé et allégé avant le départ. « Il tenait, mais la moindre erreur était fatale, d'où mon aventure. » Son aventure…

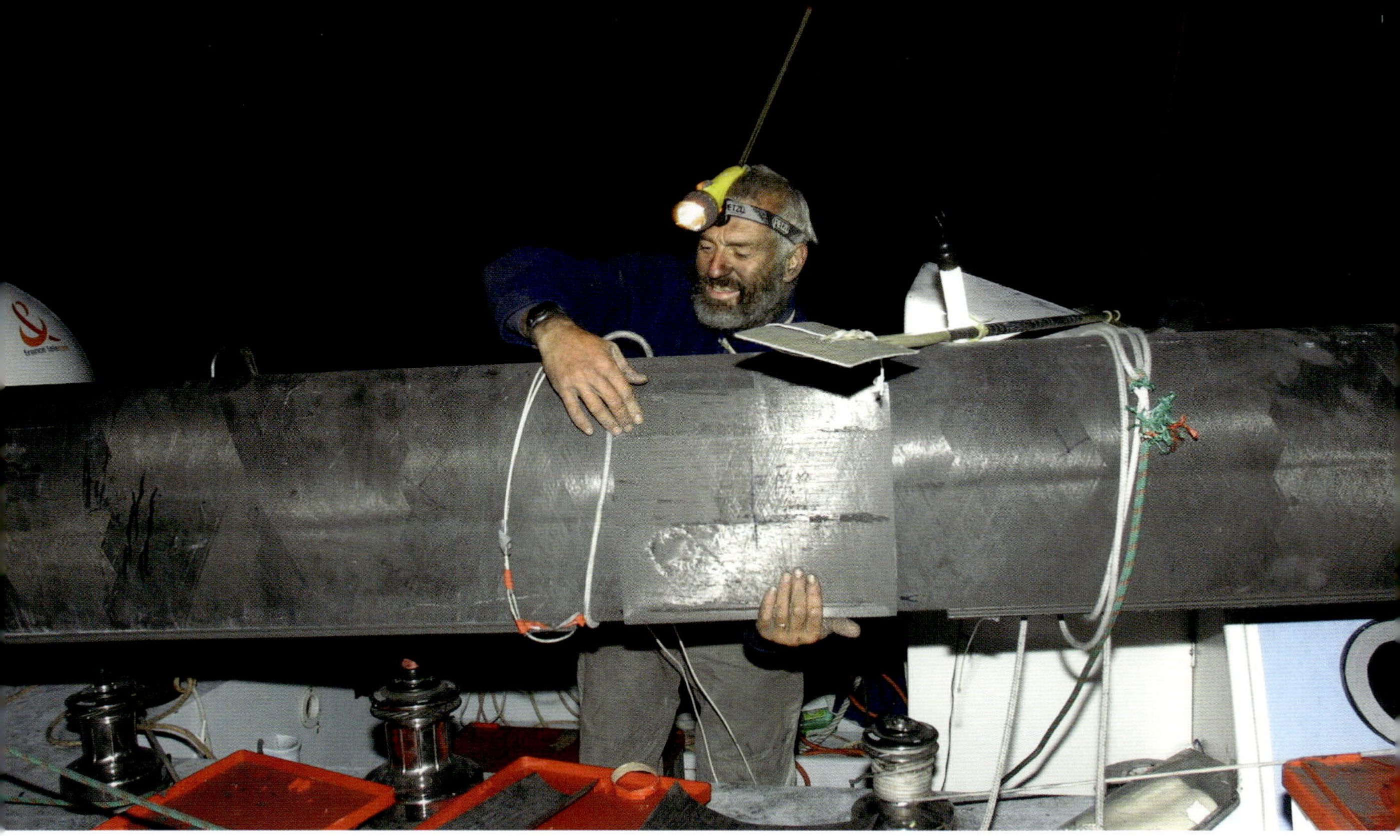

Le mât est à peine cassé, que Parlier échafaude la suite : il n'abandonnera pas ! Sursaut d'orgueil évident ; réflexe expiatoire aussi pour compenser ce qu'il considère comme une faute. « Je n'envisage pas d'autre solution que de tenter de redonner des ailes à mon grand oiseau. » Sous gréement de fortune, il rejoint l'île Stewart au sud de la Nouvelle-Zélande où, seul et sans assistance bien sûr, il sauve son bateau échoué après s'être façonné un radeau, raboute les morceaux en carbone, confectionne un four avec des ampoules pour cuire la réparation se rappelant fort opportunément qu'il est aussi ingénieur en matériaux composites et réinstalle un espar haut de 18 mètres ! Tout cela sous le regard fasciné d'un reporter de *Paris Match* et d'un photographe dont les clichés du Robinson feront le tour du monde. Un mois après la casse, dix jours après avoir jeté l'ancre, Parlier reprend sa route, loin, très loin, qu'importe. Mais il doit faire face à un nouveau problème : ses vivres ont fondu. Alors il pêche plutôt mal que bien, mange des algues à toutes les sauces et tient. Au terme de 126 jours de mer et plus d'un mois après Desjoyeaux, vainqueur, il est de retour. Son odyssée aura fasciné parce qu'elle fut une usine à rêves. L'aventure est l'ADN du Vendée Globe. « Le côté sportif s'est arrêté le 17 décembre, précise-t-il à son arrivée. Mais l'aventure continue. Elle est même beaucoup plus riche. Des comme celle-là, je n'aurai pas l'occasion d'en vivre tous les jours. » Certains régatiers puristes l'acceptent mal, à l'image d'un Desjoyeaux qui prend ombrage de ce traitement médiatique imposant. « Yves est passé de la rubrique sport à la rubrique des faits divers », lâche-t-il amer. Parlier ne prendra jamais plus le départ de l'épreuve et commente aujourd'hui sobrement son épopée : « De l'extérieur, cela semblait être une vraie galère mais je me suis bien éclaté à réparer mon mât ! »

Page de gauche : Parlier se confectionna un radeau avec des bidons, la direction de course lui permettant de poser pied à terre jusqu'à la limite des plus grandes marées.
Ci-dessus : Ingénieur en matériaux composites de formation, le navigateur réussit l'exploit de manchonner son mât cassé et de coller les morceaux, créant un four avec des lampes électriques.

Lors du Vendée Globe, la passion est partout. Elle suinte sur les quais, dans les rues des Sables, arpente le ponton où sont amarrés les voiliers en partance comme sur les tables de bistrot à toute heure du jour comme de la nuit. Elle rayonne des concurrents bien sûr, de leurs équipes, du public, de la presse et surtout des indispensables et nombreux bénévoles. Sans eux, il n'y aurait pas de filtres aux entrées de parking, de gardiens sur les pontons, d'accueil ou d'informateurs dans le village de la course, tous se dévouant sans compter, mus par leur enthousiasme pour la voile, les bateaux, l'épreuve en elle-même bien sûr, mais aussi l'envie du don de soi, d'offrir son temps à la collectivité pour que chaque spectateur ou skipper bénéficie du meilleur soutien possible. À la fin du Vendée Globe 2004, ils se sont groupés en une association, Les bénévoles des Olonnes, dont la devise n'est autre que « Plaisir d'aider ». Vaste programme pour les quelques cent dix membres qui se mettent au service des autres, renforcés par une cinquantaine de « bénévoles temporaires ». Car il leur en faut de la passion pour demeurer 3 h 30 – durée moyenne d'une vacation quotidienne – sous la pluie et le vent, ici à guider des voitures, là à faire patienter les visiteurs avant qu'ils puissent approcher des voiliers, plus loin à courir en tous sens pour porter une infor-

PASSION

mation à un navigateur, une cartouche d'imprimante en salle de presse ou une caisse de champagne dans un salon VIP. En mer, les missions demandées aux bénévoles sont différentes : il y faut connaissance et expertise pour mener les bateaux de l'organisation, pour veiller à la sécurité du plan d'eau en coordination avec les moyens de l'État, ensemble géré par l'organisation avec l'Institut sport océan des Sables-d'Olonne. Longtemps, une grande figure locale synthétisa cette passion jusqu'au-boutiste de la course : Jacques Archambaud, capitaine du port, ne comptant jamais son temps, capable de tout et tout de suite. Homme d'exploits techniques impensables aussi, comme creuser à la va-vite le chenal des Sables en 1996 pour une présentation des skippers et des bateaux au bord d'un quai, devant la tour d'Arundel, manifestation qui avait été programmée sans prise en compte de la hauteur d'eau en fonction de la marée ! Les quilles des voiliers lui doivent beaucoup...

Pour accueillir plus d'un million de passionnés - dont 300 000 rien que le jour du départ - comme en 2012, le Vendée Globe fait appel à des centaines de bénévoles autant enivrés par la course que les spectateurs.

LOÏCK PEYRON

En 2008, Loïck Peyron prend le départ de son troisième Vendée Globe, dix-neuf ans après le premier !

Passons sur son palmarès : en près de quarante ans de régates et de courses au large, l'homme a navigué sur tout ce qui porte voile et va vite ; le marin a tout gagné ou presque, jusqu'à l'exploit absolu, la victoire sur la Route du Rhum 2014 à bord d'un trimaran géant, après avoir remplacé au pied levé son skipper habituel, Armel Le Cléac'h, blessé.
Le Vendée Globe a pourtant résisté à l'un de ses plus zélés courtisans.
Aujourd'hui, Loïck Peyron porte fréquemment une très élégante barbe poivre et sel, assortie à ses cheveux blancs, son teint hâlé, son ton adouci et son expérience. Il se glisse – et l'homme est trop malin pour ne pas s'en être rendu compte – dans les habits de patriarche, dynamique certes, mais rasséréné surtout. Assouvi, réalisé.
Il faut pourtant regarder la photo de famille du premier Vendée Globe pour prendre la mesure du personnage. Entre Guy Bernardin et Patrice Carpentier, il avale l'objectif, sourire ravageur, col relevé d'une veste de mer « fashion ». « P'tit Lock » est alors le marin BCBG, ami des stars, flamboyant, flambeur, fêtard suivi d'une cour branchée.

Il se promène avec ostentation sur une Yamaha VMax repeinte d'un bleu identique à celui de son bateau du moment ; le même surtout que celui de *Stars & Stripes*, le voilier américain alors détenteur de la Coupe de l'America, l'événement suprême. Pour ce Vendée Globe, l'intérieur de son *Lada Poch* a été décoré par Pascal Chove, expert du trompe-l'œil : table à carte ambiance acajou, poutres apparentes, hublots qui donnent sur une campagne idéalisée… Il a 28 ans, raffole des Camarguaises, porte une veste en daim à franges. « C'est Johnny qui me l'a donnée », s'amuse-t-il. Vrai ou faux, tel est le personnage ou plutôt cette façade qu'il cultive avec un humour ravageur car, depuis la Mini Transat 1979 dix ans auparavant, il est de toutes les courses. Avec talent et en vrai marin, effaçant à grands coups de sillages habités cette curieuse impression de « surjoué ». Trois Vendée Globe au compteur et une empreinte indélébile sur la course. Engagé dans le premier donc - car l'homme aime les premières - il vient au soutien de Philippe Poupon dont le monocoque est couché sur la tranche dans le Grand Sud. Avec son aide, au prix de sacrés risques - il manque tomber à l'eau en passant un cordage -, il parvient à aider le voilier en perdition à se redresser. Communicant impeccable, il aura aussi filmé et photographié cette incroyable opération puis pris le temps de donner films et pellicules à ses frères venus le croiser lors du passage du cap Horn. Les images feront un tabac médiatique. Au cours de cette édition, ses saillies et télex drolatiques feront aussi se gondoler les participants aux vacations radio avec les concurrents. Lors de la naissance de sa fille, le 9 janvier, il s'octroie un jour de congé parental ! Il se répand sur ses réussites sur ordinateur : 2 600 ! Mais il cravache, tente des coups, fait lui-même sa navigation sans recourir à un routeur (le routage extérieur est alors encore autorisé), remonte sur Lamazou. « Si je ne fais que suivre bêtement le bouffeur de noisettes comme l'âne sa carotte, je peux toujours me les tailler en pointe : cela ne changera rien. » Il se classe au final deuxième. Nouveau départ quatre ans plus tard mais, deux jours après le coup de canon, son *Fujicolor III* se délamine, sa coque pelant « comme un oignon », raconte le skipper qui détecte aussi une fissure de 1,50 mètre dans la soute à voiles. Demi-tour, abandon. Ce n'est qu'en 2008, presque vingt ans après son premier, que Peyron se lance dans son troisième Vendée Globe à bord de *Gitana Eighty*. Homme et bateau flambant neuf sont affûtés ; ils font figure de favoris et tiennent ce rang magnifiquement. Descente de l'Atlantique, passage dans l'Indien : ils sont toujours sinon, en tête, du moins dans le tiercé. Mais le 10 décembre, le mât se casse. Le skipper abattu se retire et le reste de la flotte le salue. « Tu fais ch… Loïck », lui écrit ainsi Desjoyeaux. Peyron n'est pas revenu sur le Vendée Globe mais avec ce diable d'homme, il ne faut jamais dire jamais…

Après sa deuxième place en 1990, Peyron participe au Vendée Globe 1992, mais sa course n'ira pas loin, victime d'une avarie majeure à bord de son Fujicolor III.

MIKE PLANT

Malheureux Mike Plant qui a ouvert l'odieux martyrologe du Vendée Globe. Cet homme était beau comme un héros hollywoodien et en avait le comportement. Aventurier de l'extrême et spécialiste de la survie, il gagne le BOC Challenge 1986 en 50 pieds avant de s'engager tout naturellement dans le premier Vendée Globe. Désireux de réparer son mât qui donne des signes de faiblesse, Plant fait escale dans un fjord de l'île Campbell, au sud de la Nouvelle-Zélande. Épuisé, il s'offre tout d'abord un peu de sommeil. Mais l'ancre de son *Duracell* chasse et le bateau menace de s'échouer. Des scientifiques présents lui proposent une amarre pour tirer le bateau vers le large. L'Américain accepte puis descend à terre avec ses sauveteurs… et déclare par radio être désormais hors course, ayant reçu une aide extérieure. Il n'en aurait rien dit, jamais personne ne l'aurait su. La flotte unanime salue son honnêteté alors qu'il repart en direction des Sables, non classé. Surmotivé par cet échec, Plant prépare son retour pour un second Vendée Globe et appareille de New York, le 16 octobre 1992, à destination de la France. Il n'y arrivera jamais. Sans nouvelle de l'Américain, le départ est donné en son absence le 22 novembre… jour où son bateau, *Coyote*, est localisé chaviré par un pétrolier à 1 000 milles de l'hexagone. Le bateau a perdu son bulbe de quille, raison de son naufrage. Dépêchés sur place, des plongeurs de la Marine nationale inspectent l'épave et ne retrouvent pas le corps du skipper. Mike Plant est porté disparu. Lors de son abandon trois ans auparavant il avait lâché : « Il n'y a pas de triche là-bas. Tricher ne marche pas. »

Après avoir pris part au premier Vendée Globe, Mike Plant était bien décidé à gagner le deuxième. Hélas, il disparut lors du convoyage de son bateau vers Les Sables-d'Olonne avant le départ.

PORT-LA-FORÊT

Forêt de mâts pour port majuscule, Votre Nom Autour du Monde de Bertrand de Broc se fraie un passage vers la sortie.

Votre NOM autour du

Port de plaisance de La Forêt-Fouesnant, coincé entre Concarneau et pays bigouden, le nom de Port-la-Forêt est devenu un label comme Le Mans l'est au sport automobile, Laguiole aux couteaux ou Loué aux poulets ! Seuls les experts savent que mieux vaudrait, en la matière, traiter du « Pôle Finistère course au large, centre d'excellence nationale », titre ronflant pour ce qui est une école à champions installée sur place depuis 1991, quelques mois après qu'un groupe de régatiers des environs, les Jean Le Cam, Bertrand de Broc, Roland Jourdain… et bien sûr Michel Desjoyeaux décidèrent de mettre en commun préparations et moyens. Estimant qu'ensemble ils seront plus forts, ils s'entraînent sous la houlette de deux coaches inspirés, Christian Le Pape et Loïc Ponceau. S'ils choisissent cet endroit c'est qu'il y existe des infrastructures techniques sous-exploitées, créées une vingtaine d'années auparavant alors que, jusque-là, le site n'était qu'une grève sauvage et l'anse du Gouérou une vasière où Henri Desjoyeaux, père de Michel, avait pourtant établi son chantier naval en 1956. La mutualisation – limitée un temps, avec un brin de sectarisme, aux seuls Finistériens ! –

marche tant et si bien que, dès 1992, Michel Desjoyeaux gagne la Solitaire du Figaro. Progressivement, tous les paramètres nécessaires au coureur moderne sont intégrés : navigation, physique, mental, stratégie, météo, communication… et même fiscalité ou management. Modèle d'une efficacité redoutable, envié et redouté, « Port-la-F' » s'ouvre aussi aux grands multicoques et monocoques, suivant en cela l'évolution des plus prestigieux élèves. Admiratif autant que dépassé par ce modèle, Olivier de Kersauson qualifiera l'endroit de « vallée des fous », moquerie hier, titre de noblesse aujourd'hui. Et, dans son impressionnant palmarès, il faut juste retenir que, depuis 2000, jamais la victoire au Vendée Globe n'a échappé à un sociétaire d'une maison dont la ligne de conduite, clairement édictée par le Pape, est demeurée la même depuis les origines : « Donner les clés plutôt qu'ouvrir les portes. »

C'est ici, dans le port de La Forêt-Fouesnant en Finistère, que fut créé le plus formidable centre de préparation à la course au large au général et au Vendée Globe en particulier.

POT-AU-NOIR

Voilà bien un endroit maudit mais qu'il faut traverser et plutôt deux fois qu'une – à l'aller puis au retour –, un phénomène météo qui relance les cartes, les brouille aussi et fait souvent le désespoir des marins. Situé au milieu de l'Atlantique, entre 4° et 8° de latitude nord, le Pot-au-Noir est un vaste *no man's land* où les vents sont erratiques et imprévisibles, la chaleur omniprésente et les pluies violentes. À défaut de connaître l'origine du surnom – les supputations sont nombreuses et variées –, les scientifiques lui ont donné un nom : « zone de convergence intertropicale », endroit où se rencontrent les alizés, ceux du nord soufflant du nord-est, face à ceux venant du sud, d'orientation sud-est. Ces deux phénomènes s'opposent, générant cette vaste région où la convection de la chaleur crée des nuages gigantesques aux bases d'un gris anthracite.

Et lorsqu'ils s'en prennent aux bateaux, encalminés sur une mer d'huile, impossible aux marins de savoir à l'avance si ces énormes cumulonimbus sont accompagnés de 15, 30, 50 comme de 0 nœud de vent !

Pour corser la difficulté, le Pot-au-Noir est une sorte de gros ver, ondulant, se gonflant ou se dégonflant, se déplaçant de quelques degrés du nord au sud et à l'intérieur duquel règne l'anarchie. À l'époque des grandes découvertes ou des marines à voile, traverser cette zone tenait de l'enfer. Les manœuvres à bord étaient longues et compliquées et porter trop de toile, indispensable lorsque le vent est faible, à l'approche d'un grain pouvait entraîner avaries et démâtages. Le reste du temps, voiles et cordages pendouillaient des jours, sous un implacable soleil, dans les craquements des navires et le cliquetis exténuant des gréements. Les marins du Vendée Globe doivent composer au mieux, aidés évidemment aujourd'hui par des instruments modernes. Mais le traverser s'apparente toujours à une loterie.

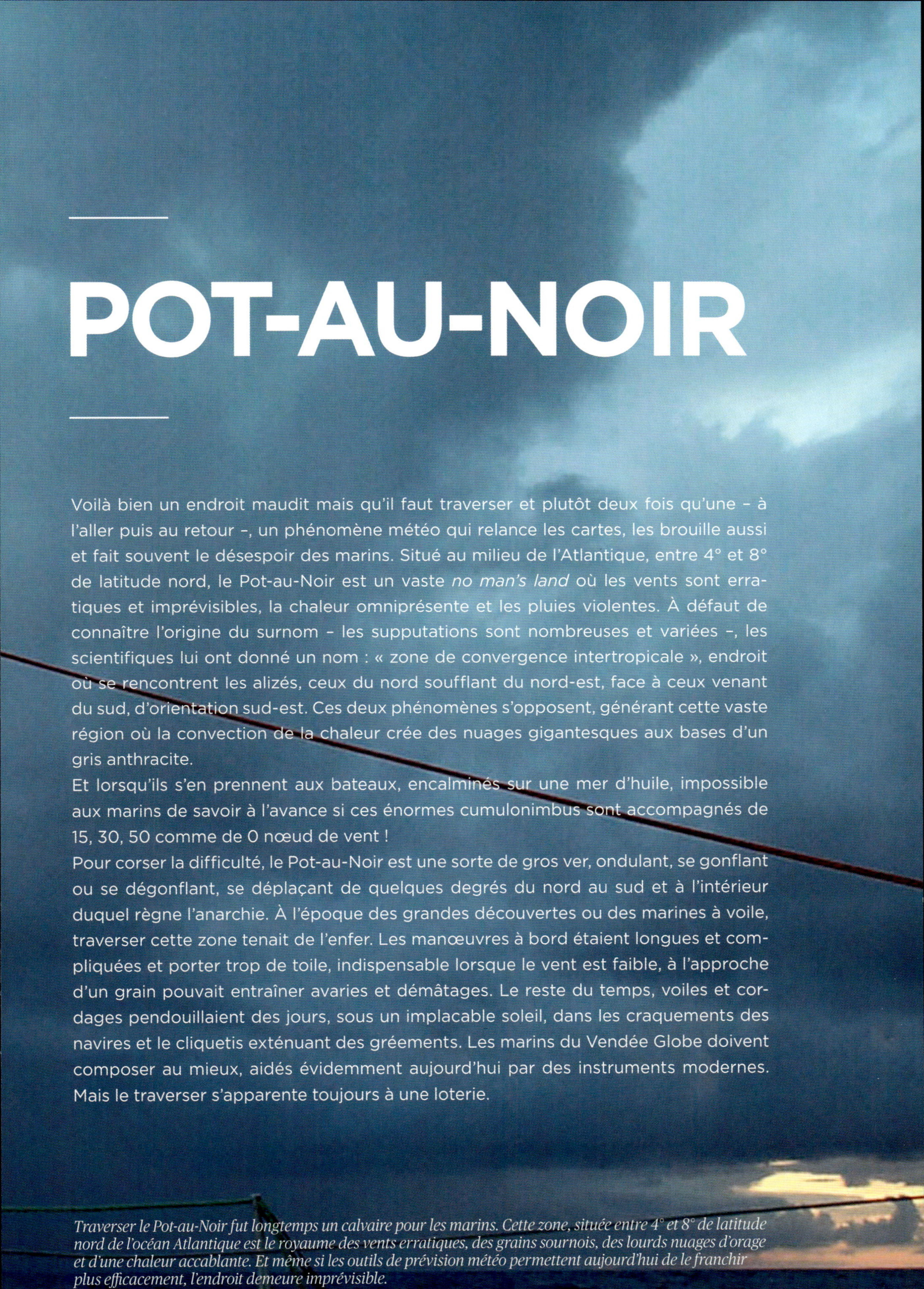

Traverser le Pot-au-Noir fut longtemps un calvaire pour les marins. Cette zone, située entre 4° et 8° de latitude nord de l'océan Atlantique est le royaume des vents erratiques, des grains sournois, des lourds nuages d'orage et d'une chaleur accablante. Et même si les outils de prévision météo permettent aujourd'hui de le franchir plus efficacement, l'endroit demeure imprévisible.

PHILIPPE POUPON

Lorsqu'il aborde le premier Vendée Globe, Philippe Poupon en est évidemment le grand favori. N'est-il pas la référence absolue de la course en solitaire des années 1980 ? À 35 ans, au sommet de son art, « Philou » a déjà gagné – entre autres – deux fois la Solitaire du Figaro (1982 et 1985), la Route du Rhum (1986) et la Transat anglaise (1988) qui demeure alors la transatlantique de référence. Et puis c'est un ancien de la fameuse école Tabarly, élève adoubé par le maître. Enfin, il est soutenu par un puissant partenaire, Fleury Michon, qui n'a de cesse de lui permettre de construire les meilleurs coursiers qu'il mène avec une vista remarquable. S'il a déjà couru par deux fois autour du monde en équipage, reste que, contrairement à Jeantot et Lamazou, il n'a jamais effectué de circumnavigation en solitaire. À la barre de son *Fleury Michon X* parfaitement mis au point, remarquablement préparé jusque dans sa décoration clinquante, le Bigouden s'avance serein et toujours aussi peu disert, en délicatesse avec les journalistes, déclarant ne pas apprécier : « ceux qui ouvrent trop leur grande gueule et qui ont la grosse tête ».

Le 26 décembre 1989, alors qu'il revient fort sur le leader Lamazou, il concède à la radio, heureux et épanoui : « Je me sens bien avec mon bateau ; en pleine communion. » Le lendemain à 2 h 30, celui-ci lui fait le plus terrible des croche-pieds. Le vent est violent (force 9 à 10), la mer mauvaise, le voilier part en survitesse, se couche sur le flanc bâbord, mâts dans l'eau et ne se redresse pas ! Vaincu, Philou actionne sa balise de détresse. Loïck Peyron, alors le plus proche des concurrents, fait immédiatement route sur la position de *Fleury Michon* par 47° de latitude sud et 1° de longitude ouest alors qu'un avion sud-africain photographie le naufragé à cheval sur le voilier couché. Le 29 décembre à 10 h 15, Peyron est sur zone. Passée l'incrédulité qui le gagne à la vue de la mauvaise posture du ketch, « P'tit Loch » s'attelle à la tâche, tentant en vain de tracter le bateau pour le mettre face au vent en espérant qu'il se redresse. Finalement, après réflexion, les deux hommes se mettent d'accord : il faut se séparer du mât d'artimon de *Fleury*. Une fois cela fait et sous l'effet du remorquage, le voilier se redresse, enfin. De course il n'est plus question pour « Philou » qui met le cap sur l'Afrique du Sud. Trois ans plus tard, il a une revanche à prendre et s'aligne à bord du même bateau, totalement refondu et allégé de 3 tonnes. Mais il revient vite aux Sables-d'Olonne : une voie d'eau est apparue au niveau de la quille dont les boulons se desserrent. Le temps de réparer, *Fleury* retourne en mer cinq jours après le vrai départ. La course-poursuite est brillante mais vaine : jamais il ne pourra combler son retard et se classe troisième à une semaine de Gautier, vainqueur. Philou ne participera jamais plus à cette épreuve, se détournera peu à peu de la course au large mais croise toujours autour du monde aujourd'hui, en famille, rasséréné.

Lorsqu'il prend le départ du premier Vendée Globe, Philippe Poupon est le skipper à battre. Jamais pourtant il ne put gagner cette épreuve.

PRB
PRB
LS

PRB

Ce bateau-là est un record à lui seul. Puisque pour l'heure, sept éditions du Vendée Globe furent disputées, mais il y a seulement six voiliers à l'avoir gagné… dont celui-là par deux fois. Car le *PRB* que mena Michel Desjoyeaux à la victoire en 2001, gagna de nouveau quatre ans plus tard aux mains de Vincent Riou. Construit suivant des plans du cabinet d'architecture Finot-Conq au chantier naval Mag France de Fontenay-le-Comte, il fut mis à l'eau en mai 2000. Le voilier représentait alors un concentré des idées de Michel Desjoyeaux « le Professeur », équipé d'innovations technologiques qui, aujourd'hui, sont devenues courantes mais étaient particulièrement avant-gardistes alors. Mât aile, safrans relevables et interchangeables, rail de grand-voile circulaire, cellule de vie intérieure sur cardan pour que le skipper demeure à l'horizontale quelle que soit la gîte…

Lors de l'édition 2000-2001, ce bateau gagna son premier Vendée Globe, mené alors par Michel Desjoyeaux.

85
SOGAL

Bateau intelligent, *PRB* possède à son lancement une longueur d'avance. Mis en vente après sa victoire de 2001, il est dans un premier temps loué à Jean-Pierre Dick de manière que ce skipper se fasse les dents à bord de ce type d'engin.
Il est finalement repris puis refondu par son sponsor qui le confie à Vincent Riou, préparateur de Desjoyeaux en 2000. Au départ du Vendée Globe 2004-2005, seuls la coque et le pont sont identiques à l'original. Et Riou, inconnu du grand public alors, à l'expérience nulle en termes de navigation dans les mers du Sud, gagne à son tour sur ce bateau, l'homme et l'engin ayant été remarquablement affûtés par l'équipe d'un certain... Michel Desjoyeaux.
Une deuxième victoire ; ce bateau prend rang de légende.
Il est racheté par la marque Roxy, confié tout d'abord à Anne Liardet puis à Samantha Davies dont la bonne humeur et le sourire illumineront le Vendée Globe 2008. Elle le mène à une jolie quatrième place.
Las, la destinée de *PRB* devient plus trouble. Il est ensuite acquis par le Polonais Krzysztof Owczarek, marin fantasque désireux de le dompter lors de la Barcelona World Race (course autour du monde en double) et son partenaire (une société maraîchère polonaise) qui le renomme *Fruit*. Il ne sera pas autorisé à la disputer, le bateau n'ayant pas été mis en conformité avec le règlement de cette épreuve. Il erre alors de port en port, d'Espagne en France avant d'être amarré à Brest puis saisi par la justice pour impayé, sa place à quai n'ayant jamais été réglée. Il est mis aux enchères en vain en décembre 2013. Trop vieux, dépassé, trop cher à remettre en état. Il aurait sa place dans un musée rêvé du Vendée Globe à l'image de ces anciennes voitures de course victorieuses qui font encore tourner les têtes dans les plus prestigieuses galeries. Mais personne ne songe plus aujourd'hui à ce bateau hier tant désiré.

Page de gauche : De tous les voiliers engagés dans la course, PRB *est le seul à ce jour à avoir gagné deux fois.*
Ci-dessus : C'est avec Vincent Riou que ce plan Finot-Conq décroche en 2005 son second succès au Vendée Globe.

PRÉPARATEURS

Longtemps, on les appela « *Boat Niggers* »mais la connotation plus que délicate voire infamante a laissé place au plus consensuel « préparateurs ». Ils composent l'indispensable armée des petites mains à la mise au point des coursiers, hier amis et familles des skippers se dépensant sans compter ; aujourd'hui techniciens professionnels appartenant à de véritables équipes structurées. Il est loin le temps où, en 1989, Patrice Carpentier faisait préparer son *Nouvel Observateur* à la hâte par les membres de la mini-rédaction du magazine *Course au Large* dont il était rédacteur en chef ! Dorénavant, sous la houlette de directeurs techniques, tous les corps de métier s'affairent : ingénieurs, gréeurs, spécialistes des composites, informaticiens... Les meilleurs s'arrachent, passant d'écurie en écurie au gré des armements. D'autres jouent la carte de la fidélité, établissant une relation dans la durée d'autant plus forte qu'elle s'accompagne de l'indispensable confiance absolue dont dépend la sérénité du skipper une fois en mer. Certains de ces hommes de l'ombre, skippers en devenir, ont fait carrière à l'image de Vincent Riou, vainqueur du Vendée Globe 2004 après avoir travaillé à la mise au point du voilier de Desjoyeaux, victorieux quatre ans plus tôt. Aucun navigateur ne s'y trompe : après chaque succès, les premiers remerciements leur sont toujours destinés.

Sans une équipe technique compétente et conséquente - ici celle de Macif *en 2012 - il est illusoire de vouloir briller au Vendée Globe désormais.*

100

PUERTO WILLIAMS

Niché dans les canaux de Patagonie, Puerto Williams
est un haut lieu du Vendée Globe où nombre de compétiteurs relâchèrent

L'endroit se niche sur l'île Navarino, en Terre de Feu, au sud du détroit de Beagle, dominé par les magistrales et enneigées Dientes de Navarino. En 1953, la fierté chilienne a voulu en faire la ville la plus australe du monde, un degré à peine « plus bas » que la célèbre – et argentine, donc rivale – Ushuaïa. Puerto Williams est un petit port militaire bâti sur un emplacement de havre d'Amérindiens fuégiens, les Yagans.
Cette « capitale de la commune du cap Horn » vit à l'écart dans un certain oubli, austral et rude. Seuls y relâchent des plaisanciers de passage se rendant en Antarctique,

Le petit port chilien, base militaire avant tout, se targue d'être la ville la plus australe de la planète.

des aventuriers oisifs en attente d'improbables destinations, des chercheurs solitaires et des apprentis écrivains ou peintres maladroits. L'endroit pourtant confine au grandiose. Et fut, lors du Vendée Globe, une escale appréciée de naufragés d'un coup désœuvrés, à l'image de Jean Le Cam et Vincent Riou en 2009, se réchauffant au cœur du plus grandiose des *club houses* nautiques : le vénérable patrouilleur *Micalvi* qui y a jeté l'ancre à jamais.

QUARANTIÈMES RUGISSANTS

Voilà bien une zone aussi attendue que redoutée, un passage obligé sous forme de longue bande qui s'enroule autour de la terre entre les quarantième et cinquantième parallèles de l'hémisphère Sud, tapis roulant sur lequel les concurrents du Vendée Globe s'installent en passant la pointe australe de l'Afrique. Et, jusqu'au cap Horn, à quelques exceptions notables, ils y navigueront, poussés par de généreux vents d'ouest. L'expression, anxiogène à souhait, est la transcription récente de l'anglais *roaring forties*, donnée sans doute par les marins des grands *clippers* qui y attrapaient des vents portants pour se rendre en Australie. Il est vrai que l'endroit n'est guère fréquentable. Les vents violents qui y règnent sont le résultat de la confrontation de l'air froid remontant de l'Antarctique avec l'air plus chaud au nord, générant ainsi une série de dépressions qui s'enroulent d'autant plus facilement autour du globe qu'elles rencontrent peu d'obstacles physiques, Tasmanie, Nouvelle-Zélande et Patagonie exceptées. Le régime des vents d'ouest dépasse 25 nœuds plus de la moitié du temps, les tempêtes violentes se succèdent et l'océan se creuse dans des proportions considérables. Et c'est là pourtant que les marins se mettent en orbite autour du pôle...

Les vents violents qui règnent quasiment en permanence dans les quarantièmes rugissants génèrent une mer souvent très grosse à l'image de ce qu'endura Pete Goss en 1996 à bord d'Aqua Quorum.

RECORDS

Lors de l'édition 2012-2013, François Gabart - ici à l'étrave de son Macif - établissait un nouveau record de l'épreuve en 78 jours.

Lors de la première édition, les projections faites alors tablaient sur une bonne centaine de jours de mer pour le vainqueur… si déjà un seul marin revenait ! Ce qui se révéla juste, Titouan Lamazou pénétrant en vainqueur aux Sables-d'Olonne après 109 jours et 8 heures 48' 50" de mer.

Si ce n'est l'édition suivante, où Alain Gautier effectua une navigation victorieuse de 110 jours, les vainqueurs n'eurent de cesse ensuite d'améliorer cette performance. 105 jours pour Christophe Auguin en 1997, 93 pour Michel Desjoyeaux en 2001, 87 pour Riou en 2005, 84 pour Desjoyeaux encore quatre ans plus tard et 78 pour Gabart en 2013.

Cette amélioration constante est époustouflante, tenant tout autant au potentiel des bateaux qui ne cesse de progresser, aux progrès effectués en matière d'analyses météo qu'à la préparation des marins eux-mêmes.

Jules Verne eut l'audace de lancer Phileas Fogg autour du monde en 80 jours et cette barrière mythique, référence fréquemment empruntée par les marins au point d'en être éculée, ne fut battue par un bateau à voile qu'en 1993. L'engin était un catamaran long de 26 mètres mais, surtout, il était mené par un équipage de cinq garçons déterminés et talentueux, avec Bruno Peyron pour capitaine. Et ils parvinrent à tourner autour du monde en 79 jours et 6 heures 15' 56". Il n'aura fallu que vingt ans aux marins du Vendée Globe pour en faire de même à bord de voiliers monocoques plus petits de 8 mètres, donc intrinsèquement moins rapides, avec un seul homme à bord !

Ci-dessus : Faire mieux que le héros de Jules Verne, Phileas Fogg, fut longtemps l'ambition des marins, les premiers à effectuer le tour du monde en 80 jours étant Bruno Peyron et ses hommes sur le catamaran Commodore Explorer, *en 1993.*
Page de droite : Lors du premier Vendée Globe, Titouan Lamazou boucla la boucle en 109 jours.

Mais la période actuelle se rengorge de statistiques, alors il a fallu mesurer différemment ce monde maritime autour duquel on court. Par tronçons, des Sables-d'Olonne à l'équateur puis au cap de Bonne-Espérance, puis au Horn ; par traversée d'océans ; par période de 24 heures... Tout est analysé, disséqué, soupesé de l'âge du capitaine (le plus âgé restant l'Espagnol José Luis de Ugarte avec 62 ans au départ), au pourcentage de réussite, aux écarts entre navigateurs... De toute cette avalanche de chiffres, il reste deux balises.
La première pourrait n'être jamais franchie. Des Vendée Globe jusque-là disputés, Jean-François Coste demeure le marin ayant passé le plus de temps en mer sans s'arrêter puisqu'il couvrit la distance du premier en 163 jours et 1 heure 19' 20'' à bord de son vaillant *Cacharel*. La seconde ne le sera vraiment plus : lors du Golden Globe, le seul marin étant revenu sans escale de cette première circumnavigation en solitaire – et donc vainqueur – de cette course autant initiale qu'initiatique, navigua 313 jours... soit presque quatre fois plus que quarante-quatre ans plus tard. Nous étions alors en 1969. Cette année-là, le Concorde effectuait son premier vol mais les voiliers hauturiers avançaient toujours moins vite qu'un VéloSolex...

Ci-dessus : José Luis de Ugarte demeure à ce jour le plus âgé des concurrents du Vendée Globe. Il avait 62 ans lorsqu'il en prit le départ en 1992.
Page de droite : Vainqueur du dernier Vendée Globe, François Gabart couvrit le parcours en 31 jours de moins que Lamazou 23 ans plus tôt : 78 contre 109.

BERTIE REED

Aux origines du Vendée Globe se trouvait un Sud-Africain. Bertie Reed, l'ancien, longtemps surnommé « le Tabarly d'Afrique du Sud », voileux magistral et qui, entre autres aventures, fut éjecté de son bateau se couchant violemment sur l'eau lors du BOC Challenge avant d'être miraculeusement ramené à bord, accroché par la bôme lorsque le voilier se redressa. Avec les Français Jeantot et Bernardin il échangea fréquemment quant à la création du défi ultime sans escale, lui qui termina deuxième du premier BOC Challenge puis neuvième du second. Mais sa participation au Vendée Globe tourne court : préparé à la hâte, son *Grinaker* flambant neuf souffre de terribles défauts de jeunesse au niveau du pont et des safrans et Reed abandonne, relâchant chez lui, au Cap. Il n'eut jamais plus l'occasion de participer mais son immense gentillesse, cet éternel sourire qui fendait ses rides océaniques, cette silhouette trapue demeurent étonnamment familiers. Son disciple, John Martin, aurait dû disputer l'édition suivante mais son phénoménal bateau, *Allied Bank*, à la quille en uranium appauvri, se brisa en deux sur un *growler* lors du BOC Challenge 1991. Alors que son voilier sombrait, Martin fut sauvé dans des conditions rocambolesques par un certain… Bertie Reed !

Légende de la voile sud-africaine, Bertie Reed fut l'un des plus grands soutiens à la création du Vendée Globe, course dont il prit le départ en 1989.

RÈGLEMENT

Il n'en existe pas de plus simple. Le Vendée Globe est une course autour du monde en solitaire à la voile par les trois caps (Bonne-Espérance, Leeuwin et Horn) sur un bateau monocoque de 18,28 mètres, sans escale et sans assistance avec départ et arrivée aux Sables-d'Olonne. Fermez le ban. Certes, quelques arguties, définitions, compléments s'y ajoutent comme ces bouées fictives dans le Grand Sud pour ne pas croiser les icebergs remontant de l'Antarctique, la possibilité de venir réparer en cas d'avarie mais uniquement au port des Sables, l'obligation de garder ses détritus non biodégradables à bord… mais c'est cette simplicité qui est à la base de la réussite de cette épreuve.

Étonnant parallèle entre le voyage de Magellan (en noir) et la route du Vendée Globe (en rouge) même si les vaisseaux de l'explorateur embrassèrent le monde dans le sens est-ouest contrairement aux actuels navigateurs et qu'ils ne suivirent pas tout le temps le même chemin.

S.A.G.A.
Mercedes-Benz

VINCENT RIOU

Il déboule comme un OVNI dans le petit monde de la course au large en 1993, lors de la transat baptisée Route du Café. Chef de base à l'école de voiles des Glénans, 21 ans, un toupet certain et un armement incertain, *Maître CoQ*, *sister-ship* mal dégrossi du voilier que mena Jean-Luc Van Den Heede lors du premier Vendée Globe. Riou est tout sauf prêt mais il possède déjà une volonté hors norme qui lui permet de sauver son navire malgré une importante voie d'eau. Beaucoup auraient appelé à l'aide, pas lui ; nombreux auraient laissé là leurs velléités d'aventures océaniques, pas lui.
Il a abordé la compétition à l'envers, et alors ?

Vincent Riou a fait du Vendée Globe le principal objectif de sa vie de navigateur, toujours à bord de voiliers parrainés par PRB.

Alors, il fait ses classes usant sans relâche ses cirés lors de courses hexagonales avant d'intégrer l'équipe d'un certain Michel Desjoyeaux. Riou s'investit sans compter et avec talent dans la préparation du *PRB* que « le Professeur » mène à la victoire lors du Vendée Globe 2000 avant de se tourner vers d'autres horizons nautiques. En accord avec son ancien skipper, le sponsor fait appel à Riou en vue de l'édition suivante. L'homme connaît le bateau par cœur, l'améliore encore et, malgré sa discrétion, s'immisce parmi les favoris de 2004 que sont Jean Le Cam, Mike Golding ou encore Roland Jourdain. Avec une classe folle, l'inconnu bouscule son monde, prend le meilleur départ et s'accroche aux basques de Le Cam qui imprime le tempo. Entre « le Roi Jean » et « Vincent le Terrible » débute un « mano a mano » qui fera tout le sel de cette édition. Flamboyant, Le Cam impressionne et amuse la galerie de ses répliques ; métronome pragmatique, Riou s'applique et s'enferme dans sa bulle. « Personne ne mollit, alors je mollis pas ! » De cette formidable rivalité humaine et sportive sort un grand vainqueur, Riou, capable de combler, lors de la remontée finale de l'Atlantique, les 240 milles de retard accusés au passage du Horn et de gagner avec un peu plus de six heures d'avance après quatre-vingt-sept jours de mer !

Le destin des deux hommes est intimement lié. En 2001, Le Cam l'avait embarqué sur son trimaran simplement « parce qu'il est bon ». En 2005, le Roi Jean subit sa loi.
Lors du Vendée Globe 2008, Riou le sauve de son naufrage au cap Horn mais casse son mât peu après. Lors de l'opération de récupération, un *outrigger* (tube en carbone monté sur le pont du bateau et servant à la bonne tenue du mât) s'était en effet brisé, entraînant le bris de l'espar et contraignant les deux hommes à relâcher définitivement à Ushuaïa. À leur effigie, les Guignols créent même deux marionnettes, façon le boulet poissard et son sauveteur affligé ! Et en 2013, les deux compères gagnent la Transat Jacques Vabre.

Mais le Vendée Globe reste sa grande œuvre. Troisième bateau pour troisième envol en 2012 et de nouveau la malchance : deux semaines après le départ, son *PRB* percute une tonne d'amarrage à la dérive au large du Brésil. Les avaries sont trop importantes ; c'est l'abandon. Le bizuth du large de 21 ans, rondouillet et binoclard, est devenu un marin accompli au visage émacié, au physique sec, aux prises de position tranchées, aux déclarations sans ambages et à l'emprise certaine sur les autres skippers. Un homme de fidélité aussi, toujours lié au même partenaire ; toujours attaché, entêté, à une seule histoire, un unique but : gagner le Vendée Globe... « J'aime bien la mer, l'émotion qu'on peut y trouver, mais je ne ferai pas le tour du monde pour faire le tour du monde. Ce qui me plaît c'est la compétition. » Tout est dit.

En 2005, Vincent Riou gagne la cinquième édition au terme d'un duel éblouissant avec Jean Le Cam.

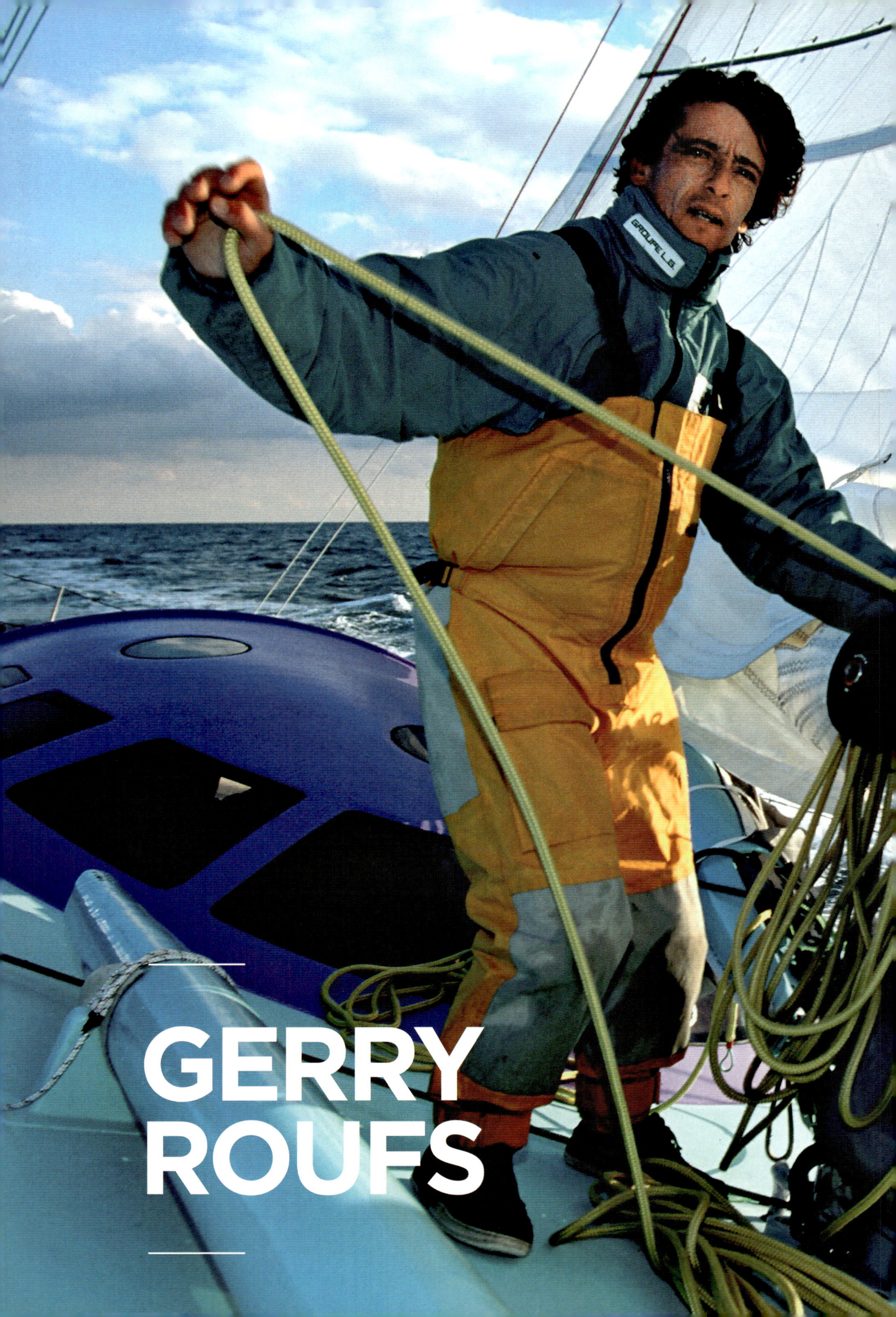

GERRY ROUFS

« La tempête est pire que ce que j'avais craint. Les vagues ne sont plus des vagues mais hautes comme les Alpes. » Tels sont les derniers mots parvenus depuis *Groupe LG2* alors par 55° 01' 30" de latitude sud et 124° 22' 05" de longitude ouest soit en plein Pacifique Sud. Gerry Roufs, son skipper, a pris le départ à reculons, à son corps défendant presque. Il n'en est jamais revenu.

Ancien avocat québécois établi en Bretagne par amour des bateaux, équipier recherché des plus grands sur les meilleurs multicoques, à commencer par son compatriote le Canadien Mike Birch, Gerry Roufs, petite boule toute de nerf et de gentillesse, à l'éternel sourire rigolard et à la tignasse bouclée, n'était pas fait pour le Vendée Globe.

Le Canadien Gerry Roufs appareilla dans des conditions particulières lors de la troisième édition, après des mois de tension et de pression de son partenaire.

GROUPE L.G

Mais, après avoir récupéré dans des conditions rocambolesques le *Groupe LG* dont Bertrand de Broc venait d'être cavalièrement débarqué par son propriétaire sponsor, Pierre Oppermann, Roufs se voit guider vers l'absolu que représente l'édition 1996, grisé d'être enfin seul patron à bord. Toutefois, autant son talent est immense lorsqu'il s'agit de mener un coursier à plusieurs, autant l'homme se liquéfie en solitaire. Du coup, sa préparation est décevante. Dernier de la Route du Café 1993, sixième de la Route du Rhum 1994, trentième puis quarante-septième au Figaro en 1994 puis 1995 : il n'en faut pas plus au sanguin président de la PME brestoise, qui a lancé la construction d'un nouveau 60 pieds ultra-performant, pour faire la cour à Michel Desjoyeaux, Isabelle Autissier puis Florence Arthaud qui tous l'éconduisent. La tension entre Roufs et Oppermann, maître dans la manipulation de ses skippers, est extrême et seule une victoire à l'arraché du Canadien dans la Transat anglaise 1996 apaise la situation à cinq mois de l'épreuve majuscule.
Roufs y prend un départ prudent à l'extrême et rentre doucement dans le rythme mais à bonne distance des Auguin, Parlier ou Autissier, le magistral trio d'alors. Le 8 janvier 1997, pris dans une tempête d'apocalypse avec un vent établi à 50 nœuds, des rafales à 70 et une mer gigantesque, *Groupe LG2* ne répond plus, ni à la radio ni par télex ; sa balise satellite de positionnement a cessé d'émettre et sa dernière position connue remonte à la veille au soir. Aussitôt, une vaste opération de sauvetage est lancée. Depuis le PC parisien, Philippe Jeantot, devenu directeur de course, demande à Autissier, Thiercelin, de Broc et Laurent de se dérouter sur la dernière position connue du Québécois. La navigatrice, très liée à Roufs, est la plus proche mais, malgré des efforts surhumains, ne peut revenir en arrière face à la tempête sur un bateau diminué. Les autres traversent la zone en veillant attentivement, un cargo est dérouté, un satellite canadien pointé : rien. Pour ajouter à la psychose, le 17 janvier un avion militaire chilien relate un appel radio avec un navire qu'il prend à tort pour *Groupe LG2*. Michèle Cartier, compagne de Roufs, se battra des mois durant pour essayer de savoir ce qu'il est advenu au marin. En vain.
Bateau maudit, l'épave retournée réapparaîtra puis disparaîtra à plusieurs reprises, aperçue par des cargos et des avions (le 16 juillet 1997 puis le 24 août 1998) avant d'être retrouvée disloquée sur les côtes chiliennes des îles Atalaya, sans la moindre trace du corps du marin. Dans les bars sablais où Auguin et Roufs allaient noyer leurs angoisses d'avant départ, le Canadien questionnait souvent son expérimenté ami sur les tempêtes des mers du Sud[1].
« On peut ne pas en revenir ? s'inquiéta Roufs un soir.
– Oui, on peut ne pas en revenir... Ressers-moi un whisky. »

1. Anecdote tirée de *Le Roman du Vendée Globe*, de Christophe Agnus et Pierre-Yves Lautrou, d'après les souvenirs de Christophe Auguin, Grasset, 2004.

Marin talentueux d'une gentillesse confondante, Gerry Roufs disparaissait en janvier 1997 dans une tempête d'apocalypse.

LES SABLES-D'OLONNE

Le ponton du Vendée Globe, installé dans Port Olona, port de plaisance des Sables-d'Olonne, accueille tous les quatre ans la flotte en partance pour le tour du monde.

Petite ville côtière de Vendée, Les Sables-d'Olonne sont devenus le haut-lieu de la course au large en solitaire presque par hasard. Si Jeantot n'avait eu pour premier sponsor la caisse vendéenne du Crédit Agricole, il n'en aurait pas fait le port d'attache de ses premiers coursiers ni le siège de son chantier naval. Il ne se serait sans doute pas lié avec Philippe de Villiers et n'aurait pas rencontré du coup Louis Guédon, emblématique maire de 1980 à 2014. Il n'aurait pas eu l'idée non plus d'y ancrer spontanément la course. Étonnant paradoxe car ce port, lié au monde de la mer depuis le XIIIe siècle et qui, grâce à elle, fit sa fortune et sa renommée, en particulier avec l'activité des pêcheurs morutiers partant sur les grands bancs de Terre-Neuve mais aussi avec le développement des renommés chantiers navals vendéens, n'accueillit jamais jusque-là de courses au large d'importance. Président du conseil général de la Vendée de 1988 à 2010, Philippe de Villiers vit, en l'implantation locale de cette épreuve qu'il soutint avec ardeur, le parfait vecteur d'un nouvel élan économique, positionnant son département et Les Sables-d'Olonne sur la carte des incontournables tout en offrant

à ses administrés de la côte le pendant de la réussite spectaculaire du Puy-du-Fou à ceux de l'intérieur. Guédon lui emboîta le pas de la passion et Didier Gallot, premier magistrat depuis 2014, mesure l'importance en termes d'images, de finances et de liens sociaux de cette course que tous les Sablais se sont appropriée à raison. Car trois semaines durant, dès que les bateaux des concurrents s'amarrent à Port Olona, port de plaisance de la ville, Les Sables-d'Olonne sortent de la torpeur dans laquelle ils vivent les autres automnes. Des millions de passionnés s'y rendent, en pèlerinage presque, pour vibrer d'une ferveur aussi peu commune que partagée, éblouis par ceux qui sont en partance depuis la ville blanche à destination du « continent de l'ombre », selon la parfaite expression de Titouan Lamazou.

Passionnée, chaleureuse, innombrable : la foule qui s'amasse sur les quais du chenal des Sables-d'Olonne à chaque départ offre aux navigateurs la plus magnifique des ovations.

SAUVETAGES

Sauvé ! Après cinq jours passés dans la coque de son bateau retourné, Tony Bullimore est enfin récupéré par la Marine australienne.

Inévitable corollaire de la course au large, les naufrages ont marqué et marqueront encore longtemps un sport qui ne sera jamais, malgré tous les moyens techniques les plus sophistiqués, totalement sûr. Sans le moindre cynisme, il est aussi illusoire de se dire que plus jamais aucun pilote automobile ne perdra la vie sur un circuit que d'imaginer qu'aucun marin ne disparaîtra à l'avenir. Heureusement, naufrage implique sauvetage et les exploits réalisés par ces hommes au service des autres dans des conditions souvent apocalyptiques, éloignés de toute terre comme peu d'autres le sont, frappent les imaginations d'un grand public aussi avide d'exploits que prompt à chérir de nouveaux héros. Car porter assistance implique un absolu don de soi au-delà du raisonnable, au péril de l'existence du sauveteur. « Je m'en voudrais toute ma vie si jamais je passais près d'un port, que je ne m'arrêtais pas et que vingt-quatre ou quarante-huit heures plus tard, je faisais risquer la vie de quelqu'un pour venir me chercher », expliqua Roland Jourdain, magnifique de lucidité et de responsabilité lorsqu'il signifia son abandon en février 2009 alors qu'il avait imaginé un temps gagner l'arrivée à la barre d'un bateau lourdement détérioré. Les épopées de Jean Le Cam

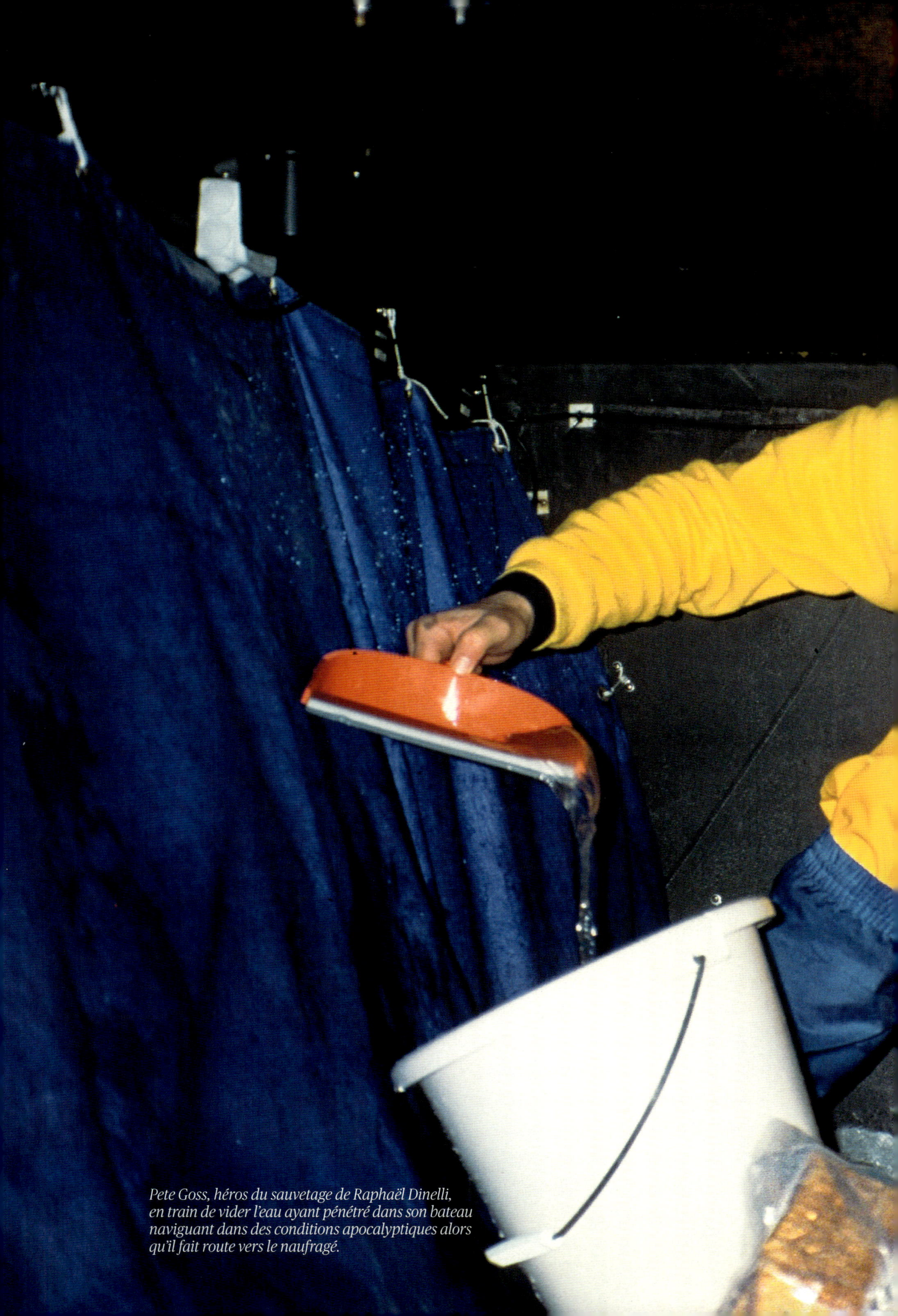

Pete Goss, héros du sauvetage de Raphaël Dinelli, en train de vider l'eau ayant pénétré dans son bateau naviguant dans des conditions apocalyptiques alors qu'il fait route vers le naufragé.

sauvé au Horn par Vincent Riou, en 2009, ce dernier perdant, *in fine*, le mât de son bateau suite à l'opération, ou de Philippe Poupon secouru par Loïck Peyron, en 1989, ont tellement imprimé les esprits qu'elles ont façonné pour partie la grandeur du Vendée Globe.

Le nom de Pete Goss serait-il resté comme le modèle absolu de la bravoure si cet Anglais, aventurier bon teint aux joues roses, n'était allé récupérer, dans une tempête de fin du monde, Raphaël Dinelli, dont le bateau coulait littéralement sous ses pieds en décembre 1996 ?

Ce sauvetage à lui seul symbolise tous les autres. Alors qu'il cingle au beau milieu du Pacifique, la direction de course demande à Goss, situé pourtant à 280 kilomètres dans le sud du naufragé, de se porter à son secours. Deux jours durant, à la barre de son petit *Aqua Quorum*, il met cap au nord, affronte l'effrayante tempête de face et s'excuse… « Philippe, désolé d'avoir été silencieux, écrit-il par télex à Jeantot alors qu'il tente de revenir sur la position de Dinelli. Cela a été de la survie toute la nuit, je chavire toutes les demi-heures avec des vagues énormes par le travers. » Mais il réussit l'exploit absolu à côté duquel aucun autre n'a de sens : sauver la vie d'un homme au prix d'efforts insensés, récupérant le marin proche de l'hypothermie avant de le déshabiller, de le nettoyer avec des lingettes, de le recouvrir de fourrures polaires, de l'emmitoufler dans un duvet et de lui faire boire un thé à la pipette, Dinelli n'ayant plus même la force de tenir une tasse…

Dans les derniers milles de sa quête, Goss fut guidé par un avion militaire australien. Il faut ici rappeler l'implication et l'effort de tous les gens de mer des marines d'État qu'ils soient Français, Portugais, Espagnols, Chiliens ou Australiens ; tous ceux qui, sans le moindre état d'âme, se sont lancés un jour au secours de Yann Eliès, un autre de Thierry Dubois, de Tony Bullimore, de Bertrand de Broc, de Javier Sansó… Au final, si, par leur proximité, les marins du Vendée Globe sont souvent les premiers à pouvoir porter assistance aux autres concurrents en péril lorsque survient le moment d'abandonner son bateau, la plupart des opérations de sauvetage sont le fait des marines nationales. Car le solitaire dont la course est mise entre parenthèses au moment de prêter assistance peut aussi se retrouver démuni. Lorsqu'il se porta au secours de Yann Eliès, tordu de douleur dans le carré de son bateau avec son fémur cassé, Marc Guillemot supporta avec la plus grande peine le calvaire de son camarade, se posant la question d'attendre la frégate australienne dépêchée sur place ou d'aborder le *Generali* du blessé pour le soulager au risque d'y endommager, voire de perdre son propre bateau. Plus que tous les autres, les sanglots d'impuissance d'Isabelle Autissier incapable de mener des recherches efficaces pour tenter de retrouver son ami Gerry Roufs dont elle était physiquement la plus proche résonneront encore longtemps comme la plus terrible des punitions qu'un marin puisse s'infliger : échouer à sauver.

Délivrance pour Raphaël Dinelli après son calvaire : Pete Goss le récupère depuis un canot de survie largué par un appareil australien.

JOSHUA SLOCUM

Joshua Slocum navigua longtemps au commerce avant de se lancer dans le premier tour du monde en solitaire de l'histoire.

S'il est un navigateur solitaire auquel tous ceux qui un jour ont décidé ou décident d'appareiller sans aucune aide peuvent se référer, c'est bien Joshua Slocum. Une vie d'aventure grande comme l'océan, une détermination qui ne l'est pas moins et un recul immense sur l'odyssée majuscule dont il fut le héros volontaire mais aussi bien souvent soumis. La grande œuvre de ce Canadien est d'avoir effectué le premier tour du monde à la voile en solitaire ; du moins est-il le premier recensé comme tel. Certes, son voyage n'a rien à voir avec celui qu'entreprennent les concurrents du Vendée Globe car il dura trois ans entre avril 1895 et juillet 1898, le marin couvrant dans l'intervalle quelques 46 000 milles, et fut marqué par de nombreuses escales.

Le Spray, *à bord duquel Slocum effectua sa circumnavigation, avait sans doute été construit à l'origine pour la drague des huîtres dans le Delaware.*

Lorsqu'il appareille de Yarmouth en Nouvelle-Écosse (Canada) à bord du *Spray*, Slocum est un capitaine au long cours en déshérence. Il a 51 ans, sa deuxième épouse vient de décéder ; ses quatre enfants le jugeant par trop extravagant ne veulent plus le suivre dans ses pérégrinations hauturières ; le caboteur avec lequel il effectuait du transport de marchandises le long des côtes d'Amérique a sombré au Brésil ; aucun armateur ne veut plus lui confier le moindre embarquement ; la pêche vers laquelle il tenta de se reconvertir n'a guère ses faveurs.

Alors Slocum se retrouve seul à terre ; la mer devient son destin, il y sera aussi bien.

Et le voilà qui met le cap vers l'Europe à bord d'un vénérable cotre de 11,20 mètres déjà presque centenaire, lancé à l'origine pour la drague des huîtres et qui lui a été cédé, sous forme d'épave, treize mois auparavant. Patiemment, Slocum l'a reconstruit et adapté à la navigation hauturière, ravi des qualités nautiques de ce bateau à commencer par sa faculté à ne pas dévier de sa route une fois les voiles bien réglées et la barre amarrée, aptitude indispensable pour un navigateur solitaire.

L'aventure est en route ; elle ne le quittera jamais et cette expédition deviendra au fil des milles une leçon de mer, un conte de vie, une allégorie de la navigation.

Joshua Slocum traverse l'Atlantique, entreprend d'en faire autant avec la Méditerranée pour embouquer le canal de Suez. Mais la présence de pirates en mer Rouge le contraint à rebrousser chemin avant qu'il se fasse pourchasser par une felouque maure ! Dans la poursuite qui s'ensuit, sa bôme se brise, Slocum empoigne son fusil lorsque le mât du bateau de ses poursuivants se rompt. « Qu'Allah noircisse leur face », lance-t-il triomphant. Plus tard, ce sera contre les velléités belliqueuses des Fuégiens de Patagonie qu'il devra se dresser. Il manquera de faire naufrage au large de la Terre de Feu ; grimpant quatre à quatre en haut de son mât pour éviter la déferlante qui submerge son bateau. « Cramponné dans le gréement, j'ai vu totalement disparaître la coque du *Spray* pendant une minute ! » Il traverse le Pacifique, manquant de céder à l'indolence des îles et d'y mouiller définitivement. Le mauvais temps l'empêche d'arrondir l'Australie par le sud ; qu'importe, il contourne l'île continent par le nord. Il embarque une chèvre à Sainte-Hélène pour avoir du lait frais ; elle mange ses cartes marines, des cordages et un chapeau. L'animal sera prestement débarqué.

Son périple sera aussi celui de rencontres. En Afrique du Sud, il croise l'ancien président Paul Kruger qui, lui parlant de son voyage, lui assène : « Ce que vous voulez dire ce n'est pas “autour du monde”, c'est impossible. Ce que vous voulez dire c'est à travers le monde ! » réfutant ainsi les travaux de Galilée alors que le marin qu'il avait en face de lui en démontrait la preuve…

Dans le livre admirable qu'il tira de son voyage[1] – et qui rencontra un succès mérité dès sa publication –, Slocum, il est vrai, se taille la part belle. Qu'il ait enjolivé ou non ses exploits importe peu : il est le symbole de l'aventurier ordinaire, n'ayant pas d'autre choix que d'aller au bout de son destin. Il étale ses doutes, ses souffrances et ses peurs sans pudeur ni retenue. Il fait aussi étalage d'un humour ravageur, plantant sur un îlot de Terre de Feu, avant de le quitter, l'écriteau suivant : « Défense de marcher sur le gazon ». Plus tard, croisant un cuirassé américain qui lui demande par pavillons : « Y a-t-il des navires de guerre à proximité ? » Il répond : « Non. Restons ensemble pour nous protéger mutuellement. »

Circumnavigation terminée et ouvrage publié, Slocum naviguera encore entre États-Unis et Caraïbes avant de disparaître en mer en 1909 alors qu'il tentait de rallier l'Orénoque. Mais son sillage était tracé. Des milliers de vocations y naquirent. Des centaines de répliques du *Spray* furent construites dont une que Guy Bernardin, concurrent du premier Vendée Globe, mènera à son tour autour du monde. Il ne faut pas chercher plus loin que dans l'hommage le nom de *Joshua* donné par Moitessier au bateau avec lequel il disputera le Golden Globe.

1. *Seul autour du monde*, Chiron, 1957.

SOLITAIRE DU FIGARO

La course mère. Créée en 1970 sous le nom de Course de l'Aurore, elle a lieu depuis chaque été entre France, Espagne, Irlande ou Grande-Bretagne, arpentant le golfe de Gascogne en tous sens, surfant en mer d'Irlande, virant le célèbre phare du Fastnet, sillonnant la Manche, tutoyant les cailloux de Bretagne, de Galice ou de Cornouaille. Disputée en solitaire sur des petits monocoques monotypes de 10,10 mètres, cette épreuve est la meilleure des formations avec ses étapes longues de deux à quatre jours – limite de la résistance humaine en termes de sommeil –, ses incroyables difficultés techniques et son niveau sportif impitoyable. La grande majorité des concurrents du Vendée Globe a usé ses cirés sur les bancs de cette école-là. De tous les vainqueurs, seul Titouan Lamazou (le premier à avoir gagné en 1990) ne la disputa jamais alors qu'Alain Gautier, Christophe Auguin et Michel Desjoyeaux la remportèrent (et même à trois reprises pour ce dernier) et que Vincent Riou et François Gabart y firent des prouesses. Il ne s'agit pas d'un passage obligé pour le Vendée Globe mais il est fortement conseillé de l'emprunter un jour dans une vie de coureur au large.

La Solitaire du Figaro constitue presque le passage obligé pour les skippers du Vendée Globe. Lamazou mis à part, tous les vainqueurs de celui-ci s'y sont illustrés.

SOLITUDE

Peu après son appareillage de Yarmouth au Canada, Joshua Slocum, premier homme à avoir effectué une circumnavigation en solitaire écrivit dans son journal de bord : « Dans cette brume sinistre, je me sens dériver dans la solitude, insecte perdu sur son fétu de paille au milieu des éléments. (...) Un sentiment de terreur m'envahit. » Comment affronter la solitude océanique, évacuer la société, lorsqu'on n'est pas solitaire ? Slocum, pourtant, l'était à terre, sans plus de femme et des enfants indifférents, prolongeant cet état sur l'océan mais perdant pied dès les premiers milles devant le gouffre mental qu'il venait d'ouvrir en décidant, bravache, d'embrasser seul la planète mer. La solitude des marins du Vendée Globe est décidée, choisie, conceptualisée et même aujourd'hui « entraînée » par des coaches, bien loin de celle subie qui laisse des oubliés sur le bas-côté de nos sociétés. Mais elle a évolué, les moyens techniques y aidant. En 1989, entrer en contact avec la terre, avec ses proches par le biais de stations radio maritimes terrestres tournait parfois au calvaire et, lorsque le marin y parvenait, il ne savait s'il était écouté par d'autres oreilles indiscrètes au hasard des fréquences. Pour tromper cette trop fidèle compagne du nom de solitude, certains allaient jusqu'à appeler uniquement les opérateurs de Saint-Lys Radio pour avoir un échange, lier un contact, entendre une voix. Les moyens techniques ayant considérablement progressés, les écrans étant omniprésents dans les bateaux, la facilité d'entrer en contact avec la terre ou l'excès de voyeurisme qui pénètre parfois dans l'intimité des bateaux attisé par des communicants restés à quai, tirant les ficelles de marins engagés dans la course à l'échalote de la médiatisation auraient, selon certains caciques, tué cet exil consenti. Olivier de Kersauson s'est souvent répandu sur ces « courses en solitaire sans solitude ». Il n'en est rien. Chaque marin qui prend le départ du Vendée Globe l'affronte, différemment certes, mais tous se retrouvent face à elle. « Il faut arriver à trouver du plaisir dans cette solitude, explique doctement Bertrand de Broc, sinon cela devient l'enfer. » Et, depuis les origines de l'épreuve, lorsqu'on pose aux marins la question du manque principal qu'à bord elle génère, la réponse identique fuse : « La chaleur humaine. » C'est dire si elle demeure profonde.

Page de gauche : Un homme, un bateau et la planète mer : rares sont les hommes aussi éloignés des autres hommes que les solitaires du Vendée Globe dans le Grand Sud.
Ci-dessus : Las et fatigué, seul et loin des siens, Michel Desjoyeaux trouve encore le moyen de souhaiter une bonne année.

Les navigateurs suisses engagés dans le Vendée Globe (ici Dominique Wavre à la barre de Temenos II *en 2008) ont marqué l'histoire de la course par leur brio.*

SUISSES

Le drapeau de la confédération helvétique a souvent flotté sur les bateaux du Vendée Globe mais il fut au final porté par peu de marins. Ils furent trois en fait : Bernard Gallay – à la double nationalité franco-suisse – engagé par deux fois (1992 et 2000) mais surtout Dominique Wavre (quatre participations) et Bernard Stamm (trois participations). Mais il y a un malentendu, une incompréhension presque, entre eux et la course suprême : toujours devant, souvent percutant jamais gagnant. Dans sa formidable carrière, Wavre a déjà pris le départ de dix circumnavigations (oui dix !) en solo, en double ou en équipage, mais aux Sables-d'Olonne il termina au mieux quatrième (2005) ; Stamm a déjà gagné par deux fois la course autour du monde en solo et par escale (2003 et 2007), remporté la Barcelona World Race (équivalent du Vendée Globe mais en double, 2015), fait partie d'un équipage qui gagna le Trophée Jules Verne (record de vitesse absolu en équipage autour du monde en 2005), mais rien n'y a fait. Et, suprême affront peut-être : en décembre 2008, les deux hommes se retrouvent ensemble aux îles Kerguelen pour y signifier leurs abandons respectifs...

ÉRIC TABARLY

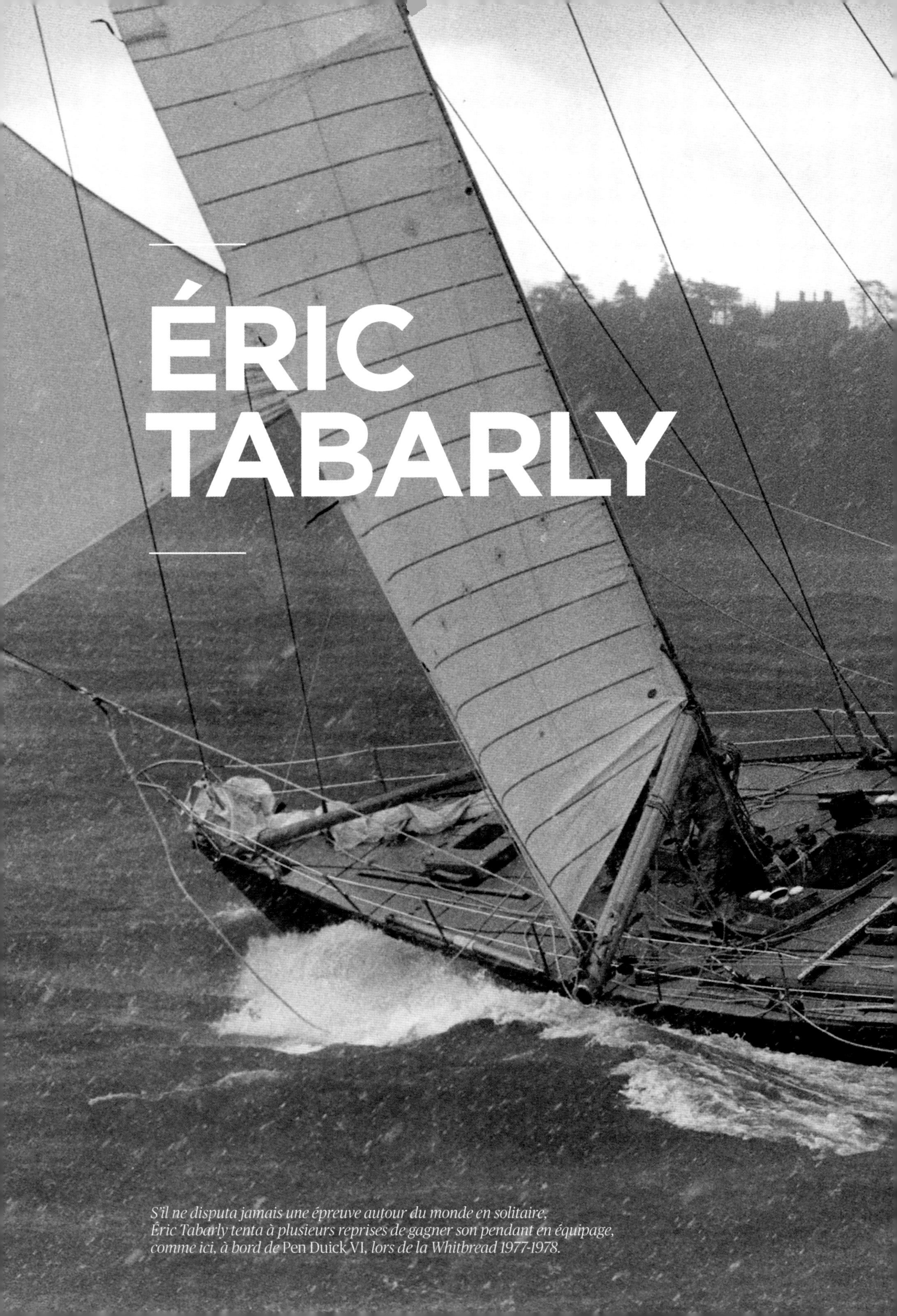

S'il ne disputa jamais une épreuve autour du monde en solitaire, Éric Tabarly tenta à plusieurs reprises de gagner son pendant en équipage, comme ici, à bord de Pen Duick VI, *lors de la Whitbread 1977-1978.*

Le Vendée Globe est-il arrivé trop tard pour Éric Tabarly ? Sans doute. Âgé de 58 ans lors du départ de la première édition, époque où peu à peu il se retirait de la course au large, l'icône majuscule de la voile océanique française n'en aura jamais pris le départ... Mais il en donna le départ. Il s'agissait en l'occurrence du tout premier, libérant la flotte des treize précurseurs, le 26 novembre 1989 à 15 h 15. Reste que Tabarly est partout lors du Vendée Globe. Maître des Lamazou, Poupon, Coste, Jourdain, Desjoyeaux, Le Cam... qui parcoururent le monde avec lui ; inspirateur de bien d'autres à l'image de Jeantot ou Parlier et même propriétaire d'un bateau engagé. Le *Cacharel*, que Jean-François Coste mena en 1989, n'était autre que la sublime goélette *Pen Duick III* qui domina les épreuves hauturières en équipage dans les mains du maître au tournant des années 1960-1970. Certains, à l'image de Lamazou et Coste justement, n'eurent de cesse, tout au long de leur circumnavigation, de lui faire référence, puisant à force de commentaires laudateurs une légitimation à leurs pérégrinations.

L'histoire retiendra que sa dernière victoire, Éric Tabarly devait la conquérir en double avec Yves Parlier en 1997, à bord d'*Aquitaine Innovations* lors de la Transat Jacques Vabre, bateau et compagnon de route qui s'en revenaient du Vendée Globe. Quant à Jean Le Cam, il ne laisse à personne d'autre qu'à Jacqueline Tabarly, l'épouse d'Éric, le soin de baptiser ses bateaux. Par reconnaissance, par amour, par filiation. Ne surnomme-t-elle pas toujours certains anciens équipiers de son mari « mes fils » ?

L'esprit d'Éric Tabarly anima nombre de participants du Vendée Globe, marins-disciples qu'il forma à bord de ses voiliers, à commencer par deux des vainqueurs, Titouan Lamazou et Michel Desjoyeaux.

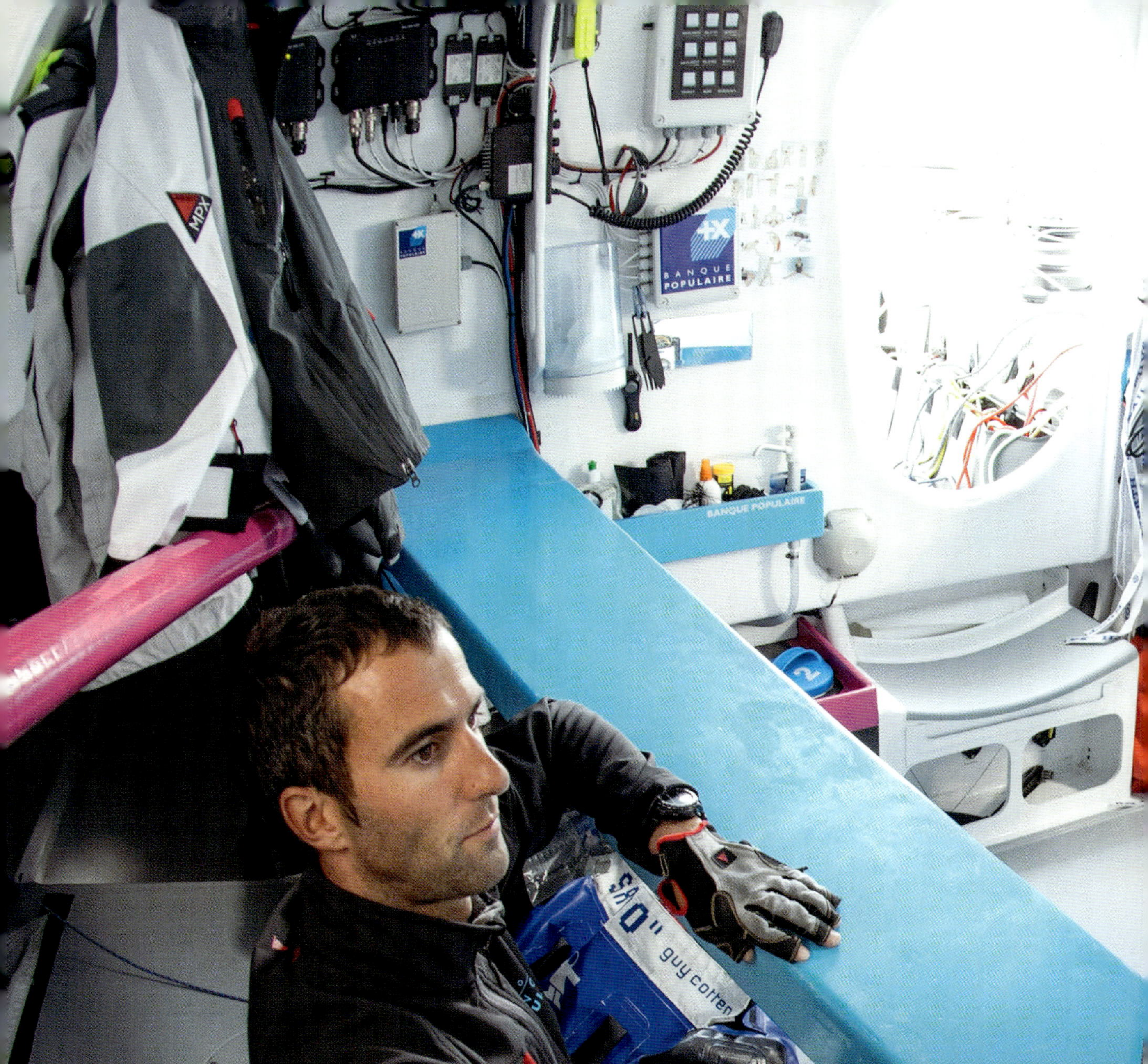

Lorsque le premier Vendée Globe s'annonça, presse et passionnés s'enflammèrent pour la table à carte de *Fleury Michon X*, comparée à celle d'un avion de ligne avec ses deux radios VHF, son poste BLU, son décodeur météo, ses SatNav, Loran, Omega (appareils de navigation et de radionavigation d'alors), son radar, sa centrale de navigation, son télex, son standard C (pour la communication) et, suprême raffinement d'alors, son MacIntosh SE qui trônait au milieu. Le bateau était construit en sandwich époxy/verre R, renforcé de carbone et de Kevlar avec une mousse d'Airex. Aujourd'hui, à l'heure du GPS, des coques en carbone, des bateaux à foils, de la micro-informatique, des capteurs de contraintes, des téléphones portables et de l'Internet, tout cela est aussi éloigné des bateaux actuels que ceux d'alors l'étaient des voiliers du Golden Globe. Lors de cette course-là, il y a moins de cinquante ans, Bernard Moitessier lançait des messages aux cargos de passage avec un lance-pierres ; aujourd'hui, le marin du Vendée Globe est en liaison quasi constante avec la terre et son équipe technique. Personne ne le regrettera, comme personne ne peut nier que la course au large, en se gobergeant de technologie, y a perdu une partie de son mystère, de son aura même. Sécurité et performance sont à ce prix. Mais l'exploit humain demeure toujours le même.

TECHNOLOGIE

Les bateaux sont devenus tellement sophistiqués - en particulier les tables à carte comme ici à bord du Banque Populaire d'Armel Le Cléac'h en 2012 - que les marins se doivent de posséder des compétences toujours plus grandes pour en tirer la quintessence.

TÉLÉVISION

La présence de la télévision, comme dans tous les sports majeurs, est devenue incontournable. Mais le show n'est-il pas en train de tourner à la téléréalité nautique ?

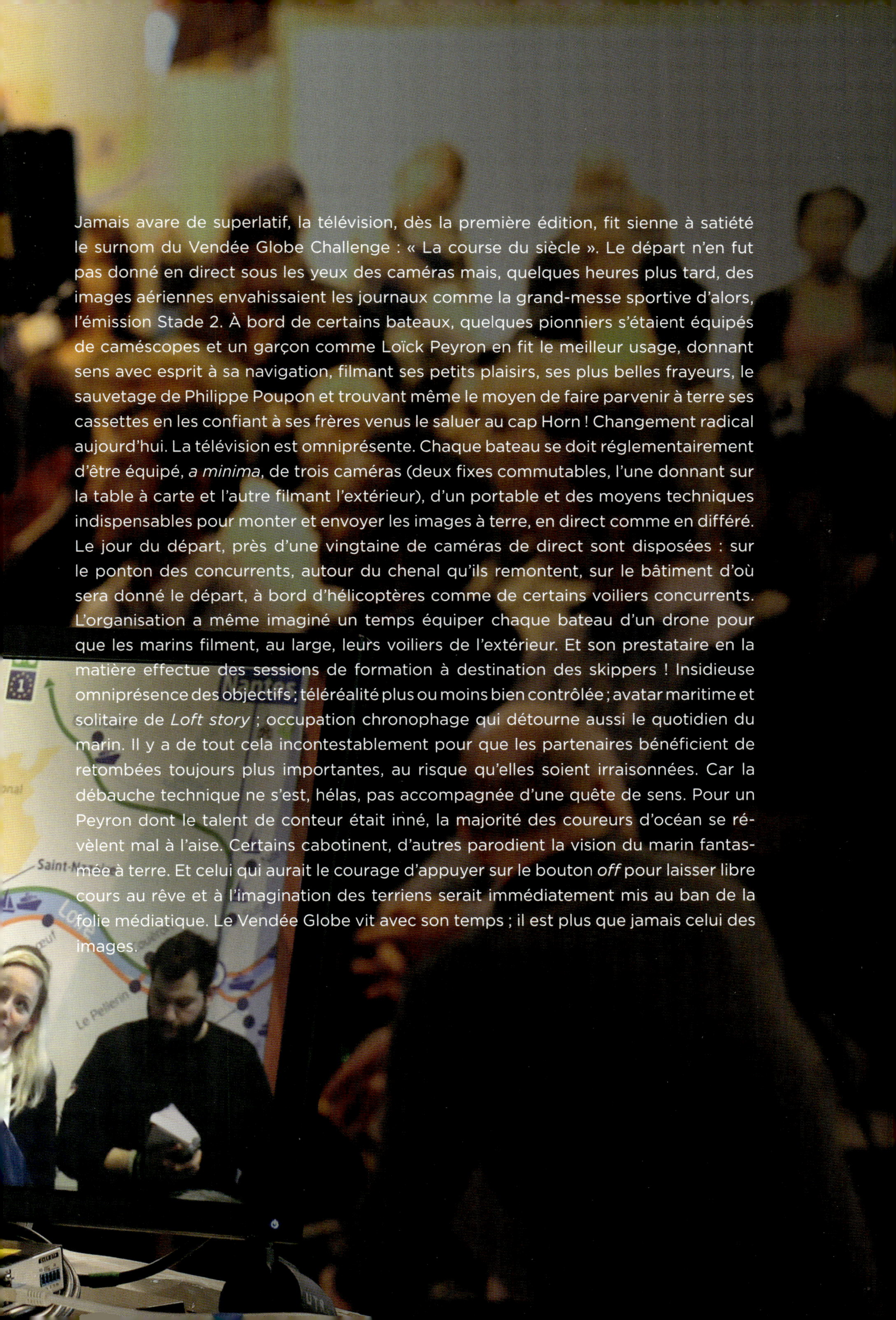

Jamais avare de superlatif, la télévision, dès la première édition, fit sienne à satiété le surnom du Vendée Globe Challenge : « La course du siècle ». Le départ n'en fut pas donné en direct sous les yeux des caméras mais, quelques heures plus tard, des images aériennes envahissaient les journaux comme la grand-messe sportive d'alors, l'émission Stade 2. À bord de certains bateaux, quelques pionniers s'étaient équipés de caméscopes et un garçon comme Loïck Peyron en fit le meilleur usage, donnant sens avec esprit à sa navigation, filmant ses petits plaisirs, ses plus belles frayeurs, le sauvetage de Philippe Poupon et trouvant même le moyen de faire parvenir à terre ses cassettes en les confiant à ses frères venus le saluer au cap Horn ! Changement radical aujourd'hui. La télévision est omniprésente. Chaque bateau se doit réglementairement d'être équipé, *a minima*, de trois caméras (deux fixes commutables, l'une donnant sur la table à carte et l'autre filmant l'extérieur), d'un portable et des moyens techniques indispensables pour monter et envoyer les images à terre, en direct comme en différé. Le jour du départ, près d'une vingtaine de caméras de direct sont disposées : sur le ponton des concurrents, autour du chenal qu'ils remontent, sur le bâtiment d'où sera donné le départ, à bord d'hélicoptères comme de certains voiliers concurrents. L'organisation a même imaginé un temps équiper chaque bateau d'un drone pour que les marins filment, au large, leurs voiliers de l'extérieur. Et son prestataire en la matière effectue des sessions de formation à destination des skippers ! Insidieuse omniprésence des objectifs ; téléréalité plus ou moins bien contrôlée ; avatar maritime et solitaire de *Loft story* ; occupation chronophage qui détourne aussi le quotidien du marin. Il y a de tout cela incontestablement pour que les partenaires bénéficient de retombées toujours plus importantes, au risque qu'elles soient irraisonnées. Car la débauche technique ne s'est, hélas, pas accompagnée d'une quête de sens. Pour un Peyron dont le talent de conteur était inné, la majorité des coureurs d'océan se révèlent mal à l'aise. Certains cabotinent, d'autres parodient la vision du marin fantasmée à terre. Et celui qui aurait le courage d'appuyer sur le bouton *off* pour laisser libre cours au rêve et à l'imagination des terriens serait immédiatement mis au ban de la folie médiatique. Le Vendée Globe vit avec son temps ; il est plus que jamais celui des images.

TEMPÊTE

Le terme est souvent galvaudé. Si l'on se tient à la terminologie que les météorologues ont adoptée, une tempête en mer correspond au minimum à la force 10 de l'échelle de Beaufort, graduation associant l'état de la mer à la force du vent. À force 10 donc, la vitesse de ce dernier est comprise entre 48 et 55 nœuds (soit 89 à 102 kilomètres/heure) et, selon les sources, la surface de la mer est constituée de très grosses lames à longues crêtes en panache avec déferlement en rouleaux intenses et brutaux, la hauteur des vagues étant communément admise comme supérieure à 9 mètres. Force 11 équivaut à une forte tempête et 12, son maximum, à un ouragan, faute de critère disponible pour évaluer la vitesse du vent au-delà de 64 nœuds (118 kilomètres/heure)... en 1805, lorsque l'amiral Sir Francis Beaufort finalisa son œuvre.

Une tempête se forme au moment où une dépression (zone de basse pression atmosphérique, soit au-dessous de 1 010 hectopascals) se creuse conjointement à des conditions particulières : courant-jet rapide (tube de vent violent à 12 000 mètres d'altitude), fluctuations importantes... Des tempêtes, les concurrents du Vendée Globe en affrontèrent de nombreuses, même si, aujourd'hui, les prévisions météo de plus en plus fines alliées aux performances exceptionnelles des bateaux permettent d'éviter les zones les plus exposées. L'édition 1996-1997 demeure comme celle qui en connut le plus. À 8 heures TU (temps universel), le 4 janvier 1997, Thierry Dubois envoie un fax à sa compagne de-

puis le sud de l'océan Indien. « Je suis dedans, mais il n'y a pas de problème. » « Dedans », c'est plus de 70 nœuds de vent et une mer effroyable. « Quand tu es dans un creux tu vois que c'est haut et quand tu es au-dessus tu vois de grosses déferlantes et tu te dis "il faut pas que cela me tombe dessus". Bon ben ça m'est tombé dessus ! » expliquera le skipper plus tard. Un chavirage et le mât qui se casse en trois morceaux, un deuxième, un troisième et son bateau qui reste à l'envers. Un avion australien lui parachute un radeau de survie. Dubois se hisse à bord… avant que le canot explose sous l'effet d'une nouvelle déferlante… Et le skipper de se retrouver au beau milieu d'un océan en furie et à 3 °C, surnageant tant bien que mal. « Ma seule question : combien de minutes cela va me prendre pour mourir ? Et qu'est-ce que cela va me faire ? » Miraculeusement, un autre appareil le repère, parvient à larguer un nouveau radeau dans lequel il passera trois jours avant d'être secouru. Dans une tempête, explique Jean-Pierre Dick : « Il faut courber le dos. On a un peu d'appréhension, on est un peu stressé mais il ne faut surtout pas avoir peur. Sinon on n'a pas sa place sur un bateau en solo. »

Les tempêtes ont forgé pour partie la légende du Vendée Globe. L'image du marin solitaire, seul face aux éléments déchaînés est devenue d'Épinal, épouvante du terrien. « Lors d'une tempête on éprouve un sentiment de piège pour l'éternité », écrivit à raison Olivier de Kersauson.

MARC THIERCELIN

Marin inclassable, Marc Thiercelin prit le départ du Vendée Globe à quatre reprises, réussissant son meilleur classement en 1997 avec une deuxième place acquise derrière Christophe Auguin.

Thiercelin est un navigateur de marges. Marge de la voile, marge du système, marge de l'art aussi. Le beau gosse est à côté, jamais dedans, jamais dehors, vivant ici dans une maison construite autour d'un arbre, là-bas dans un cabanon sans eau ni électricité dominant la Grande Bleue. Ancien de l'école Boulle qui voulait devenir luthier « pour faire chanter les arbres », illustrateur de mode, mannequin à ses heures perdues, cultivant ses amitiés people, il tombe petit dans la voile mais en fait son occupation première sur le tard, après avoir tenté en vain une qualification aux jeux Olympiques, abordant le large plein de bons sentiments en moniteur pour enfants, un temps controversé. Mini Transat, sept solitaires du Figaro – qu'il manque de gagner – et quatre Vendée Globe s'il vous plaît. Le premier, il le termine magnifique deuxième en dauphin de Christophe Auguin en 1997 après avoir, quarante-huit heures durant, cherché en vain dans la tempête Gerry Roufs, porté disparu. Le deuxième (2000) se solde par une quatrième place, puis les deux suivants (2004 et 2008) par des abandons. Ce furent les Vendée Globe de trop pour ce touche-à-tout aux mille vies, aux velléités politiques non abouties, remarquable marin mais, au final, dépassé par la progression d'une épreuve qui ne l'a pas attendu.

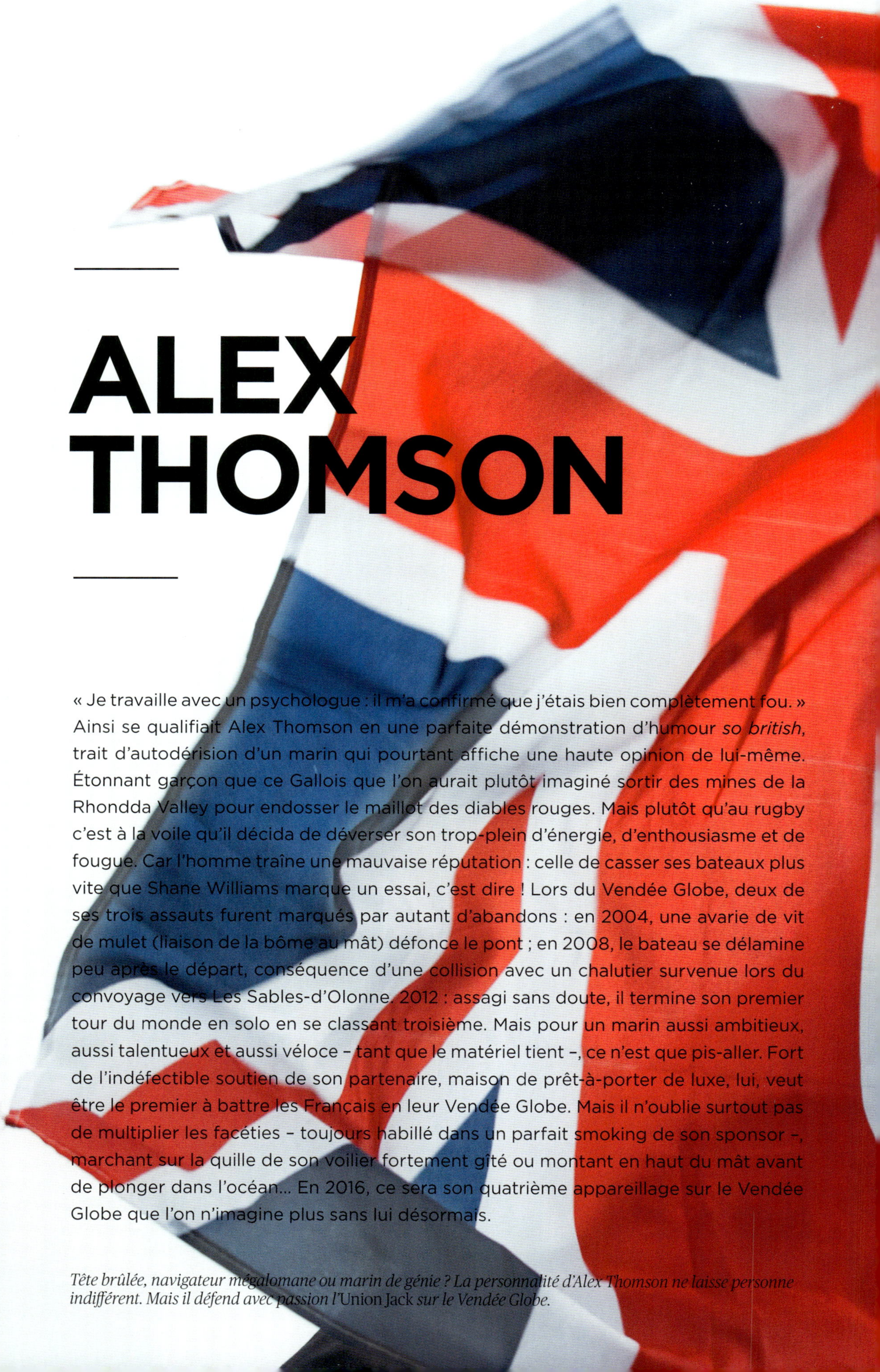

ALEX THOMSON

« Je travaille avec un psychologue : il m'a confirmé que j'étais bien complètement fou. » Ainsi se qualifiait Alex Thomson en une parfaite démonstration d'humour *so british*, trait d'autodérision d'un marin qui pourtant affiche une haute opinion de lui-même. Étonnant garçon que ce Gallois que l'on aurait plutôt imaginé sortir des mines de la Rhondda Valley pour endosser le maillot des diables rouges. Mais plutôt qu'au rugby c'est à la voile qu'il décida de déverser son trop-plein d'énergie, d'enthousiasme et de fougue. Car l'homme traîne une mauvaise réputation : celle de casser ses bateaux plus vite que Shane Williams marque un essai, c'est dire ! Lors du Vendée Globe, deux de ses trois assauts furent marqués par autant d'abandons : en 2004, une avarie de vit de mulet (liaison de la bôme au mât) défonce le pont ; en 2008, le bateau se délamine peu après le départ, conséquence d'une collision avec un chalutier survenue lors du convoyage vers Les Sables-d'Olonne. 2012 : assagi sans doute, il termine son premier tour du monde en solo en se classant troisième. Mais pour un marin aussi ambitieux, aussi talentueux et aussi véloce – tant que le matériel tient –, ce n'est que pis-aller. Fort de l'indéfectible soutien de son partenaire, maison de prêt-à-porter de luxe, lui, veut être le premier à battre les Français en leur Vendée Globe. Mais il n'oublie surtout pas de multiplier les facéties – toujours habillé dans un parfait smoking de son sponsor –, marchant sur la quille de son voilier fortement gîté ou montant en haut du mât avant de plonger dans l'océan… En 2016, ce sera son quatrième appareillage sur le Vendée Globe que l'on n'imagine plus sans lui désormais.

*Tête brûlée, navigateur mégalomane ou marin de génie ? La personnalité d'Alex Thomson ne laisse personne indifférent. Mais il défend avec passion l'*Union Jack *sur le Vendée Globe.*

BOSS
HUGO BOSS
ALEX THOMSON RACING

Cette ville a tout du fantasme et pourtant n'a guère de charme. Plus australe cité argentine, installée sur la rive nord du canal de Beagle, entourée de somptueux sommets enneigés, elle présente des alignements de rues tristes arpentées par des touristes grisés par la fascination du sud. Une localité remodelée qui permet aujourd'hui de visiter l'ancien pénitencier qui longtemps fut sa seule destinée, autant que destination finale des bagnards, ou, le délicieux musée de la « Fin du Monde » consacré aux peuples fuégiens. Mais surtout, elle est devenue camp de base d'expéditions terrestres en Terre de Feu ou port d'embarquement à destination des canaux

de Patagonie, du cap Horn, d'Antarctique ou de Géorgie du Sud à bord de l'une des nombreuses unités de charters qui y demeurent. Ushuaïa est désormais la porte sur toutes ces splendeurs-là. Pour les marins du Vendée Globe en difficulté au sortir du Pacifique Sud, il s'agit surtout du seul port d'escale correctement équipé et aisé d'accès. Bertrand de Broc fut contraint d'y relâcher en 1996 ; l'épopée de Jean Le Cam récupéré par Vincent Riou en 2008 s'y acheva pour les deux hommes ; en 2013, Bernard Stamm contraint de se faire ravitailler en pleine mer le fut grâce au Basque Unai Basurko, ancien concurrent du Vendée Globe séjournant alors dans la petite cité.

USHUAÏA

En 2009, PRB démâté rejoignait Ushuaïa en remorque derrière le voilier de charter Vaiheré avant d'être rapatrié en France.

VACATIONS

Voilà donc venu le moment de la grande messe : les trop fameuses vacations entre la terre et les concurrents du Vendée Globe à savoir les communications audio – et parfois désormais vidéo – organisées en direct à heure fixe, indispensable outil permettant de faire vivre de l'intérieur l'événement. Qu'elles s'effectuent par le biais des stations radio maritimes terrestres comme lors des premières éditions ou par téléphone satellite à présent ; qu'elles soient animées par un ancien navigateur – Jean-Yves Terlain en 1989 –, par l'organisateur lui-même, Philippe Jeantot ensuite, comme par une tablée de journalistes polyglottes ; qu'elles soient à huis clos, réservées à la presse ou ouvertes au public, le temps souvent s'y arrête. Qui n'a jamais éclaté de rire aux aphorismes de Jean Le Cam, aux bons mots de Loïck Peyron, aux émerveillements de Roland Jourdain comme aux explications d'Alessandro di Benedetto sur la meilleure manière de faire pousser des salades en mer ? Qui n'a jamais tenté de décrypter les messages tactico-techniques d'un Desjoyeaux, l'intox d'un Lamazou, les analyses au scalpel d'un Riou ? Qui n'a jamais frissonné aux descrip-

tions d'un Auguin vidé en pleine tempête, aux larmes d'une Autissier, au désarroi d'un Guillemot chien fidèle d'Eliès ? Qui n'a jamais été retourné par un Goss annonçant que Dinelli était à son bord, par un Riou qui vient de sauver Le Cam, par un Peyron triomphant d'avoir aidé Poupon en galère ? C'est tout cela qui transpire lors de ces liaisons et qu'importe la technique, le romantisme ou non que l'on accordait hier à la difficulté des connexions comparée aux incroyables facilités et qualités que la technologie offre aujourd'hui. Voilà, avant tout, un moment de grâce où ceux qui ont fait vœu de solitude des mois durant renouent le lien, s'expriment, se racontent. Et la petite histoire de la grande épreuve retiendra que, lors de la toute première vacation, Titouan Lamazou commença ainsi en s'adressant à son frère : « José, je trouve pas le beurre ! » La course du siècle était lancée.

C'est un rendez-vous incontournable : les vacations avec la terre rythment la vie des solitaires.

JEAN-LUC VAN DEN HEEDE

Inconnu du grand public au départ, Jean-Luc Van Den Heede se révélait lors du Vendée Globe, ici au cours de sa deuxième participation en 1992.

Il n'a disputé que deux Vendée Globe mais son aura rayonne encore sur la course. Jean-Luc Van Den Heede, bien vite surnommé VDH, trois initiales qui riment avec panache. Lorsqu'il se présente sur la ligne de départ de la première édition, le géant amiénois devenu lorientais au rire dévastateur et à la barbe fournie est un total inconnu du grand public, malgré deux participations à la Mini Transat (1977 et 1979), puis au BOC Challenge 1985 qu'il gagne en temps compensé à bord d'un bateau de série. Professeur de mathématiques en année sabbatique – « La dernière ! » lui intime alors le rectorat –, il appareille sur un bateau aux antipodes des autres : un voilier incroyablement étroit, peu toilé, mais très gitard dont les formes de carène inattendues sont censées permettre une surface mouillée réduite mais aussi un poids mini, une faible déformation de la coque et donc une grande stabilité de route. Finançant son Vendée Globe « à compte de navigateur », VDH trouve *in extremis* le soutien de 36.15 Met (devenue depuis Météo Consult) qui lui offre son routage contre le nom de son bateau. L'homme fera tant et si bien, abattra du mille comme sa carrure lui aurait permis de tronçonner des séquoias géants, qu'il se classera troisième de cette première édition. Non sans avoir vécu quelques aventures comme ce réveil inopiné par 61° de latitude sud entouré d'icebergs… Mais son épopée, celle de David contre Goliath, de « M. Toutlemonde fait de la régate », émeut et, le dimanche 18 mars 1990, lorsqu'il embouque le chenal des Sables le jour de son arrivée, le triomphe est phéno-

ménal. Il y a incontestablement plus de monde que pour les deux premiers, Lamazou et Peyron. « Plus tard des anonymes me diront, révélera-t-il : “Cela a été la plus belle journée de notre année.” C’est mon meilleur souvenir du Vendée Globe Challenge. »
Trois ans plus tard, il est de retour, toujours avec un bateau aussi extrême et différent des autres mais en matériaux composites cette fois et avec des mâts en carbone. Il appareille pour gagner mais revient au port deux jours après le départ, suite à des soucis de gréement. Il repartira mais ne parviendra jamais à combler son retard initial, se classant tout de même deuxième.
Troisième en 1990, deuxième en 1993 et pourtant VDH ne prendra jamais plus le départ du Vendée Globe. Par la suite, il continua une carrière en marge des sillages traditionnels, puis établira un nouveau record de tour du monde en solitaire, contre vents et courants dominants en 2004. Retiré des bateaux – de course ! – depuis 2005, VDH s’est trouvé un nouveau défi : en 2018, il participera à la « Golden Globe Race », réplique de la course originelle qui inspira le Vendée Globe, cinquante ans après sa première et seule édition. L’homme aura 73 ans. « En 1968, j’étais trop jeune, se souvient le vétéran. Le Vendée n’est plus pour moi. Cette fois, je gagnerai ! »

Lors de son premier Vendée Globe, Van Den Heede plongea tant au sud vers l’Antarctique qu’il se retrouva cerné par les icebergs !

bel
GO KITO !

VOILES

Bien évidemment, il s'agit du moteur des bateaux mais, entre 1989 et aujourd'hui, elles n'ont plus grand-chose de comparable. Lors des premières éditions, elles étaient fabriquées en Dacron ou, pour les plus riches, en Kevlar. Désormais les tissus ont pour nom Cuben Fiber, 3Di, DFI, ce dernier, présenté fin 2015, étant une membrane particulièrement résistante, stable et légère. Car de bonnes voiles sont celles qui ne se déformeront pas quatre-vingts ou cent jours durant, offrant ainsi en permanence son plein potentiel au bateau tout en étant assez solides pour tolérer les erreurs de manœuvres inévitables comme les croche-pieds de l'océan. Ces tissus sont aussi plus légers que par le passé mais le poids des voiles n'a pas été abaissé de manière drastique pour autant car elles ont gagné en surface. Au près, *Écureuil d'Aquitaine II*, victorieux en 1990, pouvait porter jusqu'à 235 mètres carrés et 475 au portant avec un mât haut de 23,20 mètres. Actuellement, les bateaux de nouvelle génération tiennent quelques 420 mètres carrés au près et pas loin de 700 au portant, les mâts étant plus hauts de 5 mètres. Lors du Vendée Globe, chaque bateau ne peut en embarquer que 9, la composition de ce trousseau étant laissée à la discrétion de chacun (communément : une grand-voile et 8 voiles d'avant : tourmentin, trinquette, solent, génois, reacher, deux gennakers et un spi asymétrique). L'utilisation de chaque voile est adaptée à un angle et une force de vent, les configurations étant, *de facto*, excessivement nombreuses. Et même si certaines sont installées sur emmagasineur – ce qui permet au marin de les rouler et dérouler plus facilement sans avoir à les hisser ou les affaler –, les manœuvres d'adaptation de la toile en fonction du temps et de l'état de la mer sont fréquentes et épuisantes. Lors des premiers Vendée Globe, les navigateurs embarquaient plus de voiles que de raison, de peur de les déchirer. Les moins sourcilleux jetaient à la mer ce surplus sans scrupule, lors de la dernière ligne droite, pour alléger leur bateau...

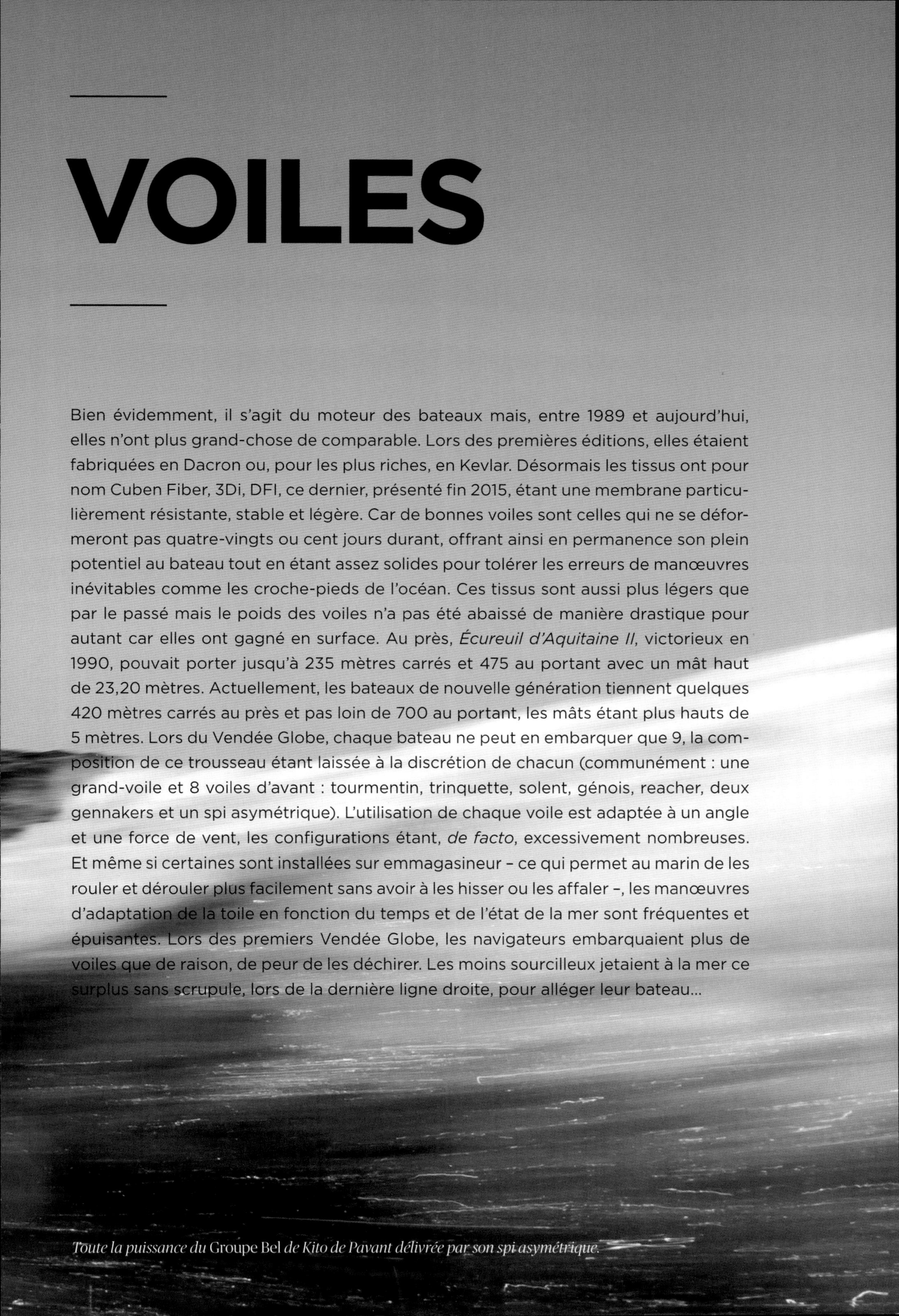

Toute la puissance du Groupe Bel *de Kito de Pavant délivrée par son spi asymétrique.*

Les 83 navigateurs ayant pris le départ du Vendée Globe de 1989 à 2012

	skippers	nationalités	nombre de participations	années	bateaux	classements
1.	Thierry Arnaud	FRA	1	1992	*Le Monde informatique*	abd
2.	Christophe Auguin	FRA	1	1996	*Geodis*	1er
3.	Isabelle Autissier	FRA	1	1996	*PRB*	HC
4.	Unai Basurko	ESP	1	2008	*Pakea Bizkaia*	abd
5.	Alessandro di Benedetto	FRA	1	2012	*Team Plastique*	11e
6.	Guy Bernardin	FRA	1	1989	*O'Kay*	HC
7.	Yannick Bestaven	FRA	1	2008	*Aquarelle.com*	abd
8.	Jérémie Beyou	FRA	2	2008	*Delta Dore*	abd
				2012	*Maître CoQ*	abd
9.	Simone Bianchetti	ITA	1	2000	*Aquarelle.com*	12e
10.	Arnaud Boissières	FRA	2	2008	*Akena Vérandas*	7e
				2012	*Akena Vérandas*	8e
11.	Bertrand de Broc	FRA	3	1992	*Groupe LG*	abd
				1996	*Votre Nom Autour du Monde-Pommes Rhône-Alpes*	abd
				2012	*Votre Nom Autour du Monde avec EDM Projets*	9e
12.	Tony Bullimore	GBR	1	1996	*Exide Challenger*	abd
13.	Nigel Burgess	GBR	1	1992	*Burgess Yacht Broker*	retrouvé noyé
14.	Louis Burton	FRA	1	2012	*Bureau Vallée*	abd
15.	Dee Caffari	GBR	1	2008	*Aviva*	6e
16.	Patrice Carpentier	FRA	3	1989	*Le Nouvel Observateur*	HC
				2000	*VM Matériaux*	11e et 1er en 50 pieds
				2004	*VM Matériaux*	HC
17.	Catherine Chabaud	FRA	2	1996	*Whirlpool Europe 2*	6e
				2000	*Whirlpool*	HC
18.	Jean-François Coste	FRA	1	1989	*Cacharel*	7e
19.	Thomas Coville	FRA	1	2000	*Sodebo Savourons la vie*	6e
20.	Samantha Davies	GBR	2	2008	*Roxy*	4e
				2012	*Savéol*	abd
21.	Jean-Baptiste Dejeanty	FRA	1	2008	*Groupe Maisonneuve*	abd
22.	Michel Desjoyeaux	FRA	2	2000	*PRB*	1er
				2008	*Foncia*	1er
23.	Jean-Pierre Dick	FRA	3	2004	*Virbac-Paprec*	6e
				2008	*Paprec-Virbac 2*	abd
				2012	*Virbac-Paprec 3*	4e
24.	Raphaël Dinelli	FRA	4	1996	*Algimouss* « concurrent pirate »	naufrage
				2000	*Sogal Extenso*	HC
				2004	*Akena Vérandas*	12e
				2008	*Fondation Océan Vital*	10e
25.	Thierry Dubois	FRA	2	1996	*Pour Amnesty International*	abd
				2000	*Solidaires*	HC
26.	Éric Dumont	FRA	2	1992	*Café Legal Le Goût*	4e
				2000	*Euroka-Un Univers de Services*	abd
27.	Yann Eliès	FRA	1	2008	*Generali*	abd
28.	Nàndor Fa	HON	2	1992	*K & H Bank Matav*	5e
				1996	*Budapest*	abd
29.	Pierre Follenfant	FRA	1	1989	*TBS-Charente Maritime*	5e
30.	François Gabart	FRA	1	2012	*Macif*	1er
31.	Bernard Gallay	FRA	2	1992	*Vuarnet Watches*	HC
				2000	*Voila.fr*	8e
32.	Alain Gautier	FRA	2	1989	*Generali-Concorde*	6e
				1992	*Bagages Superior*	1er
33.	Mike Golding	GBR	4	2000	*Team Group 4*	7e
				2004	*Ecover 2*	3e
				2008		abd
				2012	*Gamesa*	6e
34.	Pete Goss	GBR	1	1996	*Aqua-Corum*	5e et 1er en 50 pieds
35.	Pasquale de Gregorio	ITA	1	2000	*Wind Communicazioni*	15e
36.	Marc Guillemot	FRA	2	2008	*Safran*	3e
				2012	*Safran*	abd
37.	Zbigniew Gutkowski	POL	1	2012	*Energa*	abd
38.	Josh Hall	GBR	1	2000	*EBP-Gartmore*	9e
39.	Jean-Yves Hasselin	FRA	1	1992	*PRB-Solo Nantes*	7e
40.	Derek Hatfield	CAN	1	2008	*Algimouss-Spirit of Canada*	abd
41.	Conrad Humphreys	GBR	1	2004	*Hellomoto*	7e
42.	Philippe Jeantot	FRA	1	1989	*Crédit Agricole IV*	4e
43.	Sébastien Josse	FRA	2	2004	*VMI*	5e
				2008	*BT*	abd
44.	Roland Jourdain	FRA	3	2000	*Sill Matines La Potagère*	3e
				2004	*Sill & Veolia*	abd
				2008	*Veolia Environnement*	abd

	skippers	nationalités	années nombre de participations		bateaux	classements
45.	Fedor Konioukhov	RUS	1	2000	*Modern University For The Humanities*	abd
46.	Titouan Lamazou	FRA	1	1989	*Écureuil d'Aquitaine II*	1er
47.	Tanguy de Lamotte	FRA	1	2012	*Initiatives cœur*	10^e^
48.	Hervé Laurent	FRA	2	1996	*Groupe LG-Traitmat*	4^e^
				2004	*UUDS*	abd
49.	Jean Le Cam	FRA	3	2004	*Bonduelle*	2^e^
				2008	*VM Matériaux*	abd
				2012	*SynerCiel*	5^e^
50.	Armel Le Cléac'h	FRA	2	2008	*Brit Air*	2^e^
				2012	*Banque Populaire VI*	2^e^
51.	Karen Leibovici	FRA	1	2004	*Benefic*	13^e^
52.	Anne Liardet	FRA	1	2004	*Roxy*	11^e^
53.	Ellen MacArthur	GBR	1	2000	*Kingfisher*	2^e^
54.	Jonny Malbon	GBR	1	2008	*Artemis*	abd
55.	Vittorio Malingri	ITA	1	1992	*Everlast Neil Pryde*	abd
56.	Nick Moloney	GBR	1	2004	*Skandia*	abd
57.	Didier Munduteguy	FRA	2	1996	*Club 60^e^ Sud*	abd
				2000	*DDP 60^e^ Sud*	14^e^
58.	Yves Parlier	FRA	2	1992	*Cacolac d'Aquitaine*	4^e^
				2000	*Aquitaine Innovations*	13^e^
59.	Benoît Parnaudeau	FRA	1	2004	*Max Havelaar-Best Western*	10^e^
60.	Kito de Pavant	FRA	2	2008	*Groupe Bel*	abd
				2012	*Groupe Bel*	abd
61.	Loïck Peyron	FRA	3	1989	*Lada Poch*	2^e^
				1992	*Fujicolor III*	abd
				2008	*Gitana Eighty*	abd
62.	Mike Plant	USA	1	1989	*Duracell*	HC dsq
	À noter que Plant disparaîtra en mer alors qu'il se rendait aux Sables-d'Olonne pour participer au 2e Vendée Globe à bord de *Coyote*.					
63.	Philippe Poupon	FRA	2	1989	*Fleury Michon X*	abd
				1992	*Fleury Michon X*	3^e^
64.	Patrick de Radiguès	BEL	2	1996	*Afibel*	abd
				2000	*La Libre Belgique*	abd
65.	Bertie Reed	AFS	1	1989	*Grinaker*	abd
66.	Vincent Riou	FRA	3	2004	*PRB*	1er
				2008	*PRB*	3^e^
				2012	*PRB*	abd
67.	Gerry Roufs	CAN	1	1996	*Groupe LG2*	disparu en mer
68.	Javier Sansó	ESP	2	2000	*Old Spice*	abd
				2012	*Acciona 100 % EcoPowered*	abd
69.	Bruce Schwab	USA	1	2004	*Ocean Planet*	9^e^
70.	Norbert Sedlacek	AUT	2	2004	*Brother*	abd
				2008	*Nauticsport-Kapsch*	11^e^
71.	Joé Seeten	FRA	2	2000	*Nord-Pas-de-Calais/Chocolats du monde*	10^e^
				2004	*Arcelor-Dunkerque*	8^e^
72.	Bernard Stamm	SUI	3	2000	*Armor Lux-Foies Gras Bizac*	abd
				2008	*Cheminées Poujoulat*	abd
				2012	*Cheminées Poujoulat*	HC dsq
73.	Jean-Yves Terlain	FRA	1	1989	*UAP 1992*	abd
74.	Marc Thiercelin	FRA	4	1996	*Crédit Immobilier de France*	2^e^
				2000	*Active Wear*	4^e^
				2004	*Pro-Form*	HC
				2008	*DCNS*	abd
75.	Brian Thompson	GBR	1	2008	*Bahrain-Team Pindar*	5^e^
76.	Alex Thomson	GBR	3	2004	*Hugo Boss*	abd
				2008	*Hugo Boss*	abd
				2012	*Hugo Boss*	3^e^
77.	Richard Tolkien	GBR	1	2000	*This Time-Argos-Soditic*	abd
78.	José Luis de Ugarte	ESP	1	1992	*Euskadi Europe 93 BBK*	6^e^
79.	Jean-Luc Van Den Heede	FRA	2	1989	*36.15 MET*	3^e^
				1992	*Groupe SOFAP-Helvim*	2^e^
80.	Dominique Wavre	SUI	4	2000	*Union Bancaire Privée*	5^e^
				2004	*Temenos*	4^e^
				2008	*Temenos II*	abd
				2012	*Mirabaud*	7^e^
81.	Steve White	GBR	1	2008	*Toe in the water*	8^e^
82.	Rich Wilson	USA	1	2008	*Great American II*	9^e^
83.	Alan Wynne-Thomas	GBR	1	1992	*Cardiff Discovery*	abd

« Navigateurs pirates »

Raphaël Dinelli	FRA	1996	*Algimouss*	Naufrage après être parti des Sables-d'Olonne.
Charles Hedrich	FRA	2004	*Objectif 3*	Bouclera son tour du monde en 122 jours pendant le Vendée Globe en partant de Lorient et en y revenant.

abd : abandon / HC : termine le tour du monde hors-course / dsq : disqualifié

Palmarès du Vendée Globe

Course autour du monde en solitaire et sans assistance.
Départ et arrivée aux Sables-d'Olonne (FRA). Longueur théorique : 27 500 milles.

1989-1990

Départ le 26 novembre 1989.
Monocoques Open 50 et 60 pieds.
13 bateaux au départ, 7 classés.

1. Titouan Lamazou (FRA, *Écureuil d'Aquitaine II*), 108 j 08 h 48'50''.
2. Loïck Peyron (FRA, *Lada Poch III*), 110 j 01 h 18'06''.
3. Jean-Luc Van Den Heede (FRA, *36-15 Met*), 112 j 01 h 14'00''.
4. Philippe Jeantot (FRA, *Crédit Agricole IV*), 113 j 23 h 47'47''.
5. Pierre Follenfant (FRA, *TBS Charente Maritime*), 114 j 21 h 09'06''.
6. Alain Gautier (FRA, *Generali Concorde*), 132 j 13 h 01'48''.
7. Jean-François Coste (FRA, *Cacharel*), 163 j 01 h 19'20''.

Hors course : Guy Bernardin (FRA, *O'Kay*, escale en Australie suite à une rage de dents) ; Patrice Carpentier (FRA, *Le Nouvel Observateur*, escale aux îles Malouines suite à des avaries de pilotes automatiques), Mike Plant (USA, *Duracell*, disqualifié suite à une assistance reçue à l'île Campbell, Nouvelle-Zélande).
Abandons : Philippe Poupon (FRA, *Fleury Michon X*, chavirage), Bertie Reed (AFS, *Grinaker*, avaries de safran), Jean-Yves Terlain (FRA, *UAP 1992*, démâtage).

1992-1993

Départ le 22 novembre 1992.
Monocoques Open 50 et 60 pieds.
15 bateaux au départ, 7 classés.

1. Alain Gautier (FRA, *Bagages Superior*), 110 j 02 h 22'35''.
2. Jean-Luc Van Den Heede (FRA, *Sofap-Helvim*), 116 j 15 h 01'11''.
3. Philippe Poupon (FRA, *Fleury Michon X*), 117 j 03 h 34'24''.
4. Yves Parlier (FRA, *Cacolac d'Aquitaine*), 125 j 02 h 42'24''.
5. Nándor Fa (HON, *K&H Bank Matav*), 128 j 16 h 05'04''.
6. José Luis de Ugarte (ESP, *Euskadi Europe 93 BBK*), 134 j 05 h 04''00.
7. Jean-Yves Hasselin (FRA, *PRB-Solo Nantes*), 153 j 05 h 14'00''.

Disparition : Nigel Burgess (GBR, *Burgess Yacht Broker*, retrouvé noyé dans le golfe de Gascogne).
Hors course : Bernard Gallay (SUI-FRA, *Vuarnet Watches*, deux escales pour des problèmes de pilotes automatiques et de gréement).
Abandons : Thierry Arnaud (FRA, *Le Monde informatique*, manque de préparation), Bertrand de Broc (FRA, *Groupe LG*, problème de quille), Vittorio Malingri (ITA, *Everlast-Neil Pryde*, safran cassé), Loïck Peyron (FRA, *Fujicolor III*, délaminage de la coque), Alan Wynne-Thomas (GBR, *Cardiff Discovery*, six côtés cassées).
À noter la disparition de Mike Plant (USA, *Coyote*), engagé dans cette deuxième édition mais porté disparu avant le départ. Son bateau vide sera retrouvé le 22 novembre 1992.

1996-1997

Départ le 3 novembre 1996.
Monocoques Open 50 et 60 pieds.
15 bateaux au départ, 6 classés.

1. Christophe Auguin (FRA, *Geodis*), 105 j 20 h 31'23''.
2. Marc Thiercelin (FRA, *Crédit Immobilier de France*), 113 j 08 h 26'08''.
3. Hervé Laurent (FRA, *Groupe LG-Traitmat*), 114 j 16 h 43'14''.
4. Éric Dumont (FRA, *Café Legal Le Goût*), 116 j 20 h 18' 22''.
5. Pete Goss (GBR, *Aqua-Corum*, 1er 50 pieds), 126 j 21 h 25'04''.
6. Catherine Chabaud (FRA, *Whirlpool-Europe 2*), 140 j 04 h 38'45''.

Disparition : Gerry Roufs (CAN, *Groupe LG II*, porté disparu dans l'océan Pacifique).
Hors course : Isabelle Autissier (FRA, *PRB*, safran cassé, escale au Cap en Afrique du Sud), Yves Parlier (FRA, *Aquitaine Innovations*, safran cassé, escale à Perth en Australie) ; Patrick de Radiguès (BEL, *Afibel*, escales en Australie, en Nouvelle-Zélande et en Argentine).
Abandons : Tony Bullimore (GBR, *Exide Challenger*, naufrage), Bertrand de Broc (FRA, *Votre nom autour du monde-Pommes Rhône Alpes*, naufrage), Thierry Dubois (FRA, *Pour Amnesty International*, naufrage), Nándor Fa (HON, *Budapest*, moteur cassé d'où une panne générale d'énergie), Didier Munduteguy (FRA, *Club 60e Sud*, mât cassé puis pont arraché).
Concurrent « pirate » : Raphaël Dinelli (FRA, *Algimouss*, naufrage).

2000-2001

Départ le 9 novembre 2000.
Monocoques Open 50 et 60 pieds.
24 bateaux au départ, 15 classés.

1. Michel Desjoyeaux (FRA, *PRB*), 93 j 03 h 57'32''.
2. Ellen MacArthur (GBR, *Kingfisher*), 94 j 04 h 25'40''.
3. Roland Jourdain (FRA, *Sill Matines La Potagère*), 96 j 01 h 02'33''.
4. Marc Thiercelin (FRA, *Active Wear*), 102 j 20 h 37'49''.
5. Dominique Wavre (SUI, *Union Bancaire Privée*), 105 j 02 h 45'12''.
6. Thomas Coville (FRA, *Sodebo Savourons la vie*), 105 j 07 h 24'28''.
7. Mike Golding (GBR, *Team Group 4*), 110 j 16 h 22'00''.
8. Bernard Gallay (SUI-FRA, *Voila.fr*), 111 j 16 h 07'11''.
9. Josh Hall (GBR, *EBP-Gartmore*), 111 j 19 h 48'02''.
10. Joé Seeten (FRA, *Nord-Pas-de-Calais-Chocolats du monde*), 115 j 16 h 46'50''.
11. Patrice Carpentier (FRA, *VM Matériaux*, 1er 50 pieds), 116 j 00 h 32'48''.
12. Simone Bianchetti (ITA, *Aquarelle.com*), 121 j 01 h 28'00''.
13. Yves Parlier (FRA, *Aquitaine Innovations*), 126 j 23 h 36'00''.
14. Didier Munduteguy (FRA, *DDP 60e Sud*), 135 j 15 h 17'55''.

15. Pasquale de Gregorio (ITA, *Wind Communicazioni*), 158 j 02 h 37'25''.

Hors course : Catherine Chabaud (FRA, *Whirlpool*, démâtage), Raphaël Dinelli (FRA, *Sogal Extenso*, panne électronique), Thierry Dubois (FRA, *Solidaires*, avarie de safran).

Abandons : Éric Dumont (FRA, *Euroka-Un Univers de Services*, avarie de safran), Fedor Konioukhov (RUS, *Modern University For The Humanities*, multiples avaries et calculs rénaux), Patrick de Radiguès (BEL, *La Libre Belgique*, échouement au Portugal), Javier Sansó (ESP, *Old Spice*, avarie de safran), Bernard Stamm (SUI, *Armor Lux-Foies Gras Bizac*, avarie de barre et de pilote automatique), Richard Tolkien (GBR, *This Time-Argos-Soditic*, avarie de gréement).

2004-2005

Départ le 7 novembre 2004.
Monocoques Open 60 pieds.
20 bateaux au départ, 13 classés.

1. Vincent Riou (FRA, *PRB*), 87 j 10 h 47'55''.
2. Jean Le Cam (FRA, *Bonduelle*), 87 j 17 h 20'08''.
3. Mike Golding (GBR, *Ecover*), 88 j 15 h 15'13''.
4. Dominique Wavre (SUI, *Temenos*), 92 j 17 h 13' 20''.
5. Sébastien Josse (FRA, *VMI*), 93 j 00 h 02'10''.
6. Jean-Pierre Dick (FRA, *Virbac Paprec*), 98 j 03 h 49'38''.
7. Conrad Humphreys (GBR, *Hellomoto*), 104 j 14 h 32'24''.
8. Joé Seeten (FRA, *Arcelor Dunkerque*), 104 j 23 h 02'45''.
9. Bruce Schwab (USA, *Ocean Planet*), 109 j 19 h 58'57''.
10. Benoît Parnaudeau (FRA, *Max Havelaar-Best Western*), 116 j 01 h 06'54''.
11. Anne Liardet (FRA, *Roxy*), 119 j 05 h 28'40''.
12. Raphaël Dinelli (FRA, *Akena Vérandas*), 125 j 04 h 07'14''.
13. Karen Leibovici (FRA, *Benefic*), 126 j 08 h 02'20''.

Hors course : Marc Thiercelin (FRA, *Pro Form*, multiples problèmes techniques, escale en Nouvelle-Zélande), Patrice Carpentier (FRA, *VM Matériaux*, bôme cassée, escale en Nouvelle-Zélande).

Abandons : Roland Jourdain (FRA, *Sill & Veolia*, problèmes de quille), Hervé Laurent (FRA, *UUDS*, avarie de safran), Nick Moloney (AUS, *Skandia*, perte de la quille), Nobert Sedlacek (AUT, *Brother*, problèmes de quille), Alex Thomson (GBR, *Hugo Boss*, avarie de vit de mulet générant un trou dans le pont).

Concurrent « pirate » : Charles Hedrich (FRA, *Objectif-3*) qui bouclera son tour du monde en 122 jours pendant le Vendée Globe, en partant de Lorient et en y revenant.

2008-2009

Départ le 9 novembre 2008.
Monocoques Open 60 pieds.
30 bateaux au départ, 12 classés (dont deux ex æquo à la troisième place).

1. Michel Desjoyeaux (FRA, *Foncia*), 84 j 03 h 08'09''.
2. Armel Le Cléac'h (FRA, *Brit Air*), 89 j 09 h 39'35''.
3. Marc Guillemot (FRA, *Safran*), 95 j 03 h 19'36'' et Vincent Riou (FRA, *PRB*), suite à réparation
4. Samantha Davies (GBR, *Roxy*), 95 j 04 h 39'01''.
5. Brian Thompson (GBR, *Bahrain Team Pindar*), 98 j 20 h 29'55''.
6. Dee Caffari (GBR, *Aviva*), 99 j 01 h 10'57''.
7. Arnaud Boissières (FRA, *Akena Vérandas*), 105 j 02 h 33'50''.
8. Steve White (GBR, *Toe in the water*), 109 j 00 h 36'55''.
9. Rich Wilson (USA, *Great American*), 121 j 00 h 41'19''.
10. Raphaël Dinelli (FRA, *Fondation Océan Vital*), 125 j 02 h 41'19''.
11. Nobert Sedlacek (AUT, *Nauticsport Kapsch*), 126 j 05 h 31'56''.

Abandons : Unai Bazurko (ESP, *Pakea Bizkaia*, avarie de safran), Yannick Bestaven (FRA, *Aquarelle.com*, démâtage), Jérémie Beyou (FRA, *Delta Dore*, rupture de barres de flèche), Jean-Baptiste Dejeanty (FRA, *Groupe Maisonneuve*, avaries de pilotes automatiques et de drisses), Kito de Pavant (FRA, *Groupe Bel*, démâtage), Jean-Pierre Dick (FRA, *Paprec Virbac 2*, avarie de safrans), Yann Eliès (FRA, *Generali*, jambe cassée), Mike Golding (GBR, *Ecover*, démâtage), Derek Hatfield (CAN, *Algimouss-Spirit Of Canada*, rupture de barres de flèche), Roland Jourdain (FRA, *Veolia Environnement*, quille perdue), Sébastien Josse (FRA, *BT*, avarie de safran), Jean Le Cam (FRA, *VM Matériaux*, naufrage), Jonny Malbon (GBR, *Artemis*, grand-voile délaminée), Loïck Peyron (FRA, *Gitana Eighty*, démâtage), Bernard Stamm (SUI, *Cheminées Poujoulat*, échouement aux îles Kerguelen), Marc Thiercelin (FRA, *DCNS*, démâtage), Alex Thomson (GBR, *Hugo Boss*, délaminage de la coque), Dominique Wavre (SUI, *Temenos II*, tête de quille cassée).

2012-2013

Départ le 10 novembre 2012.
Monocoques Open 60 pieds.
20 bateaux au départ, 11 classés.

1. François Gabart (FRA, *Macif*), 78 j 02 h 16'40''.
2. Armel Le Cléac'h (FRA, *Banque Populaire VI*), 78 j 05 h 33'52''.
3. Alex Thomson (GBR, *Hugo Boss*), 80 j 19 h 23'43''.
4. Jean-Pierre Dick (FRA, *Virbac Paprec 3*), 86 j 03 h 03'40''.
5. Jean Le Cam (FRA, *SynerCiel*), 88 j 00 h 12'58''.
6. Mike Golding (GBR, *Gamesa*), 88 j 06 h 36'26''.
7. Dominique Wavre (SUI, *Mirabaud*), 90 j 03 h 14'42''.
8. Arnaud Boissières (FRA, *Akena Vérandas*), 91 j 02 h 09'02''.
9. Bertrand de Broc (FRA, *Votre Nom Autour du Monde avec EDM Projets*), 92 j 17 h 10'14''.
10. Tanguy de Lamotte (FRA, *Initiatives Cœur*), 98 j 21 h 56'10''.
11. Alessandro di Benedetto (ITA, *Team Plastique*), 104 j 02 h 34'30''.

Abandons : Jérémie Beyou (FRA, *Maître CoQ*, avarie de tête de quille), Louis Burton (FRA, *Bureau Vallée*, collision avec un chalutier), Samantha Davies (GBR, *Savéol*, démâtage), Marc Guillemot (FRA, *Safran*, perte de la quille), Zbigniew Gutkowski (POL, *Energa*, panne électronique), Kito de Pavant (FRA, *Groupe Bel*, collision avec un chalutier), Vincent Riou (FRA, *PRB*, collision avec un objet à la dérive), Javier Sansó (ESP,

BIBLIOGRAPHIE

13 solitaires autour du monde sans escales, ouvrage collectif sous la direction de Daniel Charles, Robert Laffont, 1990.

105 jours en solitaire, Christophe Auguin et Sylvie Rouch, Denoël, 1997.

Close to the wind, Pete Goss, Headline Book Publishing, 1998.

Demain, je serai tous morts, Titouan Lamazou et Patrick Le Roux, Grasset, 1990.

Du vent dans les rêves, Ellen MacArthur, XO, 2002.

Hommes et navires au cap Horn, Jean Randier, MDV, 2000.

J'y retournerai, Thierry Dubois, Plon, 1998.

L'Aventure du Vendée Globe, de la première course à l'édition 2012-2013, Pierre-François Bonneau, Chêne, 2013.

*L'Enfant de la vallée des fou*s, Michel Desjoyeaux, Régine Bornens et Éric Coquerel, Gallimard, 2001.

L'Épreuve, Derek Lundy, Guérin, 2000.

L'Étrange Voyage de Donald Crowhurst, Nicolas Thomalin et Ron Hall, Stock, 1990.

La Longue Route, Bernard Moitessier, Arthaud, 1971.

La Route impossible, Vito Dumas, éditions Maritimes et d'Outre-Mer, 1991.

Le Pirate du tour du monde, Raphaël Dinelli, éditions Assouline , 1997.

Le Roman du Vendée Globe, Christophe Agnus et Pierre-Yves Lautrou, Grasset, 2004.

Le Vendée Globe 1989-2001, François Mousis et Serge Messager, éditions des Vignes, 2001.

Moitessier, dieux et dragons, Gérard Janichon, Glénat, 2015.

Robinson des mers, Yves Parlier, Robert Laffont, 2001.

Sauvé, Tony Bullimore, Plon, 1997.

Seul autour du monde sur un voilier de onze mètres, Joshua Slocum, Chiron, 1997.

Seuls autour du monde, Benoît Heimermann, éditions Ouest France, 1989.

Survivant des mers du sud, Yann Eliès, Mer et Découverte éditions, 2009.

Tempête autour du monde, Martin Couturié et Philippe Joubin, DBW/éditions du Rocher, 1997.

Tours du monde à la voile, courses et records, Philippe Joubin et Loïc Le Bras, éditions L'Équipe, 2010.

Toutes voiles dehors, Jean Le Cam, éditions Prolongations, 2009.

Tous les marins ont les yeux bleus, Maud Bernos et Maylis de Kerangal, Gallimard, 2015.

Trois océans pour une victoire, Philippe Jeantot, Arthaud, 1983.

Trois tours du monde pour un amour, Alain et Cendrine Gautier, J.-C. Lattès, 1994.

Un globe à la force du poignet, Jean-Luc et Roger Van Den Heede, Neptune-Fillipachi, 1992.

Une atalaya pour Gerry Roufs, Michèle Cartier, Lanctôt Éditeur, 2004.

Vagabond des mers du sud, Bernard Moitessier, Arthaud, 2011.

Vendée Globe 2008-2009, l'incroyable odyssée du tour du monde en solitaire, ouvrage collectif, Mer et Découverte éditions, 2009.

Vendée Globe 2004-2005, vingt solitaires autour du monde, ouvrage collectif, Tana éditions/Mer et Media, 2005.

Vendée Globe 2012-2013, Le Livre officiel, Pierre-François Bonneau, Chêne, 2013.

Vrai faux solitaire, Marc Guillemot et Christine Vannier, Chasse-Marée/Glénat, 2009.

Périodiques
Bateaux, Course au Large, La lettre de Course au Large, La Croix, L'Équipe, L'Équipe Magazine, Le Figaro, L'Humanité, Libération, Neptune-Nautisme, Ouest-France, Régates, Le Télégramme, Voiles et Voiliers (voilesetvoiliers.com), Seahorse.

L'AUTEUR

En tant que grand reporter, Philippe Joubin, rédacteur en chef adjoint du magazine *Voiles et Voiliers*, a couvert toutes les éditions du Vendée Globe depuis sa création. Départs comme arrivées ; aventures au large du cap Horn avec les concurrents comme enquêtes sur les disparitions ; auteur de plusieurs ouvrages sur la course au large et la mer en général ; biographe de navigateurs, il a suivi au plus près toutes les péripéties de cette course hors norme. Après avoir reçu le prix du Salon du livre maritime de Concarneau 1994 pour *La Mer indomptée*, il se vit remettre le prix UJSF-LCL du meilleur article de sport de l'année 2009.

REMERCIEMENTS

Je remercie Michel Desjoyeaux qu'il faudra un jour que j'arrête de solliciter pour écrire des préfaces ; Christophe Auguin et Philippe Jeantot, qui ont accepté quelques moments de se soumettre de nouveau à des questions de journaliste ; tous les marins du Vendée Globe sans lesquels ce livre n'aurait pas de sens ; Denis Horeau pour son attentive et bienveillante relecture ; Isabelle Keller pour ses subtiles et élégantes recommandations ; Laura Le Goff, Anne Massot, Stéphana Chassin, David Brabis et toute l'équipe du Vendée Globe ; Patrice Roynette pour son dynamisme et son engagement dans une cause magnifique ; Jean-Paul Bouchet, Jean-Marie Biette, Pierre Lavialle et Loïc Madeline pour leur confiance ; Jean-Yves Chauve pour sa médicale passion ; Fabrice Bourrigaud et Gérard de Cortanze, sans lesquels il n'y aurait pas eu *La Légende des 24 Heures du Mans* chez le même éditeur et donc pas de *Légende du Vendée Globe* non plus ; Arnaud Letrésor qui a mis à disposition les trésors de DPPI et Hervé Borde ceux de Nefertiti, Nicolas de Cointet, mon éditeur courageux, ainsi que toute son équipe. Et bien sûr Emmanuelle, Mathilde et Yves pour leur soutien indéfectible.

Direction éditoriale: Nicolas de Cointet
assisté de Mihaela Cojocariu
Direction artistique: Franklin Labbé
Mise en page: Caroline Dauvois
Relecture : Pierre Rochelois
Fabrication: Alix Willaert
Photogravure: IGS-CP 16
Imprimé et façonné Pollina - L77788
ISBN: 9782226259301

Éditions Albin Michel, 22 rue Huyghens, 75014 Paris, www.albin-michel.fr
Pour tout renseignement:
nicolas.decointet@albin-michel.fr
Facebook : Beaux-livres Albin Michel
Catalogue : bit.ly/extraits-beaux-livres